10 KADPR 지식총서

소비자와 기업의 행복한 연결, ESG 커뮤니케이션

김동후 · 김미경 · 김현진 · 성용준 · 윤영혜
이성미 · 정연욱 · 정영주 · 조수영 공저

Fostering Sustainable Relationships

ESG Communication Strategies for Consumers and Companies

학지사비즈

이 책은 한국언론진흥재단의 정부광고 수수료로 제작되었습니다.
자세한 내용은 QR코드를 통해 확인해 주세요.

발간사

안녕하십니까.

우리 인간사회가 더 나은 세상을 만들고자 하는 노력은 끊임없이 지속되어 왔습니다. 이는 누구 하나가 아닌 전 사회구성원이 함께 고민하고 노력해야 할 부분입니다. 특히 기업의 존재와 역할이 중요해지면서, 그 어느 때보다 기업의 사회 참여가 요구되고 있습니다. 기업이 사회의 구성원으로의 역할은 이제 더 이상 선택의 문제가 아닌 '반드시 해야 되는 책임'이 되고 있으며, 이는 곧 기업의 사회적 존재 가치 구현과 지속가능성을 담보할 수 있는 기준이 되고 있습니다.

이러한 가운데 우리 한국광고홍보학회의 우수한 전문가들이 함께하여 엮어 주신 저서『소비자와 기업의 행복한 연결, ESG 커뮤니케이션』은 향후 기업과 소비자 간의 커뮤니케이션의 사회적 영향력에 대한 논의를 확장시킬 수 있으리라 기대합니다. 특히 이 책에서 담아내는, '기후위기' '윤리적 소비' 'MZ세대' 'ESG' '그린워싱', 그리고 이를 통한 '기업의 지속가능경영' 방안에 대한 논의는 기업실무자와 연구자뿐만 아니라 소비자에게 '더 나은 사회'를 위한 사회참여 방향을 모색하고 행동하는 길잡이가 될 수 있으리라 생각합니다. 이러한 도움을 주신 김미경, 김동후, 김현진, 성용준, 윤영혜, 이성미, 정연욱, 정영주, 조수영 저자분들에게 진심으로 감사의 말씀을 드립니다.

제18대 한국광고홍보학회 회장

최홍림

머리말

재난은 영화 장르에서 단골 소재 중 하나다. 2004년 개봉한 영화 〈투모로우(The day after tomorrow)〉를 볼 때만 해도 기후 변화로 인한 인류의 위기는 내 일이 아닌 것처럼 느껴졌다. 그저 영화 속 이야기 같았다. 영화 속 주인공에 대해 안타까움은 존재하지만, 일상에서 불안감이나 걱정까지 미칠 정도는 아니었다. 남의 일처럼 느껴지니 딱히 걱정도 되지 않았다.

그로부터 20년 가까운 세월이 지났다. 2023년 현재, 우리는 영화 속에서 보던 기후 변화가 점차 현실화하는 상황을 목격하고 있다. 기후 변화는 이제 영화 속 상황 또는 멀리 떨어진 어딘가에서 발생하는 문제가 아니라, 우리의 일상생활과 생존에 직접 영향을 미치고 있다. 영화 속 이야기가 아니라 현실 속 이야기처럼 다가오기 시작했다. 안타까움에서 그치는 것이 아니라 불안감이 커지고 있는 요즘이다. 2020년 발생한 코로나19 팬데믹 상황은 인류의 불안과 공포심을 더욱 자극하고 있다.

이와 함께 '지속가능성'이 전 세계적 화두로 떠올랐다. 사실 지속가능성은 새로운 개념이 아니다. 인류가 존재하는 동안 늘 우리 곁에 있었지만 유독 현재 새로운 개념같이 느껴지는 이유는 이제까지 우리가 지속가능성을 돌아보지 않아도 되는 상황이었기 때문이다. 그만큼 절박하지 않았다. 그냥 영화 속 이야기처럼 받아들여도 큰 문제가 없었으니 말이다. 그런데 시대가 바뀌고 있다. 마냥 추상적인 이야기 같았던 지속가능성이 이제 우리의 일상을 건드리는 중요한 개념으로 성큼 자리 잡은 셈이다. 이처럼 기후 변화, 자원 고갈, 사회 불평등 심화 등의 증가는 우리에게 긴급한 해결 과제로 지속가능성을 던져 주었고, 이와 함께 오래전부터 존재했던 이 개념이 새롭게, 그리고 더욱더 절박하게 다가오는 것 아닐까 싶다.

지난 2년 동안, 지속가능성, ESG(환경, 사회, 지배구조)의 언급량 관련 서적 등이 증가하면서 우리는 이 단어들에 익숙하게 되었다. 그러나 지속가능성과 ESG를 인지하는 것과 이를 이해하는 것은 다른 이야기이다. 그렇다면 인지하고 있으나 지속가능성과 ESG를 이해하기 어려운 이유는 무엇일까? 알고 있는데 행하지 못한다면, 무엇이 문제일까? 이 책의 저자들은 그 이유를 커뮤니케이션에서 찾고자 한다. 알고 있지만 직접 소통하지 않으면 아무리 중요한 개념이라도 의미를 발휘하지 못한다. 그래서 저자들은 강조한다. 지금 이 시기에, 우리가 이야기하고자 하는 지속가능성의 비밀은 소통에 있다고. 그 소통의 방식과 형식, 내용과 방법에 대해서 깊이 있게 이야기하고자 한다.

기업과 투자자의 관점으로 볼 때 간과하기 어려운 커뮤니케이션은 ESG가 제대로 힘을 받기 위한 핵심적 키워드라 생각한다. 지속가능성은 기업, 투자자뿐 아니라 소비자와 대중에게도 중요한 이슈이다. 특히 기업의 ESG 활동은 궁극적으로 사회의 구성원인 대중과 소비자에게 제대로 전달되는 것이 필요하다. 그러나 국내 기업의 ESG 관련 행보는 유럽이나 미국보다 다소 늦은 감이 있다. 효과적인 커뮤니케이션 방법에 대한 고민 역시 최근에서야 이루어지고 있다.

이 책은 커뮤니케이션 학계와 업계에서 경험을 쌓은 전문가들이 모여 지속가능성과 ESG를 위한 커뮤니케이션에 대해 고민한 내용을 담고 있다. 단순히 이상적 개념으로 "ESG 해야 해." "~에서 ESG를 잘했으니 우리도 해 보자."가 아닌 교과서식 설명을 피하고자 한다. 저자들은 그동안 간과한 ESG와 커뮤니케이션의 관계를 심층적으로 파고든다. 지속가능성에 대해 다양한 관점을 종합적으로 다루어, 기업과 소비자 사이의 연결을 강화하는 커뮤니케이션적 접근을 제안하고자 한다. 이를 위해 이 책은 다음의 여덟 장의 내용으로 구성되어 있다.

제1장 '기후위기 I: 지구 열대화 시대, 미룰 수 없는 지금의 과제'(조수영)에서는 거시적 관점에서 인류가 직면한 기후 변화와 위기, 위기의 원인을 탐구하고, 지속 가능한 미래를 만들기 위해 어떤 노력이 필요한지에 대해 다루고 있다.

제2장 '기후위기 II: 기후변화를 넘어 기후위기, 그리고 소비자의 지속가능성'(성용준, 정영주)에서는 기후 변화를 보다 미시적이고 구체적인 현실로 접근하고 있다. 기후 변화가 국민의 정신 건강에 미치는 영향에 초점을 맞춰 기후 인식, 위험 인식, 불안, 그리고 행동에 영향을 미치는 인구통계학적 · 문화적 · 심리적 요인에 관해 탐구한다.

제3장 '윤리적 소비'(이성미)에서는 지속가능성에 영향을 미치는 윤리적 소비의 중요성을 다룬다. 구체적으로 윤리적 소비가 사회, 경제, 환경에 미치는 영향과 지속 가능한 발전 목표를 이루기 위한 윤리적 소비 유형에 관해 탐구한다.

제4장 'MZ세대와 기업의 친환경 활동'(김미경)에서는 최근 주목 받는 MZ세대와 기업의 ESG 활동에 대해 다루고 있다. 특히, MZ세대가 기업의 환경 활동을 어떻게 인식하고 평가하는지를 파헤치고, 이들에게 효과적으로 다가가기 위한 제언을 제공한다.

제5장 'ESG 내 다양성의 중요성: 관심이 필요한 다문화 이슈'(김동후)에서는 다른 저서에서 크게 다루지 않는 ESG 분야 중 사회 분야, 그중에서도 국내 다문화 수용과 관련된 기업의 ESG 활동을 조명한다.

제6장 '누구를 위한 환경인가: 그린워싱과 광고의 역할 그리고 ESG'(정연욱)에서는 기업의 환경 활동 중 그린워싱(greenwashing)에 주목하여, 그린워싱의 개념과 해외 사례를 소개하고, 해외 광고에서 나타나는 그린워싱의 특성을 분석하고 이에 대한 대응 및 향후 시사점을 제시한다.

제7장 '기업행사 시 ESG 활용 방안 및 성과 도출'(윤영혜)에서는 기업 행사를 기획할 때 ESG를 효과적으로 활용할 수 있는 구체적 방안을 제시하여 기업에 함의를 주고 있다.

제8장 '지속가능경영을 위한 기업의 9가지 과제'(김현진)에서는 국내 기업들

이 발행하는 지속경영보고서를 기반으로 환경(E), 사회(S), 지배구조(G) 세 가지 측면에서 아홉 가지 실행과제를 제시한다.

한 권의 책이 지속가능성 관련 커뮤니케이션 과제를 모두 해결할 수 있는 것은 아니다. 하지만 저자들은 다음과 같은 소박한 기대와 바람을 가지고 있다. 첫째, 이 책이 지속가능성과 ESG 관련 커뮤니케이션 관점에서 해법을 찾고자 하는 사람들에게 실마리가 되기를 바란다. 둘째, 이 책의 내용이 학계와 업계 간 이해의 틈새를 줄이고 효과적인 협력을 도모할 기회가 되기를 바란다. 마지막으로, 지속가능성과 ESG에 관심이 없는 사람들 사이에서도 이 주제에 대한 논의를 던질 수 있는 내용이 되기를 바란다. 알고는 있지만, 행하기 어려운 ESG의 본질을 파헤치고, 이에 대한 솔루션으로 커뮤니케이션의 적절한 내용과 형식을 소개한다. 지금, 현재를 사는 사람들을 위한 손에 잡히는 ESG의 의미를 밝히고자 한다.

2023년 11월

저자들을 대표하여

김미경

차례

제2부 실무 관점

제8장 지속가능경영을 위한 기업의 9가지 과제 • 255

제1부

소비자 관점

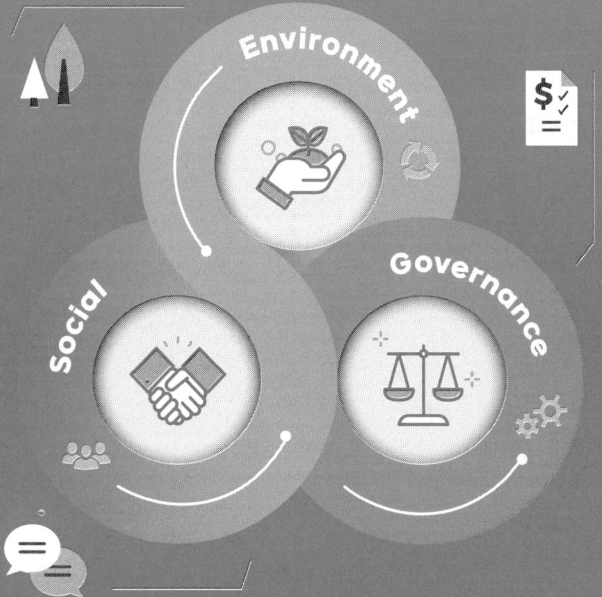

Environment · **S**ocial · **G**overnance

제1장

기후위기 I:
지구 열대화 시대, 미룰 수 없는 지금의 과제

1. 뜨거워진 지구, 편리함이 재앙으로

지구가 뜨거워지고 있다. 2023년 7월 27일 구테흐스 유엔 사무총장은 지구 온난(global warming) 시대가 끝나고 이제 지구 열대화(global boiling) 시대가 열렸다고 선언했다. 2023년 7월, 지구의 온도는 역대 최고치를 찍었는데 이는 평년보다 1.5℃가량 높은 것으로 1940년 관측 이후 가장 높았다. 유엔은 기후변화에 대한 우려를 표명하며, 빠른 속도로 뜨거워지고 있는 지구를 살릴 수 있도록 전 세계 탄소 배출량 80%에 책임 있는 주요국(G20)들이 탄소중립(Net-Zero) 달성을 위해 즉각적인 행동을 하도록 촉구했다(김리안, 장서우, 2023. 07. 28.). 이제 더 이상 물러날 곳이 없어 보인다.

기후란 오랜 기간 동안 특정 지역의 날씨를 평균화한 것으로 장소와 시간에 따라 다르다. 기후변화는 수십 년 전만 해도 인류의 큰 관심사가 아니었다. 인류의 관심은 '발전' '생산' '개척'과 같이 끊임없이 새로운 무엇인가를 만들어 내고 소비하는 것에 치우쳐 있었다. 지구 자원의 착취는 '개발'이라는 용어로 미화되었고, 대량 생산과 대량 소비는 전 세계적인 트렌드가 되었다. 산업화·도시화가 가속화되면서 많이 사고 많이 쓰고 많이 먹고 큰 것을 소유하는 것을 풍요롭고 좋은 것으로 여기고, 대량 소비를 할 수 있는 선진국들을 부러워하며 그들의 산업화 모델을 답습하기에 바빴다. 1980~1990년대부터 급속한 산업의 성장으로 우리나라도 이제 우리가 과거에 꿈꾸었던 거대한 대량 소비국이 되었다. 30~40년 전만 해도 가정에서는 대부분 장바구니를 들고 시장에서 하루의 먹거리를 조금씩 사곤 했었다. 하지만 그런 문화는 사라져 가고 대형마트에서 대용량 카트에 모든 게 플라스틱으로 포장된 식재료들을 넘치도록 담고, 대용량 냉장고에 잔뜩 보관하는 것이 대다수 가정의 습관이 되어 가고 있다. 더 나아가 대부분 인터넷을 통해 클릭 한 번으로 각종 식품과 음식을 배달받는 시대가 되었다. 패스트 패션의 영향으로 저렴한 옷들을 철마다 구입하여 한두 번 입고 쌓아 두다 보니 집집마다 옷이 넘쳐 나서 좁은 집에 옷이 방을 하나 차지하고 있는 세상이 되었다.

수많은 편리함과 풍요를 짧은 시간 안에 한꺼번에 누리게 되어 윗세대들은 좋은 세상이 왔다고 말한다. 하지만 편리하고 풍부하게 누리는 세상에서 먹고 입고 쓰는 것들은 과도하게 생산되고 소비된다. 이런 인간 활동들은 지구 생태계에 부정적 영향을 미쳐 이제는 우리를 위협하는 부메랑이 되어 돌아오고 있다. 대량으로 생산하고 소비하는 트렌드는 탄소의 과잉 배출을 만들고 지구의 온도를 뜨겁게 달아오르게 했다. 뜨거워진 지구로 인해 전 세계 곳곳에서 다양한 자연재해가 일어나고 이는 우리 모두의 생존을 위협하고 있다.

20여 년 전까지만 해도 우리에게 생소했던 기후변화, 기후위기라는 단어는 이제 인류의 당면과제가 되어 국제사회와 언론의 중요한 어젠다로 떠오르고 있다. 2021년 기후변화에 관한 정부 간 채널(IPCC) 보고서는 "인간의 영향으로 대기와 해양, 육지가 온난화한 것은 명백하다(unequivocal)"며 기후변화의 원인으로 인간을 지목했다(이근영, 2021. 8. 9.). 영국의 『가디언지』는 2019년부터 '기후변화(climate change)'라는 단어 대신 '기후위기(climate crisis)'를 사용하기 시작했으며, 2023년에는 '기후붕괴(climate breakdown)'라고 그 표현을 격상했다. 지구 온도가 뜨거워지면서 빙하가 녹고, 해수면이 상승하며, 동식물과 인간 삶의 터전이 위협받고 있다. 이러한 생태계 변화는 생물 다양성을 파괴하며 나아가 인류의 문명도 위협하고 있는 현재진행형 과제이다.

기후변화의 심각성을 인지한 국제사회와 환경단체연합들은 기후변화에 대응하기 위해 다양한 연구와 협약을 제시하고 있다. 하지만 일부에서는 기후변화를 부정하며 기후변화는 정치적 모략이라고 공격하기도 한다. 기후변화의 원인으로 지목되는 우리 개개인, 그리고 기업과 각국 정부는 어떤 노력을 하고 있고, 앞으로 어떻게 대응해 나가야 할까? 기후변화의 심각성을 알리고 이에 대한 경각심을 일깨우기 위한 커뮤니케이션의 역할은 무엇일까? 기후변화는 인류 전체에게 지속적인 영향을 주는 우리가 현재 당면한 가장 중요한 해결 과제 중 하나지만 커뮤니케이션 학계에서는 아직 이에 대한 활발한 학문적 논의가 이루어지지 않고 있다. 이 장에서는 우리가 기후변화로 인해 겪고 있는 다양한 위기와 기후변화의 주요한 원인들을 살펴보고, 기후변화를 늦추고 지속가능한 지구를 만들기 위해 우리는 미시적 · 거시적 차원에서 어떤 노력을 기울여야 하는지 살펴보고자 한다.

2. 기후변화와 기후위기

1) 기후변화, 기후 이야기를 알아보자

(1) 기후변화의 정의

기후변화란 수십 년에 걸쳐 기후의 평균 상태가 통계적으로 의미 있는 변동을 보이는 것을 말한다. 기후변화협약(UNFCCC)에 따르면, 기후변화는 "지구 대기의 조성을 변화시키는 인간의 활동이 직간접적으로 원인이 되어 일어나고, 충분한 기간 동안 관측된 자연적인 기후변동성에 추가하여 일어나는 기후의 변화"로 정의된다. 기후변화협약은 자연적 원인으로 인한 '기후변동성'과 인간 활동으로 인한 '기후변화'를 구분하고 있다.

현재 지구는 19세기보다 약 1.2℃ 더 따뜻하며 대기 중 이산화탄소(CO_2)의 양은 50%가량 증가했다. 과학자들은 기후변화로 인한 최악의 결과를 피하려면 온도 상승을 늦춰야 하며, 2100년까지 지구 온도가 1.5℃이상 높아지지 말아야 한다고 주장한다. 하지만 기후변화를 멈추려는 추가 조치가 취해지지 않으면 금세기 말까지 지구는 2℃ 이상 뜨거워질 수 있으며, 2021년 Climate Action Tracker 그룹의 보고서는 세기말까지 2.4℃의 온난화가 진행될 것이라고 추정했다.

IPCC 제5차 평가보고서(2014)에 따르면, 지난 40여 년간(1970~2011년)의 누적 온실가스는 1970년 이전, 220년간의 누적배출량과 비슷하다. 우리가 사용하는 화석연료와 생물체 연소는 온실가스를 증가시켜 지구 온난화를 촉진하고 있다(기후변화홍보포털). 화석연료 사용과 인간의 다양한 활동은 이산화탄소를 발생시키는데, 이 이산화탄소가 지나치게 많아지면 지구는 태양으로부터 오는 빛과 열을 반사시키지 못하고 지구에 가두게 된다. 그러면 공기가 더워지고 이것이 지구의 기온을 온실처럼 높이는 지구 온난화 현상이 발생하게 되는 것이다. 이산화탄소를 온실가스(green house gas)라고도 한다.

중국 칭화대학교, 미국 캘리포니아 주립대학교, 프랑스 기후환경과학연구소 등 합동연구팀이 2022년『네이처 리뷰스』에 발표한 분석에 따르면, 2050년까지 누적 배출된 이산화탄소량이 3,000기가 톤이 되면 지구 온도는 약 1.5도 상승하게 된다. 그런데 2022년까지 이산화탄소 배출량은 이미 약 2,500기가 톤이며, 한 해에 배출되는 이산호탄소량은 약 34기가톤(GT)으로 추산된다. 이대로라면 이미 2028~2031년에 '1.5℃' 저지선이 뚫린다는 것이다(이경숙, 2022. 9. 1.).

(2) 기후변화와 관련 협약

기후변화, 기후위기가 인류의 생존을 위협하는 중요하고 긴급한 요소로 인식되면서 그간 국제사회는 이에 대응하기 위한 노력을 해 왔다. 1992년 유엔환경개발회의(UNCED)에서는 기후변화협약(UNFCCC)을 채택하였고, 1998년에는 UN 총회에서 '기후변화에 관한 정부 간 패널(IPCC)'을 설치했다. 이러한 국제기구들은 각국에 온실가스 감축 의무를 부과했고, 이에 따라 재생에너지 개발, 경성에너지 폐쇄, 폐기물 재활용 등의 대책을 고민하기 시작했다(이효은, 오수빈, 2021).

2015년 UN 기후변화 회의에서는 모든 당사자 국가가 지구 평균 기온 상승폭을 산업화 이전인 19세기 대비하여 1.5℃로 제한하기 위해 함께 노력한다는 파리협약을 채택했다. 이를 위해 2030년까지 이산화탄소 배출량을 2010년 대비 최소 45% 이상 감축하고 2050년까지는 탄소중립을 이룩한다는 목표를 세웠다. 탄소중립이란 온실가스 순 배출량을 0으로 만든다는 개념으로, 인간 활동에 의해 만들어지는 온실가스는 최대한 줄이고 CCUS(Carbon Capture, Utilization, Storage: 이산화탄소 포집, 저장, 활용 기술)의 노력으로 제거하여 지구에 흡수 또는 제거되는 탄소량과 같도록 만들어 순 배출량을 0으로 만드는 것을 의미한다.

(3) 기후변화를 바라보는 정치적 시각: 기후위기 부정론자들

최근 발표된 IPCC 제6차 평가보고서(2023)는 기후 온난화의 이유를 의심의 여지없이 인간 활동 때문이라고 규정했다. 지구의 온도는 산업화 이전과 대비하면 현재(2011~2020년) 1.1℃ 상승했는데, 2014년 5차 보고서에서 보고됐던 상승폭이 0.85℃였던 것에 비하면 10년도 채 되지 않은 사이 기온이 또 상승한 것이다. 이런 추세대로라면 가까운 미래에 지구 온도는 1.5℃까지 오르고, 2100년에는 최고 4.4℃ 정도 오를 가능성도 있다고 경고했다. 기온 상승폭을 1.5℃로 제한하는 목표 달성을 위해서는 2030년까지 2019년 대비 온실가스 배출량을 43% 감축해야 하고, 그 범위를 2℃로 넓힌다고 해도 27%를 줄여야 한다는 결론이다. 하지만 이런 목표를 달성한다고 해도 해수면이 상승하고 다양한 생물이 사라지는 현재 진행 중인 변화를 피하기는 어렵다는 비관적인 전망을 내놓았다(김기범, 2023. 3. 20.).

많은 국제기구와 과학자가 객관적 지표들을 바탕으로 인간활동에 의한 기후변화와 앞으로 기후위기가 가져올 지구의 미래에 대한 염려들을 표출하고 있지만 다른 한편에는 기후위기 부정론자들도 존재한다. 이들은 산업혁명 이전에도 따뜻한 기후가 있었으며, 이산화탄소 발생량의 증가가 꼭 기온을 상승시키는 것은 아니라며 인간에 의한 기후위기를 부정한다. 미국 전 대통령이었던 트럼프가 그 대표적인 인물이다. 그는 대통령 재임 시절, 기후변화와 온난화를 부정하는 말들을 쏟아 냈다. 재임 중인 2017년에 파리 기후협약 탈퇴를 선언했고, 2019년에는 UN에 정식으로 탈퇴 통보를 했다. 미국은 중국에 이어 이산화탄소를 가장 많이 발생시키는 국가이다. 더불어 산업화 이후 이산화탄소 누적 발생량이 가장 많은 국가인데, 미국의 탈퇴는 협약을 의미 없게 만드는 일이 되었다.

기후위기 자체를 부정하거나 회의적인 생각을 가진 사람들의 비율은 상당히 높다. 2023년 갤럽이 미국인을 대상으로 한 여론조사에 따르면, 미국인의 60%는 기후변화로 인한 부정적 효과가 이미 나타나고 있다고 답했지만, 40%는 이에 동의하지 않았다. 이는 당파성과도 연관되어 있는데, 민주당 성향(62%)과 중도층(40%)의 응답자들은 기후변화를 매우 심각하게 여겼지만, 공화당 성향 중 오직 8%만 기후변화가 심각하다고 응답했다. 또한 민주당 성향의 응답자 88%는 기후변화가 인간에 의해 유발된 것이라고 답했지만, 공화당 성향 응답자의 경우 29%만 그렇다고 답했다. 여성, 대졸 이상의 응답자일수록 기후변화를 우려하는 경향이 컸고, 반면 55세 이상일수록 기후변화 가능성과 그 위험성을 심각하게 여기지 않았다(조철환, 2023. 4. 27.) 이러한 여론조사 결과는 기후변화에 대한 대중의 생각과 행동들이 개인의 포괄적인 정치적 성향과 가치체계, 그리고 교육수준과 같은 특성들과 연관되어 있음을 보여 준다. 더불어, 기후변화에 대한 대중의 관점은 정치적으로 조작되고 선동될 수도 있음을 암시한다.

이산화탄소 배출 같은 인간 활동은 태풍, 홍수, 가뭄, 산불 등 재난을 야기한다. 김형준 카이스트 미래전략대학원 교수팀은 인간 활동에 의한 온실가스의 배출이 있는 지구와 그렇지 않은 지구를 시뮬레이션한 '메타버스 지구'를 만들어 실험했다. 그 결과, 동아시아 태풍에 의한 호우 빈도의 증가는 인간 활동이 있는 지구에서만 나타났다(이경숙, 2022. 09. 01.). 인간활동이 지구 온난화를 가속화시키는 것을 보여 주는 증거이다.

2) 기후변화로 인한 우리 일상의 변화와 재난들

예전에 대학생 사이에서는 벚꽃의 꽃말은 중간고사라는 말이 있었지만, 이제는 옛말이 되었다. 2023년 봄, 서울에서 벚꽃은 3월 말에 개화하여 절정을 이루었는데, 이는 평균보다 2주나 빠른 것으로 나타났다. 대학생들의 중간고사는 보통 4월 중순 이후인데 이제 4월 중순이면 벚꽃을 찾아보기 힘들어진다. 매해 지구가 더워지면서 우리나라의 봄은 빨라지고 겨울도 춥지 않게 되어가고 있다. 춥지 않은 겨울 기온으로 인해 겨울에도 모기가 활동을 하여 말라리아, 지카바이러스, 뇌염과 같은 질병의 가능성도 높아지고 있다. 모기는 지구상에서 사람들을 가장 많이 죽이는 동물로 특히 저개발국 사람들이 모기로 인한 영향을 받을 가능성이 높아지고 있다. 세계 많은 나라의 여름 최고 기온은 매년 최고를 갱신하고 있다. 앞서 언급했듯이, 지구 온난화 시대가 끝나고 이제 지구 열대화 시대로 접어들었다고 할 정도로 지구는 지속적으로 더워지고 있다. 폭염으로 인해 아열대 기후에 속하는 동남아시아, 남아시아는 건기, 우기의 구분 없이 계속 기온이 상승하는 무더위가 이어지고 있으며, 아시아뿐 아니라 유럽과 미국에서도 40~50℃를 넘어서는 기온으로 인해 다양한 자연재해와 그로 인한 인적 피해가 늘고 있다.

기후변화는 단순히 기온의 상승만을 의미하는 것이 아니다. 기후변화가 가져온 극단적으로 많거나 적은 강수량과 적설량으로 인해 어떤 지역에서는 폭우로 수많은 이재민이 발생하고, 또 어떤 지역에서는 극심한 가뭄으로 식량난과 물 부족에 시달리고 있다. 유럽에서는 2022년 겨울, 500년 만에 발생한 혹독한 가뭄으로 인해 사람들이 물 사용량을 절반 가까이 줄여야 하는 일이 있었다. 우리나라에서도 2022~2023년에 남부 지방이 50년 만에 극심한 가뭄에 시달리며 전남 지역의 몇몇 섬에서는 일주일에 하루만 물이 공급되는 단수 사태가 1년간 이어지기도 했다.

기후 조건의 변화는 여러 경로로 인류의 건강을 악화시키고 생명을 위협한다. 2004년『미국의사협회지』에 실린 논문에 따르면, 기후변화가 열 관련 질환은 물론, 공기 질 오염과 꽃가루 증가로 인한 호흡기 질환의 증가, 미생물 증가로 인한 감염병과 해수면 변화가 가져오는 홍수와 태풍의 증가로 인한 익사, 외상과 같은 건강의 악화를 야기한다(김준혁, 2023. 7. 25.).

IPCC의 2014년 보고서와 2018년 보고서는 21세기 말이 되면 지난 1만 년 동안 겪은 것보다 더 혹독한 기후변화를 겪을 수 있다고 경고하고 있다. 지구 온난화로 인한 극한의 날씨는 수많은 생명을 빼앗기도 한다. 예를 들어, 2013년 필리핀에서 발생한 슈퍼태풍 하이옌으로 인해 지역민 1만 명 이상이 사망했으며, 2017년 미국 텍사스 주에서 발생한 허리케인 하비는 역대급 폭우를 불러일으켜 시카고와 뉴욕을 합한 것만큼 큰 면적을 완전 침수시키는 일도 있었다.

기후변화로 인해 전 세계에서 산불도 잦아지고 있다. 우리나라도 예전에 비해 산불의 빈도가 늘어나면서 많은 피해를 입고 있다. 호주에서도 거의 매년 대형 산불이 발생하는데, 2019년에는 산불이 6개월 간 지속되면서 우리나라 면적 이상의 땅이 불타고 10억 마리가 넘는 동물이 희생되는 큰 손실을 입었다. 또한 이 산불의 연기는 고도 15km 성층권까지 올라가 온도가 3℃ 급상승했고, 전 지구의 평균 온도를 0.7℃ 상승시키고 오존층도 파괴했다는 연구결과가 있다. 2023년 6월, 미국 뉴욕에서는 극심한 대기오염으로 인해 항공기 비행 금지, 휴교령, 야외 및 실내 행사들이 줄줄이 취소되었다(Wallace, 2023. 6. 10.) 1999년 대기질 측정 시작 이래 미국 동북부 지역의 최악의 대기오염이 목격되며, 그간 최악의 대기 질을 기록해 온 세계의 도시들을 제치고 세계에서 대기 질이 가장 나쁜 도시에 올랐다. 그 원인은 국경을 마주한 캐나다 400여 곳에서 동시에 일어난 산불이었는데, 일주일간 지속된 이 산불은 지난 10년간 캐나다 평균 산불 피해 면적의 18배에 달하는 면적을 불태웠다. 산불로 인한 연기가 미국 동북부는 물론 중서부 주까지 내려오면서 최악의 대기오염을 유발했다. 세계 곳곳에서 이렇듯 대규모 산불이 끊이지 않고 있는데, 미국 캘리포니아는 대표적인 지역이다. 2020년에 일어난 산불은 1억 2,700만 톤(t)의 온실가스를 발생시켰는데, 이는 지난 18년간 캘리포니아 주가 감축한 이산화탄소의 약 2배에 달하는 규모로, 캘리포니아 주가 2030년까지 목표하는 탄소 배출량의 절반을 차지하는 규모였다. 탄소 배출 저감을 위한 기울였던 그간의 노력이 산불로 인해 물거품이 되어 버린 것이다.

이러한 산불은 기후변화의 원인이 되는 탄소를 다량 뿜어낸다. 유럽의 코페르니쿠스 대기 모니터링(CAMS)에 따르면, 유럽연합(EU) 27개국의 2020년 이산화탄소 배출량이 2,600메가톤(Mt)이었는데, 2021년 산불로 인한 유럽지역의 이산화탄소 배출량은 6,450Mt에 달해 2배가 넘었다. 즉, 산불은 생태계 파괴, 인명과 재산 피해를 가져올 뿐 아니라 이로 인한 이산화탄소 배출량이 급증하면서 기후변화에도 큰 영향을 미치게 되는 것이다. 유엔환경계획(UNEP)은 앞으로 대형 산불이 더 빈번해질 것이라는 비관적 예측을 내놓았다. 산불로 인한 피해 면적은 2030년에는 현재보다 14%, 2050년엔 30%, 21세기 말에는 50%까지 늘어날 것으로 예측되고 있다. 더워지는 지구는 산불이 나기 쉬운 환경을 만들고, 대규모 산불은 지구를 더 더워지게 만들어 악순환이 지속되는 것이다.

뿐만 아니라, 지구 온난화는 수십 년에 걸쳐 해수면을 상승시키고 있다.

해수면은 1993~2002년에는 연평균 2.1mm, 2003~2012년에는 2.9mm, 2013~2021년에는 4.4mm씩 상승하고 있다. 지난 30여 년 동안 해수면은 9cm가 넘게 높아진 것이다(세계기상기구, 2021). 해수면 상승 이유는, 첫째, 지구 온난화로 인해 바닷물 온도가 상승해서 물이 팽창했기 때문이다. 바닷물은 지구 열에너지의 90% 이상을 흡수하는데, 1960년대 이후로 전 세계 바다 수온은 .52℃ 정도 상승했다. 우리나라의 경우는 이보다 훨씬 심하다. 1968년에는 평균 16.1도였던 해수 온도가 2021년에는 17.45℃로 약 1.35℃ 상승한 것으로 나타났다. 둘째, 빙하가 녹아 바다로 흘러가는 것도 해수면 상승의 주요 원인이다. IPCC는 기후변화를 멈추지 못하면 지구의 해수면은 2100년까지 지금보다 1m 더 높아질 수 있다고 경고했다. 전 세계 인구의 약 11%가 저지대 해안가에 거주하고 있다. 지속적인 바다 수온 상승과 빙하 손실은 수많은 사람과 문화, 국가를 사라지게 할 수도 있다.

기온 상승으로 인해 녹아내리는 땅은 인류의 또 다른 위협이다. 계절과 상관없이 얼어 있는 땅을 영구동토층이라고 한다. 영구동토층은 북극과 남극 등 고위도에 분포하는데, 이 영구동토층이 녹으면 언 땅에 갇혀 있던 메탄과 이산화탄소 같은 온실가스가 방출될 수 있다. 땅에 묻혀 있는 온실가스의 양은 1조 8,000억t으로 현재 지구 대기 중에 있는 양의 최소 2배 이상이라고 한다(이경숙, 2022. 09. 01.). 땅에 갇혀 있던 탄소들이 방출되면 지구 온난화를 가속할 뿐 아니라, 이 안에 갇혀 있던 바이러스가 녹아 다양한 전염병을 일으키는 원인이 될 가능성도 있다. 우리는 지난 몇 년 간 바이러스와 전쟁을 치루었다. 새로운 바이러스의 등장이 우리의 삶을 또 바꿀 수 있을지 모른다는 생각을 하면 아찔해진다. 지구 온도가 이대로 높아지면 북극바다의 얼음인 해빙은 2030년이면 소실될 가능성도 있다고 경고한다. 핀란드 기상연구소는 북극해빙이 1989년에 비해 2022년에는 남한 크기의 18배가 사라진 것으로 보고했다.

전 세계의 빙하도 사라지고 있다. 고산지대의 빙하들이 녹아서 산 위 높은 지대에 빙하호가 계속 생겨나고 있는데, 30년 전과 비교하면 빙하호의 숫자는

53%가량 증가한 것으로 보고된다. 빙하호가 늘어나고 물이 증가하면 인근 지역의 홍수 발생 위험이 높아진다. 빙하호 붕괴 홍수는 빙하가 녹은 물이 강이나 호수의 수위를 높이면서 발생한다. 과학자들은 기후변화로 인해 앞으로 빙하호 붕괴 홍수가 심화될 것으로 관측했는데, 2023년『네이처 커뮤니케이션』에 실린 로빈슨과 테일러 교수팀이 발표한 논문에 따르면, 고산지대 빙하가 녹으면서 전 세계적으로 1,500만 명이 빙하호 붕괴 홍수의 위험에 처해 있다고 추산했다. 이 중 절반 이상이 인도, 파키스탄, 페루, 중국에 분포되어 있다. 2022년에 빙하 해빙과 계절성 폭우로 인해 파키스탄은 국토의 1/3이 잠기는 홍수가 일어나 최소 1,700명이 사망하고 주택 수십만 채가 침수되었고(선명수, 2023. 08. 07.), 800만 명에 달하는 이재민이 발생하여 39조 8,700억 원에 달하는 경제적 손실을 입은 것으로 나타났다.

지구의 한편은 홍수로 큰 피해를 입고 있지만 다른 한편에서는 끔찍한 가뭄으로 고통을 받고 있다. 아프리카 대륙의 케냐, 소말리아, 에티오피아 등에서는 몇 년째 우기에도 비가 전혀 오지 않는 날들이 이어지면서 농사를 지을 수 없게 되어 1,300만여 명 (2023년 5월 기준)이 배고픔에 시달리고 있다. 소말리아에서는 가뭄으로 인해 2022년 한 해에만 최소 4만 3,000명이 사망했다고 보고된다.

기후변화는 우리나라에도 다양한 형태로 영향을 미치고 있다. 우리나라는 원래 4계절이 뚜렷한 온대성 기후를 가지고 있지만, 기후변화의 영향으로 점점 아열대성 기후로 변하고 있다. 아열대 기후는 평균 10℃ 이상의 기온이 8개월 이상 지속되는 기후를 말한다. 환경부와 기상청이 발간한 '한국 기후변화 평가보고서 2020'에 따르면, 지난 100여 년 동안 상승한 지구 평균 온도는 .85℃였는데, 우리나라는 1.8℃로 전 세계 평균보다 2배 이상을 기록했다. 국립기상과학원에 따르면, 지금의 추세대로라면 2100년쯤이면 우리나라는 아열대 기후가 될 것이다. 그렇게 되면 우리가 경작할 수 있는 농작물의 종류도 달라진다. 예를 들어, 사과나 배 같은 우리나라의 대표적인 온대 과수는 앞으로 키우기 어렵고 망고나 파파야, 바나나 같은 열대 과일과 열대 농작물의 경작 면적이 늘어나면서 먹거리가 바뀌게 될 날이 그리 머지않았다. 뿐만 아니라, 해수 온난화로 인해 우리 바닷속 물고기나 해조류의 서식 환경도 변화하고 있다. 한국해양과학기술원(KIOST)에 따르면, 2023년 봄철 동해의 평균 해면 수온은 최근 40년 간 가장 높은 수치를 기록했다. 동해의 봄철 평균 수온은 1980년대는 7.7℃, 2010년대는 8.3℃로 30년 간 0.6℃ 상승했지만 2021~2023년 동안(2021년 9도, 2022년 9.4도, 2023년 10도) 1℃가 상승하는 등 매우 짧은 기간에 가파른 변화를 보여 주고 있다. 이러한 동해 해면 수온 상승은 러시아 북극해의 해빙 감소 및 지구 온난화에 의한 대기 반응으로 해석된다(권영지, 2023. 08. 25.). 가속화되는 지구 온난화로 인해 육지 농작물과 마찬가지로 바다 생물의 서식 환경도 변하고 있다. 아열대 어종이 많이 등장하고 해조류가 급격히 사라지고 있다고 한다. 이렇듯 지구 온난화는 지엽적 문제가 아닌 전 지구적으로 영향을 서로 주고받는 글로벌한 당면 과제이다.

3) 기후 정의

국제에너지기구(IEA)에 따르면, 연료 연소로 인한 이산화탄소 배출량은 2022년에 368억t으로 사상최대를 기록했다. 그중 중국은 121억t의 에너지 관련 탄소 배출을 통해 탄소 배출 1위국이 되었다(IEA, 2023). 대륙별로는 선진국들이 모인 유럽(31.3%)과 북아메리카(28.2%)의 누적 배출량 비중이 전 세계의 59.5%를 차지했지만, 아프리카 대륙의 경우는 2.8%에 불과했다. 2021년 기준으로 북미 지역 국민 1인당 에너지 관련 탄소 배출량 평균치가 아프리카 대륙 국민 1인당 평균치의 11배 이상이라는 결과도 있다. 또한 탄소 배출량 상위 1% 개인의 평균치는 50t(2021년 기준)으로 하위 1%에 비해 무려 1,000배가 넘는 것으로 나타났다. 이러한 결과는 부와 수입, 그리고 생활양식에 따라 사람들의 에너지 소비와 그에 따른 탄소 배출량의 거대한 차이를 보여 준다(Cozzi,

Chen, & Kim, 2023).

IPCC 제6차 평가보고서 또한 선진국과 개발도상국, 저개발국의 온실가스 배출에 대한 책임이 다르다는 점을 강조하고 있다. 1인당 온실가스 배출량이 상위 10%인 가구는 34~45%의 소비 기반 온실가스를 배출했으나, 하위 50%는 오직 13~15%의 소비 기반 온실가스를 배출했다. 즉, 잘 사는 나라일수록 잘 사는 가구일수록 온실가스 배출량이 더 많고, 기후위기에 대한 책임도 더 크다는 것이다(김기범, 2023. 3. 20.). 이러한 통계수치들은 기후변화로 인해 일어나는 각종 자연재해에 대한 손실과 피해에 잘 사는 나라의 책임이 크다는 사실을 보여 준다. 선진국 국민, 잘 사는 사람들은 생활의 편의를 위해 많은 에너지를 소비하고 그만큼 많은 탄소를 배출하는 것이다. 편리한 삶은 그만큼 지구에 대가를 지불한다.

『네이처 지속가능성』에 출간된 논문에 따르면, 온실가스 배출에 책임이 큰 선진국들은 2050년까지 170조 달러(19경 5,500조 원)의 기후보상금을 개발도상국들에게 지불해야 한다. 연구는 지구의 대기를 세계인이 나눠 쓰는 '공유물'로 가정하고, 전 세계 인구 1인당 배출 가능한 온실가스를 할당하는 방식으로 기후보상금을 계산했다. 연구결과에 따르면, 전 세계 168개국 중 가운데 67개국이 기후보상금을 지급해야 하는 나라로 꼽혔는데, 미국이 1위였고, 러시아, 일본, 독일이 뒤를 이었으며, 세계 탄소 배출량 10위권 안에 드는 우리나라도 3,105조 원으로 13위를 기록했다. 연구자는 "기후를 불안정하게 만드는 온실가스 초과 배출에 대해 아무런 책임이 없는 일부 국가에 경제를 빠르게 탈탄소화하라고 요구하는 것은 기후정의에 어긋난다."라고 하며, "오히려 이들 국가는 불공정한 부담에 대해 보상을 받아야 한다."라고 주장했다(남종영, 2023. 6. 6.).

전 세계 국가들은 2022년 제27차 유엔기후변화협약 당사국총회(COP27)에서 기후변화에 대한 책임이 적은데도 기후변화로 인한 자연재해와 같은 큰 피해를 입고 있는 저개발국가들을 지원하기 위한 '기후기금'을 설립하기로 합의했다. 하지만 구체적으로 선진국의 책임 한계와 분담 비율과 같은 부분에 대해서는 아직 합의하지 못하고 있다(남종영, 2023. 6. 6.). 지구 온도 상승을 막기 위해 탄소 배출량을 줄이려는 파리 기후변화협정이 2016년에 이루어졌지만 탄소 배출량 감소는 아직도 한참 목표에 미치지 못하고 있으며, 그동안 탄소를 주로 배출한 것은 잘 사는 선진국인데 피해는 모두에게 돌아가고, 특히 약자들에게 더 큰 피해가 돌아가고 있다.

기후위기는 이처럼 위기에 책임이 중한 국가들은 따로 있지만 그 위기는 모두에게 돌아가고, 가난한 국가들은 대처하기 더 어렵고 더 큰 위협에 처해 있기 때문에 정의(justice)의 문제가 된다. 기후변화로 인해 다양한 문제가 발생하지만 상대적으로 그에 대처할 수 있는 자원을 지닌 부자 나라, 부자들은 생활 속에서 큰 불편을 느끼지 않고 살아갈 수 있다. 그렇지만 한 국가 내에서도 약자(영유아 및 노인, 기저질환자 및 장애인, 저소득층, 취약한 지역 거주자)들은 이로 인해 더 큰 피해를 보게 된다. 보다 기득권을 지닌 집단의 편리를 위해 환경을 생각하지 않고 자원을 남용하고 자연을 파괴하는 것은 다른 한편으로는 취약자의 생태 권리를 빼앗고 있다는 면에서 부정의(unjustice)한 일임을 보다 많은 사람이 인지해야 한다.

4) 한국인은 기후 악당?!

국제 환경단체인 기후행동추적(Climate Act Tracker)은 2016년 보고서에서 우리나라를 사우디아라비아, 호주, 뉴질랜드와 함께 세계 4대 기후악당의 하나로 꼽았다. 국제에너지기구(IEA)에 따르면, 우리나라는 2017년 기준, 화석연료 연소를 통한 이산화탄소 배출로 중국, 미국, 인도, 러시아, 일본, 독일에 이어 세계 7위를 기록하고 있다. 또 다른 기후관련 연구기관인 '클라이밋 애널리틱스'의 2020년 보고서에 따르면, "한국의 현재 탄소 감축 목표는 파리협정에서 정한 목표치의 절반 수준"이며, "2030년까지 배출전망치(BAU)의 37% 감축'이란 한국 정부의 목표를 '2030년 BAU 대비 74%'로 강화해야 국제 기준에

겨우 부합한다."고 지적했다(선정수, 2020). 또한 기후행동추적은 2023년에도 우리나라를 기후위기 관련된 정책과 실천 행동에 있어 '매우 불충분한 (highly insufficient)' 수준으로 분류했다. 우리나라가 2050년까지 탄소중립을 이루기에는 전체 에너지원 중 화석연료의 비중이 67%(2020년 기준)를 차지하여 매우 높고 재생에너지는 6%대에 불과하다는 것이 그 이유다. 2022년 기후변화대응지수(Climate Change Performance Index) 평가에서도 우리나라는 63개국 중 60위라는 불명예스런 기록을 보였다(기민도, 2022. 11. 14.).

이러한 국제적인 지표들은 기후위기에 대한 우리의 현재 대응이 만족스럽지 못한 수준임을 보여 준다. 다른 경제 대국들과 유사하게 우리나라도 기후 빌런의 불명예를 안고 있다. 앞서 언급했듯이, 선진국들은 저개발국에 비해 많은 에너지를 소비하고 탄소 배출량도 압도적으로 많다. 기후위기를 해결하기 위해서는 우리나라를 비롯한 선진국들의 주도적인 실천이 반드시 필요한 때이다.

그렇다면 우리 국민은 기후변화에 대해 어떻게 생각하고 있고, 실천하고 있을까?『국민일보』가 2023년 성인 500여 명을 대상으로 기후위기에 대한 인식과 대응에 대해 실시한 조사에 따르면, 응답자의 75.9%가 "한국에서도 기후위기는 큰 문제이다."라고 위기인식을 가지고 있었다. 73.6%는 "일상 속에서 나부터 행동을 바꿔 대응해야 한다."고 답했다. 지구 온난화 책임이 있는 주체를 묻는 문항(중복 응답)에는 정부(63.8%)나 기업(58.4%)보다 개인(68%)의 책임을 더 크게 인식하는 것으로 나타났다. 이렇듯 우리 국민은 기후위기의 심각성에 대해서도 인지하고 있고, 내가 움직여야 기후위기를 해결할 수 있다는 것에도 동의하고 있는 듯하다. 하지만 이런 의식이 친환경적 실천 태도로 이어지지는 않았는데, 응답자들은 일주일에 평균 3.8개의 플라스틱 컵을 사용하고 있었고 일회용품을 이용한 배달도 주에 평균 3.2회 이용한다고 했다. 우리나라 사람 1명이 플라스틱 사용만으로 한 해에 23kg이 넘는 탄소를 배출한다(정진영, 김지훈, 이택현, 이경원, 2023. 5. 3.).

우리는 곳곳에서 찾아볼 수 있는 커피 전문점에서 플라스틱 컵에 커피를 마시고 테이크아웃을 한다. TV를 켜면 아침부터 배달앱을 켜고 일회용품 용기에 담긴 음식을 주문하는 유명인들이 보이고, 코로나19 시기를 계기로 배달음식을 주문하여 소비하는 것은 이제 완전히 식문화로 자리 잡았다. 전통시장은 점점 사라져 가고 대형 마트나 인터넷을 통한 식재료 주문이 일반화되면서 플라스틱으로 포장되지 않은 식재료나 음식을 찾아보기 어려운 지경이 되었다. 편리한 세상이다. 하지만 이 편리함에 지구는 신음하고 있다. 우리가 바로 눈앞에서 목격하지 못할 뿐이지 지구는 급격히 건강을 잃어 가고 있다. 플라스틱의 과도한 생산과 소비, 폐기는 탄소를 배출하고 기후변화를 촉진하여 지구를 병들게 할 뿐만 아니라 생산과 폐기 과정에서 수많은 미세플라스틱을 생성해 인간의 건강을 위협하고 생태계를 파괴한다.

또한 우리 국민이 여행만을 목적으로 비행기를 이용하는 횟수도 연평균 2.8회(편도 기준)로 조사됐다. 전체 온실가스의 3%가량이 항공기를 통해 나오며, 세계적으로 공항을 신축 · 증축하는 것이 환경권을 침해한다는 내용의 소송이 제기되고 있다(정진영, 김지훈, 이택현, 이경원, 2023. 5. 3.). 하지만 우리는 더 많은 공항을 만들려고 산을 깎고 토지를 파헤치며 개발에 주력하고 있다. 에너지 소비를 포함해 우리 국민이 1인당 연간 배출하는 이산화탄소량이 2020년에 약 12t으로 세계 4위(호주, 미국, 캐나다, 한국 순)에 올랐다고 한다.

우리 국민은 기후변화에 대한 위기의식을 가지고 있고, 이를 바꾸기 위해 시민이 직접 나서야 한다고 생각하고 있지만, 정작 이를 줄이기 위한 저감과 실천에는 미흡한 모습을 보이고 있다. 우리는 비교적 저렴한 에너지 가격과 일상적인 일회용품의 사용을 통해 편리함에 너무 익숙해져 버렸다. 일상에서의 탄소 배출과 기후변화의 관련성을 인식하기 어렵고 저개발국에 비해 당장의 피해가 심각하지는 않기 때문에 편리함에 물든 현재의 행동 패턴을 바꾸는 것은 쉽지 않다. 전문가들은 이러한 행동을 바꾸려면 '경제적 치환'이 필요하다고 주장한다. 즉, 금전적 충격요법이 없으면 저렴하고 편리한 것의 사용을 멈추고 자발적 친환경 행동으로의 전환이 어렵다는 것이다. 이에 대한 정책적 고민과 혁신이 앞으로 더욱 요구될 것이다. 더불어 기후변화에 대한 경각심을 주고 행동 변화를 유도하기 위해서는 이에 관한 조기 교육과 활발한 공공 커뮤니케이션이 반드시 필요하다.

5) 육류 섭취가 기후변화에 미치는 영향

기후변화는 다양한 인간 활동의 요인들로 기인한다. 탄소 배출의 가장 큰 원인은 석탄과 석유와 같은 화석 연료의 사용이기에 에너지의 주 공급원을 바꾸는 노력이 필요하다. 현재 세계 각국은 전기 생산, 교통 그리고 산업에서 화석연료의 사용으로 인한 온실가스를 줄이기 위해 노력하고 있다. 이를 위해 재생에너지 개발, 전기차 생산과 효율적인 에너지 사용법의 개발 등 다양한 분야에서 기술의 혁신과 행동의 변화를 촉구하고 있다. 하지만 이러한 분야의 배출을 없애는 것으로는 1.5~2℃ 목표를 이루는 데 충분하지 않다. 이와 더불어 인류 생활 전반에 걸친 행동 변화가 동반되어야만 가능한 일이다.

화석연료의 사용이 지구 온난화를 가속화한다는 것은 잘 알려진 내용이지만, 우리 생활과 가장 밀접한 관련이 있는 식량의 생산 방식이 기후변화에 매우 큰 원인이라는 것은 사람들에게 덜 알려져 있다. 식품은 다양한 측면에서 온실가스를 생산하는데, ① 벌목과 개간, ② 비료와 농업용 화학물의 사용과 제조, ③ 가축의 장내 발효, ④ 쌀의 경작, ⑤ 동물의 배설물로 만든 거름, ⑥ 식품 생산과 공급 체인에서의 화석 연료의 연소 등이 이산화탄소, 아산화질소, 메탄 등의 물질을 대기 중에 다량 배출시키며 기후변화에 기여한다. 식품 시스템은 온실가스 배출의 주요한 요인이지만 식품 관련 온실가스 배출을 줄이는 것에 대한 관심은 그다지 크지 않았다. 아마도 식품은 인간에게 없어서는 안 되는 것이기 때문에 이로 인한 환경적 대가는 어쩔 수 없다고 생각하고 있는 것인지 모른다.

2016년 세계자원연구소의 전 세계 온실가스 배출량 분석 자료에 따르면, 농업과 토지 이용 분야가 전체 배출량의 18.3%를 차지한다. 2019년 '데이터 세계(ourworldindata.org)' 조사 자료에 따르면, 그 비율은 더 커서 농식품의 생산, 가공, 유통이 전 세계 온실가스 배출량의 약 26%를 차지한다. 그중 축산과 어업이 가장 큰 31% 비중을 차지하며, 작물 생산이 27%, 가축용 토지 이용이 16%, 소비 작물이 8%, 가공 · 운송 · 포장 등이 18%를 차지하는 것으로 발표했다. 통계 자료마다 조금씩 차이는 보이지만, 농식품 생산과 유통, 소비 과정에서 온실가스 배출량이 상당함을 짐작할 수 있으며, 농식품 체계의 전환을 통해 배출량을 감소할 필요가 있음을 암시한다.

2020년 『사이언스』에 실린 논문에 따르면, 화석연료 사용으로 인한 배출이 모두 멈춘다고 해도 현재의 식품 시스템이 유지된다면 1.5℃ 이하로 지구 온도의 상승을 낮추는 목표는 달성하기 어렵다고 주장한다. 현 추세가 지속되면 30%에 이르는 농식품 체계의 온실가스 배출이 2050년에는 두 배로 증가하여 다른 분야의 감축을 상쇄하게 될 것이라는 경고이다. 이 연구에서는 농식품 체계의 전환 모델로 식품소비 영역에서는 ① 식물성이 풍부한 식단, ② 건강한 칼로리 섭취 식생활, ③ 식품 손실과 쓰레기 절반 감축, ④ 생산 효용성을 높임으로써 식품으로 인한 온실가스 감소 등을 검토하였는데, 이 중 어느 한 가지 분야의 전환만으로는 탄소중립에 이르기 어렵고 모든 방안을 적용하고 실천해야만 탄소중립에 이를 수 있다고 지적한다(Clark et al., 2020). 식품은 우리 삶에서 생명 유지를 위해 가장 중요한 요소이고, 식생활 및 식습관의 개선은 개인 및 사회의 다양한 문화와 오래된 습관이 축적된 것이라 쉽사리 바꾸기 어렵다. 그러나 우리 삶에 가장 큰 부분을 차지하는 만큼 각국이 탄소를 많이 배출하는 현재의 식품 체계 및 식생활 개선을 이룬다면 기후변화에 보다 효과적으로 대응할 수 있을 것이다.

특히 축산업과 대량의 육류 소비가 기후변화를 가속화하는 중요한 부정적 요인이라는 사실은 대체로 덜 알려져 있다. 2006년 유엔식량농업기구(FAO)에 따르면, 육류 공급으로 인한 연간 전 세계 온실가스 배출량은 18%에 달하며

(Steinfeld et al., 2006), 이산화탄소, 메탄, 아산화질소의 주요 배출원으로 알려져 있다. 『월드워치매거진(WWM)』의 2009년 자료에 따르면, 축산업은 앞서 언급된 자료보다 더 높은, 전 세계 온실가스 비율의 절반을 차지하는 것으로 추정된다. 이는 직접적 축산업 영향과 더불어 지나친 육류 생산과 소비로 인한 물 가용성, 삼림 벌채 및 토지 파괴와 같은 생태계 손실, 수질과 대기오염을 포함한다(Goodland & Anhang, 2011).

지구의 지상 표면적의 최소 26%는 가축 방목으로 점유되고 있으며, 전체 경작지의 33%는 가축용 사료작물을 생산하는 데 사용된다. 또한 전체 농업용지 사용량의 70%를 가축 생산이 차지하고 있다(Steinfeld et al., 2006). IPCC(2019) 보고서에서는 인류가 육류 섭취를 줄이면 더 적은 양의 토지로 많은 양의 식량을 생산할 수 있으며, 인간이 방출하는 탄소를 땅속에 많이 저장할 수 있어 기후변화에 대응할 수 있다고 밝히고 있다. 예일대학교 산림환경연구소에 따르면, 아마존 열대우림의 80% 이상이 방목장(cattle ranching) 건설로 인해 파괴되었다. 2019년 1개월 이상 지속된 아마존의 대규모 화재로 인해 서울의 10배 가까운 면적이 소실되었는데 이것 역시 가축 사육을 위한 의도적 방화로 인해 발생한 것으로 나타났다(강석영, 2019. 9. 17.).

2023년 IPCC의 6차 평가보고서(IPCC, 2023)는 온실가스 감축 잠재력이 큰 순서를 나열하고 있는데, 첫째, 삼림 및 생태계 보전과 관리, 둘째, 농지와 가축 관리 및 토양의 탄소 격리 그리고 식생활 개선 및 저배출 연료 활용이다. 우리 정부도 2050년까지 탄소중립을 달성하기 위한 추진 중인데, 탄소 포집, 재생에너지 등의 기술 혁신 전략을 강조하고 있지만(환경부, 2023), 식생활 관련 정책은 찾아볼 수 없다.

육류 소비의 증가는 과도한 온실가스 배출부터 토양 및 수자원의 황폐화 같은 다양한 환경문제와 연관되어 있다. 따라서 개인의 육류 소비 저감은 지속가능한 식생활로의 전환이자 기후위기에 대응할 수 있는 중요한 전략이 될 수 있다. 하지만 그간 사람들의 육류 소비량은 지속적으로 늘고 있다. 우리 국민의 육류 소비량은 1980년에 1인당 11.3kg이었는데 2018년에는 53.9kg로 약 5배 가까이 증가했다. 공장식 축산업이 도입된 이후 고기가 흔해지고 고기 위주의 식습관이 형성되며 육류소비가 폭발적으로 성장한 것이다. 소고기 1kg 생산에는 10kg가량의 사료 곡물이 필요하다. 국내 수입 곡물의 70%는 사료로 활용된다. 유엔식량농업기구(FAO)에 따르면, 축산업으로 발생하는 온실가스는 전체 배출량의 14.5%에 달한다. 이는 모든 교통 수단에서 비롯되는 온실가스의 양이 13% 수준인 것을 감안해 볼 때 우리가 생각했던 것보다 높은 비율임을 알 수 있다(이근행, 2022). 잉여 곡물을 먹여 공장식으로 육류를 생산하고 사람들의 육식이 흔해진 이후 이로 인한 사료 조달과 분뇨 등은 지구가 감당할 수 있는 수준을 넘어 온실 가스를 대량 방출하는 상품이 되었다.

기후변화에 대한 위기의식이 높아지면서 축산업이 기후위기에 주된 영향이라는 것을 밝히는 연구가 일부 진행되고 있으며, 육류 섭취의 제한이 기후변화 대응에 효과적임을 알리는 노력도 증가하고 있다(Bose, Hills, & Sgroi, 2020; Goodland & Anhang, 2011; Grossi, Goglio, Vitali, & Williams, 2019; Steinfeld et al., 2006). 기후위기 대응 행동으로서 제시되는 대안인 대체육과 같이 기술적 문제가 동반되는 연구들도 이루어지고 있다. 대체 단백질 식품으로의 전환이 온실가스 배출량에 미치는 영향을 추정한 한 연구에 따르면, 단백질 소비의 변화는 온실가스 배출량에 영향을 주며 식생활 변화를 통해 기후변화에 대응할 필요가 있다고 밝히고 있다(최윤실, 박건진, 남재작, 2022). 대체육, 곤충과 같은 미래 식량에 대한 연구도 이루어지고 있다. 한편, 대체육도 대안이 될 수 있으나 친환경적인 채식을 좀 더 활성화하는 것이 기후위기 대응에 보다 효과적인 실천 방안이라 볼 수 있다.

가치소비에 대한 트렌드가 유행하면서 윤리적 식품 소비에 영향을 미치는 소비자의 특성과 행동에 집중한 연구들도 행해지고 있다. 네덜란드 소비자들을 대상으로 한 연구에 따르면, 육류 없는 식사가 기후변화에 도움이 된다는 육류 소비와 기후변화를 직접적으로 연관시키는 메시지보다는 건강과 자연적 가치와 같은 사회적 동기를 부여하여 비육류 식단이 더 나은 선택이 될 수 있도록 유도하는 것이 보다 효과적 설득 전략이다. 즉, 채식 위주의 행동을 친환경, 동물 복지와 같은 행동으로 확장시키는 것이 보다 나은 선택이라는 것이다(Boer, Schösler, & Boersema, 2013).

일반 공중에게 육류 소비를 온실가스 배출이나 기후변화와 연결시키는 것은 쉬운 일이 아니다. 음식 선택에는 개인의 취향, 종교, 윤리, 문화 등 다양한 요소가 결합되어 있다. 개인에게 인류와 지구의 미래를 위해 자신의 입맛을 포기하고 고기의 섭취를 줄이라고 하는 것은 어려운 설득이다. 식품 유통 체계가 어떻게 환경에 영향을 미치는지를 이해시키기 위해서는 거시적인 수준의 관점이 요구되는데, 소비자가 음식을 선택하는 것은 대부분 미시적 관점과 개인 레벨에서 이루어지기 때문이다(de Boer & Aiking, 2011). 하지만 인류가 현재의 과도한 육류 섭취 방식을 유지할 경우 앞으로 기후변화는 더욱 가속화될 것이다. 채식 위주의 식단과 육식의 절제는 탄소중립의 주요한 고리로 작용할 것이다. 축산과 육식의 확대는 지속가능하지 않기 때문이다

6) 기후위기 시대에 개인은 무엇을 실천할 수 있을까

지구는 이제 온난화를 넘어 열대화 시대로 넘어가고 있다. 국제사회와 연합, 각국 정부, 기업들의 노력도 필요하지만 개개인의 노력과 생활 개선이 없으면 근본적으로 지구 열대화를 막기는 어렵다. 지속가능한 지구를 만들기 위해 개개인이 생활 속에서 실천할 수 있는 것들은 무엇일까? 앞에서 언급했듯이, 지구 온난화에 큰 영향을 미치지만 우리에게 덜 알려져 있던 것 중 하나는 과도한 육류의 생산과 소비습관이다. 과거보다 급격하게 늘어난 육류 소비를 줄이는 일, 무분별한 패스트 제품의 소비를 지양하고 친환경, 가치 소비를 늘리는 것일 것이다.

(1) 비거니즘, 플렉시테리언

과거에 비해 인류가 소비하는 육류의 양은 급격하게 늘어났다. 한국인의 경우, 곡물과 채소 소비는 날로 감소하고 육류 소비는 증가하고 있다. 2020년 12월 통계청 자료에 따르면, 한국인의 연간 1인당 육류(소고기, 돼지고기, 닭고기) 소비량은 1980년 연간 11.3kg에서 2018년 53.9kg로 약 5배 증가한 것으로 나타났다. 이는 연평균 4.2%의 증가율을 의미한다(전한선, 2020. 12. 04.).

과도한 육류 생산과 소비가 기후변화를 가속화하고 있다는 사실에 이를 극복하는 방법의 하나로 비거니즘(veganism), 비건(vegan) 개념이 주목받고 있다. 비거니즘은 동물에 대한 학대를 되도록 최대한 배제하려는 삶의 방식을 뜻한다(Stewart & Cole, 2020. 1. 7.). 비거니즘은 우리가 알고 있는 채식주의의 가장 엄격한 형태로서 동물과 그 부산물에 대한 섭취나 소비를 금하는 것이다. 비거니즘을 실천하는 이들은 동물을 섭취하지 않을 뿐더러 동물의 가죽으로 만든 제품들도 사용하지 않는다. 우리에게 보다 익숙한 '베지테리어니즘(vegetarianism)'은 비거니즘보다는 상대적으로 덜 엄격한 형태로 이들도 고기를 먹지 않는 것은 동일하나 동물을 도살하지 않는 제품과 유제품, 달걀, 생선을 소비하는 것은 허용한다. 베지테리어니즘은 그 범위에 따라 오보(ovo), 락토(lacto), 폴로(pollo), 페스코(pesco)등으로 분류된다(Butler, 2019).

한편, 채식을 기본으로 하면서 선택적 · 간헐적으로 육류를 섭취하여 육류 소비를 줄이는 것을 목표로 하는 '플렉시테리언(flexitarian)' 혹은 '리듀스테리언(reducetarian)' 개념도 주목받고 있다. 리듀스테리언은 육류를 적게 먹기 위해 노력하는 사람이며, 플렉시테리언은 유연성을 의미하는 'flex'와 채식주의자를 일컫는 'vegetarian'을 합친 용어로 유동적인 채식주의자를 의미한다(Rosenfeld, 2018). 이들은 기본적으로 채식은 하지만 대체육을 포함, 고기를 가능한 적게 섭취한다는 것을 행동수칙으로 한다. 플렉시테리언의 정의와 해석은 주관적일 수 있다. 이렇게 완전한 채식이 아닐지라도 채식을 실천하는 데 있어 다양한 접근법이 주목받고 있다. 플렉시테리언 개념은 2000년대 초반에 급격하게 확산되어 이를 실천하는 사람들의 수가 점점 증가하고 있다. 미국에서는 조사 방법에 따라 조금씩 다르지만 플렉시테리언의 비중이 10~37%에 이르는 것으로 나타났다(Rosenfeld, Rothgerber, & Tomiyama, 2020). 미국에서 플렉시테리언 운동은 존스 홉킨스 블룸버그 보건소(Bloomberg School of Public Health Center for a Livable Future)와 연계하여 공중보건 의식 프로그램의 일환으로 시작되어 주 1회 채식을 장려하는 '고기 없는 월요일(meatlessmonday)' 운동이 시작되었다. 젖소 등 낙농업 가축이 배출하는 메탄가스가 가져오는 온실효과는 이산화탄소보다 20배 이상 크다고 한다. 지구를 생각한다면 육류 소비를 줄이고 좀 더 채식을 실천하는 인구가 증가하는 것이 바람직하다. 우리나라에서도 채식인구를 150~200만 명 수준으로 추산하고 있는데, 이는 20년 전 약 15만 명에 불과했던 것에 비해 매우 큰 변화이다.

옥스퍼드 대학교의 연구팀에 따르면, 일반 식단에 비해 플렉시테리언 식단은 2050년 온실가스 예상 배출분을 187%에서 90%까지 감소할 수 있다(Springmann et al., 2018). 이러한 사실을 보면 육류 소비를 줄이는 것은 개인 수준에서 실천할 수 있는 상당히 효과적인 기후위기 대응책이다. 플렉시테리언을 실천하는 것은 육류소비를 줄임으로써 탈탄소화, 기후위기 대응 방안의 방법을 제공하는 것이다. 하지만 개인의 식습관은 어릴 때부터 오랫동안 형성되어 오기 때문에 완전한 채식을 하거나 식습관을 한 번에 바꾸는 것은 쉬운 일이 아니다. 더구나 우리나라의 경우, 채식위주의 식당이 많지 않아 사회적 인프라도 부족한 편이다. 이러한 경우 플렉시테리언 식단은 보다 유연한 범위에서 실천할 수 있기 때문에 행위의 지속성을 담보할 수 있다. 이러한 유연성은 복잡한 기후위기에 대응할 수 있는 대중의 담론을 형성할 수 있는 하나의 수단이 될 수 있다.

조화를 중시하는 우리 사회의 문화는 채식을 하는 사람들에 대해 '까다롭다' '특이하다'와 같은 편견을 보이기도 한다. 한 연구에 따르면, 사람들은 엄격한 채식주의자보다는 플렉시테리언에게 더 호의적인 반응을 보였다. 더불어, 연구자들은 채식주의자에 대한 다소 부정적인 사회적 시선으로 인해 지속성이 담보되기 어렵기 때문에, 사회적 관계 유지가 보다 쉬운 플렉시테리언의 개념이 확산되는 것이 필요하다고 주장했다(Hornsey & Jetten, 2003). 채식 행위를 쉽게 만드는 사회적 인프라가 부족하고 채식에 대한 선입견이 높은 편이라 채식이 대체로 활성화되지 않은 한국 사회에서 플렉시테리언 개념의 확장과 토의가 필요에 보인다. 채식에 대한 이러한 유연한 접근은 채식의 목적이 건강, 동물권, 환경 어떤 것인지와 관계없이 육류 소비를 줄이는 효율적인 전략이 될 수 있다(Marinova & Diana, 2019).

이효은과 오수빈(2021)은 내국인 플렉시테리언들을 인터뷰하여 이들이 간헐적 채식을 선택한 요인을 연구하였다. 이를 통해 연구자들은 간헐적 채식의 참여와 실천을 확장하기 위한 방안을 제시하고 있다. 이 연구결과에 따르면, 피면접자들은 주변에 플렉시테리어니즘을 실천하는 사람들이 많을 때 해당 행동이 보다 쉽게 느껴졌다고 답했다. 연구자들은 플렉시테리어니즘이 가지는 기후위기 대응 효과와 실천의 용이함을 강조하며 이들의 행동의도를 강화할 필요가 있음을 주장했다. 더불어 채식에 대한 부정적 인식을 개선하여 실천 인구를 확장하며, 채식주의자들이 집단적 소속감을 느낄 수 있도록 해야 한다고 강조했다.

김가람, 조활원과 조수영(2023)도 기후위기 대응으로써 효과적인 육류 소비 저감 커뮤니케이션 전략을 연구했다. 구체적으로, 공중에게 육류 소비 저감행동 설득 메시지를 전달할 때 어느 정도의 실천 강도 수준이 제시되는 것이 좋은지, 다른 사람들이 이를 실천하고 있다는 사실을 알리는 비교성 넛지 전략이 효과적인지를 살펴보았다. 연구결과에 따르면, 너무 높은 실천 강도보다는 적당히 낮은 강도의 실천을 제안했을 때 공중의 육류소비 저감의도가 높아졌다. 또한 비교성 넛지는 공중의 반발심을 낮추며 육류 소비 저감 실천에 긍정적인 영향을 미치는 전략으로 밝혀졌다. 공중은 아무리 공익적 행동이라도 자신이 실천하기에 부담스러운 수준이거나 어려움이 있다고 느끼면 주저하게 되지만, 다른 사람들이 특정행동에 많이 동참하고 있다는 것을 알면 사회적 규범에 맞는 행동을 실천하려는 의지가 높아질 수 있다는 것을 연구는 보여 준다.

이 연구결과들이 보여 주듯이, 주변에 플렉시테리어니즘이나 육류 저감 행동을 실천하는 사람들을 접하거나, 인플루언서, 언론을 통해 좀 더 다양한 식습관에 대한 정보를 얻을 수 있다면 보다 많은 사람이 열린 마음으로 대안적 식습관에 대해 탐구해 볼 수 있는 기회가 증가할 것이다. 또한 채식과 관련된 사회적인 부정적 인식을 바로잡아 많은 사람이 보다 자유롭게 플렉시테리언을 실천하고 시도할 수 있도록 해야 한다. 이효은과 오수빈(2021)의 연구에서도 플렉시테리어니즘의 실천을 중단한 피면접자는 선택적 채식 행동인 플렉시테리어니즘에 대한 부정적 인식, 집단으로부터의 소외, 비꼬기 등을 경험했다고 보고했다. 식습관을 바꾸는 것은 쉬운 일이 아니고 개인의 결심만으로는 지속적 실천이 어렵다. 사회적으로 채식을 실천할 수 있는 다양한 환경이 갖추어져 있고 자유로운 선택을 할 수 있어야 하는데, 이는 다각도에서 사회적인 지원과 노력이 수반되어야 가능하다. 또한 육류 저감 행동을 독려하는 공공 커뮤니케이션을 할 때 너무 높은 기준을 제시하기보다는 공중이 받아들일 수 있는 적정한 수준을 잘 파악하여 이에 대한 반발심을 줄이는 전략을 시도할 필요가 있다.

(2) 가치 소비와 그린 슈머의 부상

코로나19과 기후변화를 겪으면서 사람들의 환경과 생태계에 대한 관심은 더 커졌고, 소비에 대한 인식들도 차츰 변화하고 있다. 세계의 각 나라들은 환경규제를 높이고 탄소중립 목표도 발표하고 있으며, 기업 또한 ESG(환경, 사회, 지배구조) 강화 및 친환경에 대한 소비자의 니즈가 커지면서 생산 및 비지니스 과정에서 친환경 요소을 강화하고 있다. 최근에는 다양한 분야에서의 친환경 영향이 커지면서 그린슈머(Greensumer)라는 개념이 부상하고 있다.

그린슈머는 자연, 녹색의 '그린(green)'과 소비자를 의미하는 '컨슈머

(consumer)'의 합성어로, 스스로의 소비습관을 점검하고 의식적으로 친환경 소비를 실천하는 사람들을 지칭한다. 그린슈머의 주요 특징을 살펴보면, ① 조금 더 비싸더라도 환경 친화적인 제품을 선택하며, ② 제품의 생산 원료 및 방식과 유통과정에서의 친환경성을 중시하며, ③ 친환경 경영을 추구하는 기업을 선호한다. 밀레니얼(M) 세대는 현재 친환경 제품의 주된 소비층이고, Z세대는 아직 주요 경제 활동을 하지 않기 때문에 친환경 소비에 주요 소비층은 아니지만 2030년 이후에는 주요 소비층으로 부상할 것으로 기대된다. 팬데믹 이후 소비를 넘어 기업에 친환경 경영과 혁신을 요구하는 이노슈머(innosumer: innovation and consumer)의 영향력 또한 커지고 있다. 이들은 정부와 기업에 사회문제 해결에 앞장설 것을 요구하며 사회혁신을 능동적으로 만들어 내는 소비자를 말한다. 이들은 주로 시민단체를 구성하여 기업이 변화하도록 압박하고 있다. 이들은 패션/섬유 산업의 친환경 이슈를 이끄는 주요 동력원으로도 알려져 있다.

2020년 BCG에서 주요 8개국 소비자 3,200여 명을 대상으로 한 설문조사 결과에 따르면, 응답자의 약 70%는 팬데믹 이후 환경문제에 더 심각하게 대응하게 되었으며, 76%는 환경이 건강만큼 중요하게 고려되어야 할 사안이라 응답했다(BCG, 2020). 2019년 전 세계 인터넷 사용자 6,000여 명을 대상으로 한 Hotwire Survey에서도 응답자의 47%는 환경이나 인권과 같은 사회적 가치를 위반한 기업의 제품을 구매하지 않으며, 도덕적이지 않다고 판단된 기업의 제품을 타 기업 제품으로 바꾼 경험이 있다고 했다.

친환경 경제는 빠르게 확산되는 추세이다. 미국이나 유럽 같은 서구 시장뿐만 아니라 우리나라의 경우도 2001년에 1.5조 원 규모였던 친환경 시장이 2020년에는 30조 원으로 20배 가까이 증가했다. 관련 제품과 인증기업의 수도 2001년과 비교했을 때 각 300배, 20배 이상 증가했다. 전체 소비재에서 친환경 소비재의 비중도 2001년 1.2%에서 2022년에는 약 10%에 이르고 있다(임지훈, 2022).

젊은 소비자층은 물건을 구매할 때 자신이 추구하는 가치를 표현하고 싶어 하는 비율이 높게 나타났다. 친환경 제품에 더 높은 비용을 지불할 수 있는가를 조사해 보니, 긍정적인 답변의 비율이 1946~1964년생인 베이비부머 세대에서는 절반도 되지 않았지만(42%), 1990년대 후반~2010년대 초반생인 Z세대에서는 73%, 1980년대 초반~1990년대 중반에 태어난 밀레니얼 세대에서는 68%로 나타났다(First Insight, 2020). 물론 긍정적인 응답이 바로 구매로 이어지는 것은 아니지만 친환경제품에 대한 욕구는 확산되고 있는 추세임을 짐작할 수 있다. 더불어 소비자들은 점차 기업 경영에 있어 환경에 대한 고려의 중요성을 강조하고 있다. 전 세계 소비자 395,000명을 대상으로 한 설문 조사에 따르면, 2019년 기준으로 기업도 정부만큼 사회적 변화에 의무가 있다고 응답한 소비자의 65%에 달했으며, 2021년에는 그 비율이 더 높아져 73%의 응답자들이 그렇다고 답했다(HAVAS, 2021).

연구결과에 따르면, 친환경 관련된 정책 성숙도는 국가의 1인당 GDP와 높은 상관관계가 있으며, 이러한 친환경 정책 성숙도는 친환경 시장, 소비자, 기업 경영에도 직간접적 영향을 미치는 것으로 나타났다. 다시 말하면, 경제적으로 발전한 나라일수록 친환경을 선호하는 중산층 비중이 증가하고, 이는 정책의 선진화를 이끌어 친환경 시장과 기업을 확장시키고 결과적으로 전체적으로 선진화된 친환경 소비를 이끄는 것이다(임지훈, 2022).

기후위기의 시급성에 대한 국제적인 공감대가 형성되면서 전 세계 많은 국가가 탄소중립을 위한 정책과 플라스틱 규제 등 친환경 정책을 만들고 에너지 전환을 위해 노력을 기울이고 있다. 소비자들의 환경에 대한 인식과 요구가 높아지고 정부기관의 환경 규제와 ESG 경영의 부상, 그리고 투자사들도 기업 경쟁력 평가에 환경에 대한 활동을 포함하면서 기업들도 제품 생산과 유통에 환경 기준들을 고려하기 시작했다. 우리에게 널리 알려진 글로벌 기업들은 RE100에 가입했고, 국내 대기업 15개사도 RE100에 가입되어 있다. RE100이란 2050년까지 사용전력의 100%를 재생에너지로 사용하겠다고 선언하는 기업들의 자발적 운동을 말한다. 기업들은 RE100에 동참하며 탄소중립 목표를 세우고 신재생 에너지 사용의 비중을 늘릴 수 있는 방안을 마련하고 있다. 석유 · 정유 회사들은 석유 사업의 비중을 축소하고 대신 대체 에너지 기업을 인수하고 저탄소 기술을 개발하며 에너지 전환에 나서고 있다.

몇몇 글로벌 리딩 기업들은 탄소중립에 보다 적극적인 모습을 보이고 있다. 마이크로소프트(MS)는 2012년에 탄소중립을 달성했으며, 창립 이후 그동안 회사가 배출한 만큼의 탄소를 2050년까지 제거하겠다는 목표를 세워 10억 달러의 기후혁신기금을 조성하고 탄소처리 기술을 개발 중이다. 더불어 2025년까지 사업장에서 쓰는 에너지를 100% 재생에너지로 바꾸고, 2030년까지 회사 업무 차량도 전기차로 전환하겠다고 발표했다. 구글은 2007년에 탄소중립을 이루었고, 2020년에는 탄소발자국을 모두 없앴다고 발표하기도 했다. 이에 더해 탄소 상쇄를 통해 2007년 이전에 회사가 배출한 온실가스만큼을 제거해 구글이 지금까지 남긴 순 탄소발자국 총량을 제로화하겠다고 선언했다. 탄소상쇄란 다른 조직이 감축한 탄소량을 기업이 구매하여 자신의 탄소중립 실적으로 인정받는 제도를 일컫는다.

일부 소비자들 사이에서는 최소한의 물건만으로 생활하는 '미니멀리즘'도 많은 관심을 받고 있다. 대량 생산, 대량 소비를 거부하고 패스트, 인스턴트 문화에 휩쓸리는 대신 적은 것을 소유하고 소비하면서 조금 불편하더라도 환경에 피해를 줄이려고 노력하는 생활양식을 말한다. 꼭 필요하지 않는 수많은 물건들이 편리함과 유행을 좇으며 대량으로 만들어지고 소비되고 빨리 버려진다. 이 과정에서 대규모 쓰레기가 만들어지고 탄소 배출과 기후변화는 가속화된다. 패스트 문화가 계속되면 지속가능한 지구는 불가능해진다. 미니멀리즘은 지속가능한 지구를 만들기 위해 필요한 철학으로 주목받고 있다. 미니멀리즘과 더불어 제로 웨이스트에 대한 대중의 관심도 높아지고 있다. 제로 웨이스트란 재활용과 재사용을 통해 폐기물을 없애고 책임 있는 생산과 소비를 통해 자원과 환경을 보호하려는 노력이다. 제로웨이스트 지지자들은 폐기물을 줄이기 위해 제품과 포장 및 제조 과정에서 기업이 좀 더 친환경적이기 위해서는 정부의 규제가 필요하다고 주장하며 이를 위한 지속적인 가이드라인을 제공한다. 그동안의 경제 성장이라는 패러다임에 대해 다시 고찰하고 지속가능한 지구를 위한 생활양식에 대한 고민과 진지한 커뮤니케이션이 필요한 때이다.

7) 기후위기 시대에 거시적 측면에서 해결되어야 하는 것들

앞서 살펴본 지구 구성원으로서 개인이 실천할 수 있는 일이 있다면, 다음에서는 좀 더 거시적 · 정책적 측면에서 변화해야 할 부분들을 살펴보자.

(1) 산업구조의 혁신

탄소중립(Net-Zero)이란 인간 활동에 의한 탄소 배출량을 줄여 지구에 흡수 또는 제거하는 탄소량과 동일하게 만들어 순 배출량을 0으로 만드는 것을 말한다. 탄소 배출을 줄이기 위한 노력 중 가장 대표적인 것은 석탄, 석유와 같은 화석연료 중심의 에너지원을 신 · 재생 에너지로 대체하는 것이다. 아직까지 우리가 가장 많이 사용하는 에너지원은 화석에너지(석탄, 원유, 천연가스)이다. 그 외에 재생에너지(태양광, 태양열, 풍력, 수력, 지열, 생물자원)가 있고, 화석연료를 변환하거나 화학반응을 이용하는 신에너지(수소에너지, 연료전지, 석탄가스화/액화에너지) 등이 있다. 앞으로는 탄소를 많이 배출하는 화석 에너지 대신 태양열, 풍력, 수력과 같은 재생 에너지, 수소 에너지, 동식물과 쓰레기 매립지 가스등을 이용한 바이오 에너지, 화학 에너지를 전기로 변환하는 연료전지와 같은 신 에너지의 적극적인 개발이 필요하다. 이를 위해서는 석유화학, 철강과 같은 탄소 배출율이 높은 산업 구조를 지속적으로 혁신할 필요가 있다.

'BP Statistical Review of World Energy 2022'에 따르면, 현재 전 세계에서 가장 많이 사용하는 에너지원은 석유가 전체의 31%(2021년 기준)를 차지하고 석탄(26.9%), 천연가스(24.4%)가 그 뒤를 잇는다. 이처럼 화석연료가 차지하는 비중은 82.3%에 달한다. 2016년에는 화석 연료의 비중이 85%, 2019년에는 83%였던 것에 비해 적지만 감소세를 나타내고 있지만 아직도 탄소 배출량이 큰 화석연료의 사용 비중은 매우 높다. 이에 비해 수력은 6.8%, 재생에너지는 6.7%, 원자력은 4.3%에 그친다. 재생에너지 부문에서는 태양광과 풍력의 약진이 두드러진다(Rapier, 2022. 7. 4.). 국제에너지기구(IEA)의 '재생에너지 2022 보고서'에 따르면, 태양광과 풍력이 대다수 국가에서 가장 저렴한 새로운 에너지 발전원이 되었으며, 전 세계 태양광 발전 용량이 2022~2027년 동안 거의 3배로 증가하여 석탄보다 큰 전력 공급원이 될 것으로 예상했다.

화석 에너지 대신 친환경 에너지의 사용은 탄소중립을 달성할 수 있는 효과적인 방법이지만 친환경 에너지의 개발과 지속성을 담보하기 위해서는 막대한 자본의 투자가 필요하다. 또한 선진국의 경우 이러한 전환과 기술 개발도 용이하지만 저개발국들은 자본의 부족으로 친환경 전환이 쉽지 않을뿐더러 선진국이 요구하는 높은 친환경 규제로 인해 경제적 피해를 입을 가능성도 높다. 기후위기에 책임이 적은 나라들에게 오히려 피해가 돌아갈 가능성이 있는 것이다. 더불어, 에너지 전환으로 인해 기존의 일자리를 잃는 사람들도 많이 생기기 때문에 정부는 정의로운 에너지 전환, 평등한 에너지 전환에 대해서도 고민해야 할 것이다.

(2) 기후테크

탄소중립을 이루기 위해서는 화석 연료 중심의 에너지 사용을 바꾸어 이산화탄소 배출 자체를 줄여야 한다. 기후위기를 극복하기 위한 친환경 기술을 '기후테크(기후+테크놀로지)'라고 하는데, 공기 중의 이산화탄소를 걸러내는 '탄소포집, 이용 및 저장(Carbon dioxide Capture Utilisation and Storage: CCUS)' 기술은 기후테크 분야의 대표 기술로 관심 받고 있다. 현재 배출되는 이산화탄소의 절반 이상이 공장과 발전 시설 등에서 나오는데, CCUS은 산업 현장에서 나오는 대규모 이산화탄소를 줄일 수 있는 거의 유일한 해결책이라고 한다. 국제에너지기구(IEA)는 CCUS 기술 없이는 넷제로를 이루는 것은 불가능하다고 전망했다. IEA은 CCUS 기술을 이용해 포집한 이산화탄소량이 연간 4,500만t인데 앞으로 2030년까지 크게 늘려야 한다고 강조했다. 하지만 해양학전문가인 데이비드 호 하와이대학교 교수는 2023년 환경전문지 『네이처』에 기고한 글에서 온실가스 배출량이 지금처럼 많은 상황에서는 CCUS가 해결책이 되기 어렵다면서, 이에 의존하지 말고 지금 당장 온실가스를 줄여야 한다는 내러티브로 바꿔야 한다고 주장했다. 즉, 탄소포집이 온실가스 감축을 돕는 데 도움이 되지만 이것이 온실가스를 완전히 없애는 게임 체인저는 아니라는 말이다(Ho, 2023). 일상에서 탄소를 저감하는 생활습관이나 이를 가능하게 만드는 정책, 그리고 근본적인 산업의 변화 없이 기술에만 의존하여 탄소 배출을 막을 수는 없다는 말이다. CCUS 이외에도 앞으로 기후테크에 대한 기업과 정부 차원에서의 지속적인 투자와 개발도 동시에 필요하다.

(3) 토양의 전환 및 먹거리의 변화

에너지 전환과 탄소 배출을 줄이는 다양한 기술개발과 더불어 우리 삶에 근원이자 기후변화의 주요한 원인이 되는 농업과 먹거리의 전환에 대해서도 보다 적극적인 정책적 관심이 필요하다. 먼저, 농업 관련하여 주목해야 할 부분은 흙이다. 세계 각국은 기후변화에 대한 대응책으로 흙을 살리는 것에 주목하고 있다. 대지는 대기보다 2배 이상 많은 탄소를 포함하고 있는데, 그간 산업화, 공장식 경작으로 인해 흙은 많은 탄소를 잃었다.

2015년 파리 기후협약에서는 프랑스 주도로 전 세계 토양의 탄소 저장능력을 늘리기 위한 '4/1,000 이니셔티브 운동'을 전개하고 있다. 핵심 개념은 매년 토양 1m의 탄소 함량이 0.4% 증가하면 연간 저장 가능한 탄소량은 20~30억t 규모로 이는 인간 활동에 의해 배출된 온실가스의 20~35%를 상쇄할 수 있다는 것이다. 토양을 복원하고 유기물과 미생물을 증가시켜 지속가능한 토양을 만들어 이산화탄소를 격리하고 더불어 작물 생산성도 높이는 것이다. 기후위기와 농업에 관심을 두고 있는 나라들은 이미 탄소 저장을 가시화하고 있다.

유기농업, 재생농업, 탄소생태농업을 통해 대기 중 탄소를 흙으로 되돌릴 수 있도록 해야 한다. 즉, 탄소 배출을 줄이는 생산과 토양의 탄소 저장역량을 강화하는 탄소생태 농업을 늘리는 것이 필요하다는 것이다. 토양 탄소 저장은 효율적이며 현실적인 기후변화 완화 수단으로, 농업의 전환을 통해 건강한 먹거리를 생산하고 토양의 탄소 저장능력을 높여 농업생산으로 인한 탄소 배출을 줄일 뿐 아니라 대기 중 탄소를 감축할 수 있다. 이를 이해하는 소비자들을 늘리고 탄소 중립 전환농업에 대한 정책적 지원도 필요할 것이다.

먹거리의 전환은 기후변화에 복합적인 과제를 던진다. 먹거리는 생산, 가공, 유통, 소비 및 폐기에 이르는 과정을 통합적으로 인식하고 접근하는 전환 실천이 중요하다. 농촌은 생산을 담당하고 도시는 소비를 관리하는 이원화된 성장 위주 상품화 정책은 생산자와 소비자 관계를 멀게 하고 지나친 에너지 투입과 낭비를 부추겨 왔다. 이에 대한 대응으로 생산과 소비 간의 공간적 간극을 줄이는 로컬푸드 운동 등이 장려된다. 음식물의 낭비와 폐기에 대한 문제에도 국민적인 관심을 환기하고 효과적 실천에 대한 정책적 지원도 지속적으로 고민해야 할 것이다.

앞서 언급했듯이, 식품은 우리 생명과 가장 관계가 큰 부분인데 우리가 날마다 소비하는 먹거리의 생산, 유통, 소비, 폐기 과정이 기후위기와 큰 관계가 있다는 것을 널리 알리고 이에 대한 경각심을 불러일으키는 장기적 캠페인도 필요하다. 먼저, 축산의 적정화와 육식을 줄이려는 문화가 장려될 필요가 있다. 우리나라에서 지난 30여 년 동안 고기 섭취량은 급격하게 늘어났고, 이를 공급하기 위해 공장식 축산이 도입되었다. 이러한 과도한 육식은 지속가능하지 않다. 기후환경을 위해 채식주의를 독려하고 육식 줄이기에 대한 공중의 경각심을 일깨울 필요가 있다.

일반 대중에게 육류 소비와 온실가스 배출, 기후위기와의 관련성을 연결시키는 것은 쉽지 않다. 또한 음식의 선택과 섭취는 개인의 오랜 취향과 종교, 문화와 같은 여러 요소가 결합된 결과이다. 개인에게 인류와 지구의 미래를 위해 음식 맛의 즐거움을 포기하고 식습관을 바꿔 육류 섭취를 줄이도록 만드는 것은 어려운 설득이다. 식품의 생산과 유통 체계가 환경에 미치는 영향은 거시적 관점에서의 이해가 필요한데, 개인의 음식 선택은 대체로 미시적 관점과 개인적인 고찰에 머무르기 때문이다(de Boer & Aiking, 2011).

3. 맺음말

기후위기는 현재 진행형의 문제이다. 개인이 해결할 수 있는 문제는 아니지만 그렇다고 누가 어떻게 해 주기만을 기다릴 문제도 아니다. 큰 틀에서는 국가와 국제사회가 기후위기 해결을 위한 정책을 만들고 기술을 개발해야 하며, 기후변화에 실제적으로 큰 영향을 주는 기업들이 적극 변화하고 협조해야 한다. 하지만 출발점은 우리 자신이어야 한다. 결국 기후위기로 인해 피해를 입는 것은 사람이고 우리 삶의 터전인 생태계이기 때문이다. 공중은 기후변화의 심각성을 인지하고 이를 변화시키기 위해 움직여야 하는 주체가 개인이라고 답하고 있다. 하지만 눈앞에 당장 보이지 않고 불편하다는 이유로 기후위기를 해결하기 위한 실천에는 느리게 응답하고 있다. 이를 공중과 어떻게 커뮤니케이션해야 하는지는 앞으로 커뮤니케이션 분야가 진지하게 고민해야 할 과제이다.

기후변화는 워낙 방대한 주제이고 연관된 학문 분야도 자연과학, 공학, 사회과학, 인문학 모두를 아우른다. 짧은 원고에 방대한 주제의 이야기를 다 담을 수는 없었지만, 원고를 통해 기후변화에 대한 심각성을 인지하는 계기가 되었으면 한다. 이를 통해 커뮤니케이션 분야에서 관련 담화가 촉진되고 다양한 연구가 활발해지기를 기대해 본다.

참고문헌

강석영(2019. 9. 17.). '지구의 허파' 아마존 한 달째 화재… "원인은 축산업". 민중의소리. https://www.vop.co.kr/A00001435420.html

권영지(2023. 8. 25.). 올봄 동해 평균 해면수온 첫 두 자리 10.0C… 최근 40년 최고치. 뉴스1. https://bk.news1.kr/news/articleView.html?idxno=9957

기민도(2023. 11. 14). 한국 기후정책 점수 냈더니 … 전 세계 '꼴찌에서 4등' https://www.hani.co.kr/arti/society/environment/1067223.html

기후변화홍보포털(출판일 불명). 기후변화와 기후변화대책. https://www.gihoo.or.kr/portal/kr/change/climateChange.do.

김기범(2023. 3. 20.). 암울한 전망만 가득한 기후 보고서… '탄소 허리띠' 졸라매야 희망 있어. 경향신문. https://www.khan.co.kr/print.html?art_id=202303202200001

김리안, 장서우(2023. 7. 28.). 지구 온난화 넘어 열대화 시대… 올 7월, 역대 가장 뜨거운 달. 한국경제. https://n.news.naver.com/article/015/0004873833?cds=news_edit

이근영(2021. 8. 29.). "온난화 인간 탓" 99~100% … 30년 내 북극 다 녹을수도. 한겨레. https://www.hani.co.kr/arti/society/environment/1007005.html

남종영(2023. 6. 6.). "한국 기후보상액 3105조 원"…세계서 13번째로 많아. 한겨레. https://www.hani.co.kr/arti/society/environment/1094795.html.

선명수(2023. 8. 7.). 주택 순식간에 '와르르'… 알래스카서 빙하 녹아 홍수대피령. 경향신문. https://m.khan.co.kr/world/europe-russia/article/202308071224001

선정수(2020. 7. 7.). [팩트체크] 대한민국은 기후악당인가?. 뉴스톱. https://www.newstof.com/news/articleView.html?idxno=10924

이경숙(2022. 9. 1.). 기후위기'라는 게 없다고? 과학적으로 보여 주마!. 한겨레. https://www.hani.co.kr/arti/culture/culture_general/1057149.html

이근행(2022). 기후위기 시대의 농업과 먹거리 체계. 황해문화, 92-112.

이효은, 오수빈(2021). 계획된 행동이론 관점에서 본기후위기 대응방안으로서의 플렉시테리어니즘(간헐적 채식주의) 지속 및 확산방안. 환경철학, (31), 57-99.

임지훈(2022). 친환경 소비시대, 부상하는 그린슈머를 공략하라!: 팬데믹으로 강화된 친환경 소비트렌드 대응전략. 서울: 한국무역협회.

정진영, 김지훈, 이택현, 이경원(2023. 5. 3.). 실천 않는 한국인… '걱정이네'하면서 커피 테이크아웃. 국민일보. https://news.kmib.co.kr/article/view.asp?arcid=0924299777&code=11131700&cp=nv

전찬선(2020. 12. 4.). 통계로 본 축산업 구조 변화. 통계청. https://kostat.go.kr/board.es?mid=a10301010000&bid=225&tag=&act=view&list_no=386478&ref_bid=

조철환(2023. 4. 27.). 미국인, 기후변화 인식 흔들리나. 한국일보. https://m.hankookilbo. com/News/Read/A2023042609440000462

최윤실, 박건진, 남재작(2022). 대체단백질식품의 시장점유 시나리오별 축산부문 온실가스배출량 추정. 한국기후변화학회지, 13(3), 299-304.

탄소중립 정책포털(출판일 불명). 기후변화. https://www.gihoo.or.kr/menu.es?mid=a30101010000

환경부(2023). http://me.go.kr/home/web/board/read.do?boardMasterId=1&boardId=1556310&menuId=10525

BCG (2020). The Pandemic Is Heightening Environmental Awareness.

Boer, J., Schösler, H., & Boersema, J. J. (2013). Climate change and meat eating: An inconvenient couple? *Journal of Environmental Psychology, 33,* 1-8.

Bose, N., Hills, T., & Sgroi, D. (2020). Climate change and diet(IZA Discussion Papers, No.13426). https://www.econstor.eu/bitstream/10419/223868/1/dp13426.pdf

Butler, N. (2019). What is the difference between veganism and vegetarianism?. MEDICAL NEWS TODAY.

Cozzi, L., Chen, O., & Kim, H. (2023). The world's top 1% of emitters produce over 1000 times more CO2 than the bottom 1%. Retrieved from https://www.iea.org/commentaries/the-world-s-top1-of-emitters-produce-over-1000-times-more-co2-than-the-bottom-1, accessed date 2023-06-09

Clark, M. A., Domingo, N. G., Colgan, K., Thakrar, S. K., Tilman, D., Lynch, J., & Hill, J. D. (2020). Global food system emissions could preclude achieving the 1.5 and 2 C climate change targets. *Science, 370*(6517), 705-708

de Boer, J., & Aiking, H. (2011). On the merits of plant-based proteins for global food security: Marrying macro and micro perspectives. *Ecological economics, 70*(7), 1259-1265.

Eske, J. (2019.06.15.). What is the difference between veganism and vegetarianism?. *MEDICAL NEWS TODAY*. https://www.medicalnewstoday.com/articles/325478

FAO (n.d.). Key facts and findings. *FAO*. https://www.fao.org/news/story/en/item/197623/icode/.

First Insight (2020). The State of Consumer Spending: Gen Z Shoppers Demand Sustainable Retail. Retrieved from https://www.firstinsight.com/white-papers-posts/gen-z-shoppers-demand-sustainability (accessed on 24 August 2023).

Goodland, R., & Anhang, J. (2011). Livestock and climate change: What if the key actors in climate change are ... cows, pigs, and chickens? *Worldwatch Institute*. Available at: www.worldwatch.org/node/6294 (accessed on 21 August 2023).

Grossi, G., Goglio, P., Vitali, A., & Williams, A. G. (2019). Livestock and climate change: impact of livestock on climate and mitigation strategies. *Animal Frontiers, 9*(1), 69-76.

HAVAS (2021). Havas' Meaningful Brands report 2021 finds we are entering THE AGE OF CYNICISM. Retrieved from https://www.havas.com/press_release/havas-meaningful-brands-report-2021-finds-we-are-entering-the-age-of-cynicism/ (accessed on 24 August 2023).

Ho, D. T. (2023). Carbon dioxide removal is not a current climate solution? we need to change the narrative. *Nature, 616*(7955), 9.

Hornsey, M. J., & Jetten, J. (2003). Not being what you claim to be: Impostors as sources of group threat. *European Journal of Social Psychology, 33*(5), 639-657.

Kachaner, N., Nielsen, J., Portafaix, A., & Rodzko, F. (2020.07.14.). The pandemic is heightening environmental awareness. *Boston Consulting Group*. https://www.bcg.com/publications/2020/pandemic-is-heightening-environmental-awareness

IEA (n.d.). Carbon Capture, Utilisation and Storage. Retrieved from https://www.

iea.org/energy-system/carbon-capture-utilisation-and-storage (accessed on 19 August 2023).

IEA (2023). *CO2 Emissions in 2022*(CC BY 4.0). IEA. https://www.iea.org/reports/co2-emissions-in-2022

IPCC (2014). 기후변화 2014 영향, 적응 및 취약성. http://www.climate.go.kr/home/cc_data/2015/IPCC%20AR5%20WGII%20SPM(korean).pdf

IPCC (2019). *Climate Change and Land: an IPCC special report on climate change, desertification, land degradation, sustainable land management, food security, and greenhouse gas fluxes in terrestrial ecosystems.* IPCC. https://www.ipcc.ch/srccl/.

Marinova, D., & Diana, B. (2019). Planetary health and reduction in meat consumption. *Sustainable Earth, 2*(1), 1-12.

PwC (2019). *Global Consumer Insights Survey 2019. PwC.* https://www.pwc.com/cl/es/publicaciones/assets/2019/report.pdf

PwC (2020). *Global Consumer Insights Survey 2020. PwC.* https://www.pwc.com/gx/en/consumer-markets/consumer-insights-survey/2020/pwc-consumer-insights-survey-2020.pdf

PwC (2021). *Global Consumer Insights Survey 2021. PwC.* https://www.pwc.com/kr/ko/insights/industry-insight/gcis-2021.html

Rapier, R. (2022.7.4.). Wind And Solar Provided A Record 10% Of The World's Power Generation In 2021. *Forbes.* https://www.forbes.com/sites/rrapier/2022/07/04/wind-and-solar-provided-a-record-10-of-the-worlds-power-in-2021/?sh=3a9205df14aa

Rosenfeld, D. L. (2018). The psychology of vegetarianism: Recent advances and future directions. *Appetite, 131*, 125-138.

Rosenfeld, D. L., Rothgerber, H., & Tomiyama, A. J. (2020). From mostly vegetarian to fully vegetarian: Meat avoidance and the expression of social identity. *Food Quality and Preference, 85*, 103963. https://doi.org/10.1016/j.foodqual.2020.103963

Springmann, M., Clark, M., Mason-D'Croz, D., Wiebe, K., Bodirsky, B. L.,

Lassaletta, L., & Willett, W. (2018). Options for keeping the food system within environmental limits. *Nature, 562*(7728), 519-525.

Steinfeld, H., Gerber, P., Wassenaar, T. D., Castel, V., Rosales, M., & de Haan, C. (2006). *Livestock's Long Shadow: Environmental Issues and Options.* Food & Agriculture Org.

Stewart, K., & Cole, M. (2020.1.7.). Veganism has always been more about living an ethical life than just avoiding meat and dairy. *The Conversation.* https://theconversation.com/veganism-has-always-been-more-about-living-an-ethical-life-than-just-avoiding-meat-and-dairy-129307

Wallace, A. (2023.6.10.). Hazardous air quality leaves some workers gasping for help. *CNN.* https://edition.cnn.com/2023/06/10/economy/toxic-air-quality-workers/index.html

WMO (2022). *State of the Global Climate 2021* (WMO-No. 1290). *WMO.* https://library.wmo.int/index.php?lvl=notice_display&id=22080

제2장

기후위기 II:
기후변화를 넘어 기후위기, 그리고 소비자의 지속가능성

1. 들어가며

세계기상기구(World Meteorological Organization: WMO)는 2023년 7월이 역대 같은 기간 가운데 평균기온이 가장 높은 달이었다고 밝혔다. 이에 대해 안토니우 구테흐스 유엔 사무총장은 지구 온난화(global warming)의 시대가 끝나고 지구 열대화(global boiling) 시대가 도래했다고 발표하며, 유엔 회원국들이 기후변화에 적극 대응할 것을 강력히 호소했다. 인도에서는 일부 지역의 7월 기온이 47℃를 기록하며 전례 없는 폭염으로 환자와 사망자가 발생해 병원이 마비되기도 하였다. 미국에서는 1개월 넘게 이어진 폭염에 남부 애리조나 주에서 선인장이 말라죽는 이례적인 일이 발생하였다. 우리나라도 예외는 아니다. 2023년에는 7월부터 전국적으로 폭염주의보와 경보가 이어졌으며, 사상 처음으로 행정안전부는 폭염 대응을 중앙안전본부 비상단계 2단계로 가동하였다. 장마철 폭우에 이어 이례적인 폭염의 여파로 농축산물의 피해는 물론이

[그림 2-1] 최근 기후변화 관련 뉴스

출처: MBC 뉴스 공식 유튜브 채널(https://www.youtube.com/@MBCNEWS11/about).

고 이상기온으로 국민의 건강도 위협받고 있으며, 이미 올해 폭염으로 인한 국내 사망자 수는 전년도 동기간 대비 3배나 증가했다.

전 세계에서 동시다발적으로 일어나고 있는 다양한 특정 기상 현상의 주요 원인을 기후변화로 단정할 수는 없다. 기후변화의 외부적 원인은 특정하기가 어렵고 책임소재가 불분명하다. 또한 그 영향도 산발적이며 눈에 보이지 않는 현상도 많다. 기후변화 회의론자들은 기후변화는 인간의 활동으로 발생하는 변화가 아니라 자연스러운 현상이라고 주장한다. 그들은 진화심리학이 진화의 속도를 과소평가하고 있으며, 환경과 기후의 변화는 진화의 역사 내내 지속되어왔으며, 우리는 현대 세계의 변화와 기후변화에도 매우 잘 적응하고 대비하게 되었다고 주장한다. 또한 지구 온난화 현상은 자연 주기의 일부라는 주장도 제기되고 있다. 유엔의 기후변화에 관한 정부 간 협의체(IPCC)는 이러한 주장을 어느 정도 인정하는 입장을 취하고 있다. 물론 기후는 역사적으로 항상 변화해 왔으며 지금도 변화하고 있다. 그럼에도 불구하고 직간접적인 인간 활동의 결과로 지구 대기의 구성이 바뀌고 기후가 자연적 변동의 범위를 넘어 변

[그림 2-2] 호주에서 시위를 벌이고 있는 기후변화 회의론자들
출처: An anti-climate action rally in Australia. Cole Bennetts/Getty Images.

화하는 현실에 대해서 최소한의 논의는 이루어져야 하지 않을까?

기후변화는 어떻게 보면 그리 복잡한 문제가 아니다. 사람들은 화석연료를 채굴하고 처리하고 판매하고 태운다. 이 과정에서 배출된 배기가스 중에는 이산화탄소가 포함되어 있어 이로 인해 대기 중의 열이 빠져나가지 못해 지구 온난화가 유발된다. 이것이 탄소 순환 문제이고 기후변화 문제인 것이다. 하지만 사람들은 기후변화를 규모가 크고 복합적이며 불확실한 문제로 인식한다. 그 결과 사람들은 기후변화 문제에 직면했을 때 무력감과 낮은 효능감을 경험하게 된다. 더욱 중요한 문제는 기후변화에 관해 전문가들과 일반 대중 간의 큰 인식차이가 있다는 점이다. 다행스럽게도, 몇 년 전부터 우리나라에서도 시민사회, 정부 그리고 민간 진영에서 기후변화 문제를 진단하고 해결하기 위해 많은 노력이 이루어지기 시작했다. 일례로, 우리나라는 2020년 10월 국가비전으로 '2050 탄소중립'을 선언하였고, 2021년 5월에는 민관합동 기구인 대통령 직속 '2050 탄소중립위원회'가 만들어졌으며, 이 위원회는 '2050 탄소중립시나리오 최종안' 및 '2030년 국가온실가스 감축 목표 상향 계획'을 확정했다.

기후변화 문제는 광범위하게는 인권, 불평등, 국가 간 불균형 등의 함의를 지닌다. 기후변화를 넘어 기후위기는 이제 전 지구적으로 가장 중요한 거대담론으로 부각되었고, 각 국가들의 핵심 목표이며 중요 의제로 논의되고 있다. 이산화탄소의 배출량을 0으로 만든다는 '탄소중립'은 선진국에서는 더 이상 선택이 아닌 필수 정책이 되고 있다. 이러한 흐름은 산업계 역시 마찬가지이다. 이미 다국적기업을 향한 사회적 책임과 ESG 경영에 대한 요구도 거세지고 있다. 탄소 배출을 절감하고, 에너지 효율이 높은 생산 시설과 공정을 도입하고, 환경오염 완화를 위한 자원 및 폐기물 관리에 그 어느 때보다 많은 시간과 자원을 들이고 있는 것으로 보인다.

하지만 기후변화에 대한 정부와 기업들의 거대담론적인 접근은 대중의 입장에서 보면 매우 추상적이며 복잡다단한 현실의 문제를 포착하기 어렵게 만든다. 입증하거나 설득하기 어려운 거대담론은 지양하고, 기후변화를 좀 더 미시적으로 규정하고 대중에게 구체적이고 현실적인 문제로 인식할 수 있도록 하는 노력이 필요하다. 이 장에서는 기후변화의 가장 중요한 이해당사자인 소비자 개개인의 지속가능성에 집중하고자 한다. 기후변화의 원인이 인재(人災)로 인한 결과이든 자연적인 현상이든 78억 명이 넘는 세계인 모두가 육체적·정신적 영향을 받는 현실임은 명백한 사실이다. 우리 모두는 이 현실을 인정해야 하며, 기후변화는 '비가역성'이란 점을 직시해야 한다. 한 번 바뀌면 되돌리기 힘들다는 것이다. 무너지는 빙하 조각에 위태롭게 앉아 있는 북극곰을 TV 화면으로 보여 주며 기후변화에 대한 심각성을 알리는 시대는 끝났다. 기후변화를 믿는 사람들은 그들 나름대로의 이유가 있을 것이고, 믿지 않는 사람들도 어떻게 그런 결론을 내렸는지 과학적·철학적 또는 가치관의 근거가 있을 수가 있다. 그럼에도 불구하고 기후변화는 정치적인 진영과 이해관계를 떠나서 인류에게 심각한 문제이며, 개인의 삶에 엄청난 영향을 미치는 것이 사실이다. 이 장에서는 항상 변화하고 있지만, 최근 그 어느 때보다 극심한 변화와 위기를 경험하고 있는 우리 국민의 기후변화 인식, 위험 지각, 불안 그리고 행동에 미치는 여러 인구통계학적 · 문화적 · 심리적 요인에 대해서 논의하고자 한다.

2. 핵심 내용

1) 기후변화 vs. 지구 온난화

기후 현상과 관련하여 전문가와 일반인 모두 혼용해서 사용하는 두 개의 핵심 용어가 있다. 하나는 기후변화(climate change)이고, 다른 하나는 지구 온난화(global warming)이다. 이 두 용어는 1975년『사이언스』에 발표된 미국 과학자 월러스 브뢰커(Wallace S. Broecker)의 논문「Climatic Change: Are We on the Brink of a Pronounced Global Warming」에서 처음 사용되었다고 알려져 있다. 기후변화와 지구 온난화는 동일한 기후 현상을 가리키는 용어이지만, 일반적으로 기후변화가 지구 온난화보다 더 상위 개념이라고 할 수 있다. 기후변화는 기온의 상승뿐만 아니라 지구 온난화로 인해 발생하는 폭풍, 가뭄, 강우 유형의 변화 같은 모든 기후 이상 현상까지 포괄한다. 하지만 변화(change)라는 표현은 현상의 심각성을 충분히 전달하지 못하고, 현상의 방향성을 포함하지 않기 때문에 일반 사람들이 자기 나름대로 의미를 해석할 수 있는 여지도 존재한다. 그러한 이유로 최근에는 기후위기(climate crisis), 기후 혼돈(climate chaos)이란 용어가 사용되기도 한다.

1980년대 말 미국과 사우디아라비아는 기후변화가 지구 온난화보다 덜 감정적인 표현이고, 사람들로 하여금 화석연료를 덜 떠올리게 하기 때문에 국제사회에서 지구 온난화라는 용어 대신 기후변화를 사용하도록 영향력을 행사하기도 했다. 미국의 2002년 선거에서 의사소통 전문가 프랭크 런츠(Frank Luntz)는 기후변화라는 쟁점에서 소극적인 입장을 취하는 공화당에 대한 부정적 여론을 최소화하기 위해 지구 온난화 대신 기후변화 용어를 사용하라고 조언하였다. 지구 온난화는 상황의 비극성, 재앙적 성격을 감정적으로 전달하여 대중의 부정적인 인식을 강화하는 반면, 기후변화는 좀 더 통제 가능한 상황을 연상케 함으로써 대중이 덜 감정적으로 반응하도록 한다. 그의 조언을 받아들인 부시 행정부는 이후 모든 연설에서 지구 온난화 대신 기후변화라는 용어를 사용했다. 물론 트럼프와 같은 기후변화 부정론자들은 환경운동가들이 기온이 더 이상 상승하기 않기 때문에 지구 온난화 대신 기후변화라는 용어를 사용하기 시작했다고 주장하기도 하였다.

이러한 특정 용어의 선택은 현상을 받아들이는 사람들의 반응에 큰 영향을 미칠 수 있다. 2008년 11월부터 기후변화 패널조사를 시행하고 있는 미국 예일대학교 연구(Yale Programmed on Climate Change Communication)에 따르면, 기후변화를 부정적으로 인식하는 응답률은 63%였지만, 지구 온난화를 나쁘게 본다는 응답은 이보다 높은 76%였다. 슐트 등(Schuldt et al., 2011)은 미국인들을 대상으로 실험을 진행하였는데, 실험 결과 피험자 중 75%는 기후변화를 믿는다고 응답한 반면 67.7%는 지구 온난화를 믿지 않는다고 응답하였다. 이러한 차이는 주로 공화당을 지지하는 응답자들이 만들어 낸 것임을 알 수 있었다. 공화당을 지지하는 사람들은 기후변화를 믿는다고 응답한 비율이 60.2%였지만, 지구 온난화를 믿는다는 비율은 44%에 그쳤다. 이러한 두 프레임에 대한 소비자 인식의 차이는 10여 년이 지나서 진행된 수터와 모투스(Soutter & Mottus, 2022)의 연구에서는 더 이상 관찰되지 않는 것으로 확인되었다. 미국, 영국 그리고 호주인 5,717명을 대상으로 진행된 설문조사 결과에 따르면, 정치 성향에 따른 기후변화 대 지구 온난화의 두 프레임에 차이는 세 나라 모두에서 나타나지 않음을 알 수 있었다.

2) 기후변화가 인간의 지속가능성에 미치는 영향

산업 발전과 인간의 활동은 대기 중으로 배출되는 온실가스 증가로 이어지고 있으며 기후변화를 가속화하고 있다. 현대사회는 기후변화(climate change)를 넘어 기후위기(climate crisis)를 직면하고 있다고 해도 과언이 아니다. 기후변화로 인한 환경파괴는 모든 인류의 생존과 번영에 위협이 되고 있으며 개개인의 지속가능한 삶에 필요조건인 육체건강과 정신건강에 악영향을 줄 수 있기 때문에 기후변화를 해결하기 위한 노력이 그 어느 때보다 필요한 시점이다. 미국의 해양생물학자이자 작가인 레이첼 카슨(Rachel Carson)은 환경의 중요성을 일깨워 준『타임』이 뽑은 20세기를 변화시킨 100인 가운데 한 사람이다. 20세기에 가장 큰 영향력을 미친 책으로 뽑히는 1962년에 발표된『침묵의 봄』에서 그녀는 무분별한 살충제 사용으로 파괴되는 야생 생태계의 모습을 적나라하게 공개하였으며, 화학업계의 거센 반발에도 불구하고 환경 문제에 대한 대중적 인식을 이끌어 내며 환경운동을 촉발하였다. 아무도 환경 문제에 관심을 가지지 않던 1962년 생태계의 파괴와 환경 재앙에 경종을 울려 준 지 60년이 지난 지금이라도 그녀가 주장했던 내용의 의미를 알아 가야 하지 않을까?

기후변화는 인간의 지속가능한 삶에 다양한 측면에서 영향을 주고 있다. 지구 표면 온도의 상승은 극지방해 해빙 현상을 가속화하고 있으며, 결과적으로 해수면의 상승으로 이어지고 있다. 해수면 상승은 해안지역의 침수와 홍수로 이어질 수 있으며, 해양 생태계에 영향을 미치게 된다. 기후변화는 극단적인 기상 이상 현상의 가능성을 높이며, 이는 가뭄, 홍수, 태풍, 폭염, 산불 등의 대형 재난으로 이어져 인간의 삶과 건강에 직접적인 영향을 미칠 수 있다. 또한 자연재해는 인명 피해와 경제적 피해는 물론이고 숲 생태계를 파괴하고, 농작물 수확량 감소로 직결될 수 있다. 이러한 문제는 생태계, 사회, 경제 분야에서 연쇄 충격으로 이어지게 된다. 기후위기로 인한 여러 재난재해 위협 요인은 전 세계적인 코로나19 대응만큼의 해결 노력과 개입을 필요로 하고 있지만, 정부, 기업 그리고 국민의 인식과 행동은 기대수준에 미치지 못하고 있는 것이 현실이다.

특히 최근 국내에서 기후변화는 인간의 정신건강(우울, 불안, 스트레스, 무력감, 분노, 절망 등)을 위협하는 주요 요인으로 주목받고 있다. 기후변화로 인한 인간의 정신건강 문제는 개인의 삶의 질을 저하시키고, 생산성을 감소시키며, 또한 사회적 관계를 손상시킬 수 있다. 또한 이러한 정신건강 문제는 자살, 폭력, 범죄 등과 같은 사회적 문제를 야기할 수 있는 것으로 알려져 있다. 2022년 세계경제포럼(WES)에서 영국 옥스퍼드대학교와 스위스 취리히대학교 공동연구팀은 기온이상 현상이 자살 시도 및 자살률을 높이고 폭력범죄 발생률에도 영향을 미친다고 보고하였다. 실제로 호주에서 진행된 한 연구에서는 월 평균 기온이 1℃ 올라갈 때 자살률이 2.2% 높아지고 폭력범죄의 발생도 3%가량 증가한다고 밝혔다(Liu et al., 2021). 또한 조울증환자의 조증 발현 시기는 습도와 온도 등 기후요인의 영향을 받기 때문에 기후변화로 인한 온도 상승 및 계절성의 변화는 조증 발현 시기를 앞당길 수 있는 가능성이 학계에서 재기되고 있다. 최근 우리나라에서도 계절성 기분장애 환자들은 평소보다 이르게 찾아오는 봄 때문에 조증을 대비하는 시기를 앞당겨야 한다는 걱정으로 병원을 더 많이 찾기도 하였다.

기후변화가 정신건강에 미치는 직접적인 영향은 급성(acute)과 만성(chronic) 영향으로 나눌 수 있다. 급성 영향은 허리케인이나 홍수와 같은 기후변화로 인한 재난 직후에 사람들이 경험하는 것을 의미하며, 불안(anxiety), 우울증(depression), 외상 후 스트레스 장애(PTSD) 등이 이에 포함할 수 있다. 2023년 여름 한국에서 폭우로 인해 육체적인 피해를 입고 삶의 터전을 잃은 재난경험자들은 경제적인 피해뿐만 아니라 불안과 불면증, 극심한 공포감을 보이며 심리적 고통을 호소하였다. 소중한 사람을 잃거나 집이 무너지는 등 충격적인 장면이 악몽처럼 되풀이되며 자연재해가 지나간 이후에도 재난경험자들은 정신적인 피해를 경험하고 있다. 이는 신체적 질환과도 연결될 수 있어 개인의 웰빙에 큰 위협을 가한다. 만성적인 영향은 불안, 우울증과 같은 증상이 오랫동안 지속되는 것을 말하며 그로 인한 장기적인 약물 남용 등을 포함한다. 기후변화는 개인이 통제할 수 있는 문제가 아니기 때문에 아무것도 할 수 없다는 무력감을 느끼기도 한다. 무력감은 우울증으로 이어질 수 있으며, 이러한 무력감과 우울증은 개인으로 하여금 더 이상 내가 할 수 있는 일이 없다고 느끼게 한다. 결과적으로, 기후변화와 관련된 개인의 효능감이 낮아져 이 문제에 대해서 개인이 무관심하게 변할 수 있다.

이와 같은 기후변화에 의한 정신건강 문제는 특정 집단에게 더 큰 영향을 주기도 한다. 예를 들어, 여성, 노인, 아동 · 청소년, 장애인, 빈곤층, 소외된 지역에 사는 사람 등은 기후변화에 대한 정신건강 문제에 더 취약하다. 여성의 경우, 평소 느끼는 걱정의 정도와 친환경적인 신념이 남성에 비해 더 강하기 때문에 환경의 변화로 인해 오는 우울감을 경험할 확률이 더 높다(Verplanken Marks, & Dobromir, 2020). 여러 나라에 거주하는 청소년과 젊은 층을 대상으로 설문을 진행한 결과, 나이가 어릴수록 기후변화로 인한 기후 우울증과 스트레스에 더 취약한 것으로 나타났다(Hickman et al., 2021). 또한 저소득층의 경우 생활환경에 따라 환경문제로 인한 위험에 노출될 확률이 높기 때문에 결국 더 높은 기후불안을 경험한다는 연구결과도 있다(Wullenkord et al., 2021).

3) 기후변화 인식

세상에는 기후변화를 직접 경험한 사람, 경험하지 않은 사람, 기후변화를 인정하는 사람, 이념적인 이유로 기후변화를 부정하는 사람, 타당한 과학적인 근거를 갖고 이의를 제기하는 사람, 그리고 확신을 하지 못하는 사람이 존재하고, 이들은 기후변화라는 하나의 커다란 담론에 대해 각기 다른 입장을 보이고 있다. 사람들이 지닌 기후변화에 대한 관점은 그들의 정체성, 신념, 가치, 그리고 사회에서 그들이 맺고 있는 관계 사이에서 일어나고 있는 다양한 상호작용을 통해 서로 영향을 주고받으며 끊임없이 형성되고 변화된다. 개인적 · 문화적으로 기후변화를 대하는 태도와 인식은 다양한 선행요인에 의해 결정된다. 이론, 데이터, 통계, 그래프 등의 복잡하고 객관적인 자료는 사람들의 이성적

뇌에 호소하여 사람들이 기후변화가 중요한 문제라고 생각하게 한다. 하지만 이러한 이성적인 근거나 자료는 우리의 행동을 이끌어 내는 데는 한계가 있으며, 이성과 감성을 적절하게 활용해야만 설득 효과도 올라가고 사람들을 움직이게 만든다. 사람들이 더 많이 안다고 해서 태도와 믿음 그리고 행동의 변화가 나타나는 것만은 아니다.

직관적으로 생각했을 때 경험적인 요소는 기후변화에 대한 관점을 형성하는 데 가장 중요한 역할을 한다고 볼 수 있다. 이미 수많은 선행연구들은 자연재해를 직접 경험한 사람들이 심각한 기후불안이나 우울증에 시달릴 수 있다고 밝혔다. 이에 더해 미디어를 통해 기후변화의 피해를 간접적으로 경험하는 것도 사람들의 불안감을 높일 수 있다(Alexander & Klein, 2009; O'Neill, 2020). 기후변화를 바라보는 태도는 정치 성향에 따라 양극단으로 나누어지기도 하며, 지지 정당이 없는 사람들은 본인들이 직간접적으로 경험한 기후변화에 근거하여 견해를 형성할 가능성이 높다. 개인의 기후변화에 대한 태도나 관점이 정치적 성향에 영향을 받는 현상은 미국에서 가장 확연하게 나타난다. 보편적으로 민주당 지지자들은 공화당 지지자들에 비해 기후변화를 인정하고 기후변화에 대응하는 정책을 더 긍정적으로 평가하는 경향을 보인다. 최근 미국에서 진행된 한 실험에서는 기후변화 정책에 대한 태도가 사회적 규범에 따라 바뀔 수 있다고 밝혔는데, 참여자들은 실제 개인의 정치적 성향이나 환경정책을 옹호하는 정도에 상관없이 본인이 속한 당이 기후정책을 중요하게 평가할수록 다른 정치적 이슈보다 기후변화에 대한 정책을 더 우선순위로 뽑았다(Cole et al., 2022).

예일대학교 기후변화 전문기관 YPCCC는 설문조사를 통해 대부분 국가에서 사람들의 교육 수준과 기후변화가 발생하는 원인을 어디에 두는지가 대중의 기후변화에 대한 인식과 그로 인한 위험 인식에 가장 크게 영향을 미친다고 밝혔다. 교육 수준이 더 높을수록 사람들은 기후변화에 대해 더 정확하게 인지하고 있었고, 기후변화의 위협을 더 심각하게 평가하였다. 또한 기후변화의 원인이 단순한 자연현상이 아닌 인류에 있다고 응답한 사람들이 그렇지 않은 사람들보다 기후변화에 대한 더 높은 이해도를 보였다. 또 다른 흥미로운 점은 미국과 일본을 포함한 선진국에서는 사회활동 참여와 커뮤니케이션에 대한 접근성이 시민의 기후변화에 대한 인식을 예측하는 데 중요한 요소를 차지한 반면, 일부 아시아 국가들과 남미 국가들을 포함한 개발도상국에서는 교육 수준과 함께 사람들의 거주지역과 가구소득이 중요한 예측 변수인 것으로 나타났다(Lee et al., 2015). 이에 따라 전문가들은 각 국가에 맞춤화된 기후 관련 커뮤니케이션 전략과 교육과정을 개발할 필요성을 강조하고 있다.

4) 기후변화 위험 지각

사람들이 적극적으로 기후변화에 대응하고 친환경 행동을 실천하도록 하기 위해서는 그들이 먼저 기후변화를 두려워할 만한 위험이라고 인식하도록 해야 한다. 이론적으로 생각했을 때 인간의 두려움이라는 감각을 자극해야만 불안감을 올리고 이를 통해 사람들을 동기부여하고 행동 변화를 이끌어 낼 수 있을 것이다. 하지만 실상은 그렇지 못하다. 많은 사람은 기후변화를 부정하거나 반신반의하거나 기후변화의 위험을 경시한다. 또한 대부분의 사람들은 기후변화를 개인적인 위험(personal risk)보다는 글로벌 위험(global risk)으로 지각한다. 고려대학교 심리학부에서 2023년 5월 대한민국 소비자 600명을 대상으로 진행한 연구는 이러한 차이를 보여 주고 있다. 기후변화의 위험성에 대해 물어봤을 때 남녀노소를 불문하고 개인적인 위험보다 글로벌 위험이라고 응답한 점수가 통계적으로 유의미하게 높았다(Jung & Sung, 2023). 기후변화에 대한 두 가지 위험 지각은 소비자들의 친환경 소비에도 영향을 미쳤다. 예를 들어, 두 가지 위험 지각은 모두 친환경 소비 의도에 정적인 영향을 미쳤지만, 그 영향력은 개인 위험 지각이 글로벌 위험 지각보다 크게 나타났다. 이와 같은 연구결과는 기후변화를 좀 더 개인적인 일이며 내가 경험할 수 있는 위험이라고 인식시키는 것이 사람들의 태도뿐만 아니라 행동 변화를 유도하는 데 더 효과적일 수 있음을 시사한다.

사람들이 기후변화를 심각한 위험으로 받아들이지 않고 본인들과는 상관없는 일이라고 인식하는 이유는 다음과 같다. 첫째, 기후변화는 현저성이 떨어진다. 기한도 없고 지리적 위치도 없으며 뚜렷한 특징이나 단서도 존재하지 않는다. 심리학에서 현저성 효과(salience bias)는 어떤 특징이 인상 형성에 큰 역할을 하는 심리 현상을 의미한다. 얼마 전 인천 검단신도시 아파트 건설현장에서 철근을 빠뜨리고 설계한 지하주차장이 무너진 사고가 있었는데 매우 즉각적이며 논란의 여지가 없는 문제이기 때문에 사람들에게 현저성이 높은 위험으로 인식된다. 납득할 수 없는 사고를 본 여론은 불타올랐고, 언론의 집중 취재가 시작되었다. 마찬가지로, 최근 전국에서 일어난 정체불명의 국제우편물 테러 사건은 2,000건 이상의 신고를 기록하며 사람들에게 매우 자극적이며 현저성이 높은 위험으로 지각되었다. 이러한 두 개의 이슈들은 현저한 단서를 제공하고 있으며, 사람들의 눈길을 끌기에 충분한 자극물들이 미디어를 통해 단기간에 집중적으로 제공되기 때문에 거의 자동적인 태도 형성과 행동 변화를 이끌어 낼 수 있다.

반면에 기후변화는 추상적이며 눈에 잘 보이지 않고 논란의 여지도 다분하다. 홍수, 가뭄, 허리케인, 산불 등의 자연재해가 매일 일어나는 것도 아니고 시간이 어느 정도 지나면 사람들은 화창한 날씨와 맑은 하늘을 다시 보게 된다. 미세먼지와 폭염이 몇 주 동안 지속되어도 시간이 지나고 계절이 바뀌면 언제 그랬냐는 듯이 다시 맑은 공기와 서늘한 날씨를 경험하게 된다. 특히 우리나라와 같이 사계절이 상대적으로 뚜렷한 지역에 살고 있는 사람들은 기후변화의 경험이 시간적인 간격을 두고 나타나기 때문에 기후와 관련된 현상을 망각하기 쉽다. 사람들은 일반적으로 가장 최근에 사건에 집중하기 때문에 장기간에 걸쳐 발생하는 기후변화의 전체적인 추세를 알아채기가 쉽지 않은 환경에 살아가고 있다.

둘째, 사람들은 기후변화가 언제 일어날지, 과연 일어나는 일인지, 어디서 일어나고 있는지, 그리고 그 피해는 누가 입을지에 대해서 정보도 부족하며 분명하지 않다고 생각한다. 다시 말해, 기후변화는 심리적으로 멀게 지각되는 위험이기 때문에 구체성이 떨어진다. 트로프와 리버만(Trope & Liberman, 2003)은 특정 대상이나 사건에 대해 사람들이 개인적으로 느끼는 심리적 거리에 따라 그 대상을 해석하는 방식이 다르다는 해석수준이론(Construal Level Theory: CLT)을 제안하였다. 심리적 거리란 특정 대상, 사람, 이벤트 등이 자신과 심리적으로 얼마나 가까운지 혹은 먼지에 대한 주관적인 경험으로 시간, 공간, 사회 그리고 가능성과 같은 차원들의 차이가 심리적 거리를 유발하고, 심리적 거리의 멀고 가까움 정도가 사람들의 해석수준, 평가, 행동에 영향을 미친다고 하였다([그림 2-3] 참조). 대상에게 느끼는 심리적 거리가 멀 때는 대상을 상위 수준으로, 가까울 때는 하위 수준으로 해석하게 된다. 상위 수준 해석을 통해 사람들은 추상적이고, 탈맥락적이며, 일차적이고 중심적인 특성들을 중심으로 대상을 해석한다. 반면, 하위 수준 해석에서 사람들은 구체적이고, 맥락적이며, 이차적이고 세부적인 특징들을 중심으로 대상을 해석한다. 해석수준이론과 심리적 거리의 개념은 기후변화에 대한 위험 지각에도 완벽하게 적용된다.

[그림 2-3] 심리적 거리의 네 가지 유형

시간적 거리 시간은 위험을 지각하는 데 영향을 미치는 매우 중요한 관점이다. 시간적으로 얼마나 가까운지에 따라 특정 위험은 더 많은 사람의 주의를 끌고, 사람들은 해당 위험을 더 다급하게 느낀다. 사람들은 장기에 비해 단기에 더 큰 우선순위를 부여한다. 기후변화는 긴박감이 떨어지며 시간이 얼마 남지 않았다는 수많은 환경운동가들과 정치인들이 전달하는 메시지도 사람들의 공감을 이끌어 내는 것에 실패하였다. 특히 사람들이 기후변화에 대한 시간적 거리감을 멀게 인식하도록 하는 데 정치인들과 언론 보도도 한몫 거들고 있다. 2013년 6월 미국 오바마 대통령은 기후 정책에 대한 기조연설에서 "우리는 미래를 보호하고 미래를 위해 일어서야 하며 미래를 돌보아야 한다."고 말하였다. 또한 미래를 두려워 말고 지속가능한 에너지 미래를 만들어 가야 한다고 주장했다. 오바마의 연설 한 부분만 보더라도 미래라는 단어가 반복적으로 사용되고 있다는 것을 알 수 있다. 이러한 메시지는 사람들에게는 기후변화는 지금의 문제가 아니고 미래에 일어날 일이라는 인식을 갖게 하며, 결과적으로 기후변화를 심리적으로 매우 멀게 지각하게 만든다. 사람들이 기후변화를 먼 미래의 일로 치부하여 즉각적인 행동에 나서지 않으려 하는 이유이다. 대니얼 카너만(Daniel Kahneman)의 의사결정 연구들에서도 여러 차례 밝혀진 바와 같이 사람들은 먼 미래에 발생할 가능성이 있지만 불확실한 손실을 경감하기 위해서 어느 정도의 단기 비용과 희생을 감수해야 하는 점은 사람들에게 이 문제를 외면하거나 위험하지 않은 일로 인식하게 만들 수 있다.

공간적 거리 북극곰은 지난 수십 년 동안 다양한 미디어와 환경운동가들을 통해 기후변화를 의미하는 상징으로 활용되어 왔다. 2006년『타임』이 기후변화를 다루는 특별호를 발간했을 때, 표지 사진에 북극곰 한 마리가 작은 빙하에 올라 앉아 있는 모습을 보여 주었다([그림 2-4] 참조). 북극곰은 사람들의 공감과 감정을 자극할 수 있는 기후변화의 아이콘으로 활용되어 왔다. 북극곰은 순수해 보이고, 연약하고, 또 귀엽다. 남녀노소 누구든 북극곰이 다 녹아 버

[그림 2-4] 2006년 4월 『타임』 특별호 표지

린 빙하에 올라 앉아 삶의 터전을 잃고 먹이도 찾지 못하는 모습을 보면 안쓰럽다고 말할 것이다. 또한 북극곰은 다양한 기후변화 캠페인, 포스터 그리고 프로모션 아이템(티셔츠, 에코백, 인형)에 활용되기 좋다([그림 2-5] 참조). 하지만 북극곰을 활용한 기후변화 커뮤니케이션은 심리적 거리 측면으로 봤을 때는 문제가 있다. 이 글을 읽고 있는 우리나라 국민 중에 과연 몇 명이나 북극에 가 보았을까? 물론 다양한 미디어를 통해 북극의 현실에 대해서 보고 듣고, 또 상황의 시급함에 대해서 알게 되었을 수 있다. 하지만 북극은 우리나라 사람들에게는 공간적으로 너무 먼 공간이다. 동물원이 아닌 곳에서 북극곰을 실제로 보는 경우는 매우 드물고, 사실 기후변화는 북극곰과 빙하 말고도 우리 모두의 문제이다. 사람들은 공간적으로 자신과 멀리 떨어진 곳의 대상을 해석할 때 추상적일 수밖에 없다. 구체적으로 어떤 행동을 취해야 하는가에 대해서는 생각하지 않는다는 의미이다.

[그림 2-5] 북극곰을 활용한 다양한 기후변화 대응 커뮤니케이션

사회적 거리 기후변화로 인한 위험이나 영향이 본인과 얼마나 사회적으로 가까운, 친근한 또는 유사한 대상에게 미치는가에 따라 사회적 거리감이 결정된다. 사람들은 일반적으로 내집단 소속의 사람에게는 사회적으로 가깝게 느끼고 외집단 소속의 사람에게는 멀게 느낀다. 내집단과 외집단의 구분은 개인의 경험과 가치관에 따라서 주관적일 수 있지만, 일반적으로 대상이 가족, 친구, 지인, 자신이 속한 공동체의 구성원, 같은 나라의 국민이라면 모르는 사람, 이방인보다는 사회적 거리를 가깝게 느낄 것이다. 이러한 관점에서 미래 세대는 나와는 직접적으로 관계를 맺고 상호작용하고 있는 대상이 아니기 때문에 사회적으로 멀게 지각될 수 있다. 사회적 거리에 따라서 위험의 정도를 지각하는 경향은 대니얼 카너먼과 아모스 트버스키(Amos Tversky)가 주장한 낙관주의 편향(optimism bias)과도 밀접한 관련이 있다. 흡연자들은 자신이 흡연으로 폐암에 걸릴 위험을 낮다고 평가하며, 운전자는 자신에게 자동차 사고가 발생할 위험이 낮을 것이라고 생각한다. 기후변화로 인한 문제와 위험에 대해서도 사람들은 나보다는 나와 거리감이 먼 다른 사람들 특히 미래 세대에게 관련이 높은 문제라고 인식하는 이유이기도 하다.

확률적 거리 불확실성은 사람들이 기후변화의 위험을 지각하는 데 매우 중요한 요인이다. 기후변화와 관련한 불확실성은 일반인뿐 아니라 기후전문가와 다양한 분야의 과학자들 사이에서도 자주 언급된다. 사실 기후변화와 관련해서 완벽하고 완전한 과학적 확실성을 갖고 기후변화의 위험을 주장할 수 있는 과학자가 얼마나 되겠는가? 과학계에서 지속적으로 제기되고 있는 기후변화의 과학적 확실성은 일반인의 기후변화 인식에 크게 영향을 미치고 해석의 여지가 있는 것이다. 이러한 문제는 IPCC 보고서에 사용된 언어에서도 확인된다. IPCC는 일반적으로 '매우 ~할 것 같다'라는 용어를 90% 이상의 가능성을 의미하는 뜻으로 사용한다고 하지만, 일리노이대학교 심리학과의 실험에서 밝혀진 바에 따르면, 참여자의 75%는 그 가능성을 훨씬 낮게 판단하고 있다. 최근 일본 정부가 후쿠시마 원자력 발전소의 녹아 내린 핵연료를 냉각하기 위하여 투입된 냉각수와 유입된 지하수가 합쳐진 오염수를 바다에 방류하겠다고 결정을 내린 후 라파엘 그로시 국제원자력기구(IAEA) 사무총장은 2년간 검토한 결과 이 방류는 국제 표준을 준수하고 있으며 처리될 물이 사람과 환경에 미치는 방사능 영향은 미미할 것이라고 발표했다. 여기서 미미하다는 것은 100% 안전하다는 확실성을 갖고 하는 말이 아님은 분명하다. 이러한 불확실한 결과 발표에 대해 우리나라 정치인들과 국민은 오염수 방류의 위험성을 더 높게 평가하며 오염수 방류를 막기 위해 적극적으로 행동해야 한다고 목소리를 내고 있다. 하지만 사람들은 기후변화를 불확실하다고 인식하며, 의심하고, 행동하지 않는다.

소비자들의 기후변화 위험 지각과 심리적 거리의 관계를 알아보기 위해 진행된 최근 연구에서는 우리나라 소비자들은 기후변화를 사회적으로 가장 멀게 지각하였으며, 그 다음으로 공간적 · 시간적 그리고 확률적 거리 순으로 멀게 지각하고 있는 것으로 나타났다(Jung & Sung, 2023). 다시 말해, 우리나라 소비자는 기후변화의 위험 또는 영향이 나와 사회적으로 멀리 떨어져 있는 사람에게 미친다고 인식하고 있음을 알 수 있다. 이러한 심리적 거리의 네 가지 하위 요인에 대한 소비자 인식은 그들의 친환경 행동에도 영향을 다르게 미쳤다. 예를 들어, 사회적 거리가 가장 큰 영향을 미쳤으며, 확률과 시간적 거리가 영향을 미치는 것으로 나타났다. 공간적 거리는 유의미한 영향을 미치지 않는 것으로 나타났다(Jung & Sung, 2023). 이 연구결과는 공공 캠페인이나 친환경 행동을 이끌어 내기 위해서는 기후변화가 사회적으로 가까운 나와 같은 사람들에게 큰 영향을 미칠 수 있으며, 실제로 일어나고 있고, 먼 미래가 아닌 우리 세대의 일이라는 메시지를 통해 소비자들이 기후변화를 심리적으로 가깝게 지각하게 만들어야 한다는 것을 보여 준다.

5) 기후불안

코로나 팬데믹 이후 우울과 불안장애로 병원을 찾는 사람들이 급증하였다. 기존 생활 패턴의 강압적인 변화와 고립된 생활이 기약 없이 연장되며 많은 사람이 심각한 우울감과 외로움을 겪고 코로나 19의 종식이 선언된 지금까지도 고통받고 있다. 이러한 정신건강 문제는 오래 지속되고 강도가 심해질수록 그 고통이 신체적 증상으로 나타날 수 있기 때문에 국민의 건강에도 심각한 위협이 된다. 전염병 확산 및 암발병률 증가 등 기후변화가 우리 건강에 직간접적으로 미치는 영향에 대해 활발히 논의되고 있는 만큼, 기후변화로 인한 정신건강 문제들 역시 주목을 받고 있다. 유엔 산하의 IPCC는 2022년 6차 평가보고서에서 최초로 기후변화와 정신건강의 연결성에 대해 언급하였는데, 기후위기 자체가 불안과 스트레스, 우울감을 야기할 수 있다고 설명하였다.

기후변화에 따른 정신건강 문제 중 가장 많은 관심을 받는 증상은 기후불안(climate anxiety)이다([그림 2-6] 참조). 기후불안은 기후변화로 인해 발생하게 되는 결과에 대한 걱정과 불안을 겪는 심리적 상태이며, 불안, 우울, 분노, 무력감, 죄책감과 같은 증상과 함께 나타날 수 있다. 기후불안은 만성불안과 비슷한 특성을 공유하는데, 예측 불가능한(unpredictable), 불확실한(uncertain), 통제

환경불안(eco-anxiety)

환경적인 파멸에 대한 만성적 두려움 상태
2017년 미국심리학회(APA)가 규정한 용어

기후슬픔(climate grief)

기후변화 징후가 나타날수록 통제력을 잃고
우울막이 퍼지는 상태

솔라스탤지아(solastalgia)

안락(solace)과 고통(algia)의 합성어
환경변화가 초래한 실존적 고통을 의미

외상저스트레스장애(PTSD)

기후변화를 막지 못할 것이라는 생각에서
기인한 무력감을 느끼는 기후염려증

[그림 2-6] 기후변화로 인한 정신건강 분야 신조어

불가능한(uncontrollable) 환경에서 경험할 수 있다는 것이다. 즉, 기후불안은 기후변화로 인해 미래가 예측 불가하고, 내가 처한 환경에 대한 확신이 없으며, 기후변화라는 현상에 대해 통제하기 어렵다고 느낌으로써 사람들은 부정적인 정서 상태를 겪게 되는 것이다. 기후불안이 정신건강의 측면에서 개인에게 부정적인 영향을 미치는 것은 확실하나, 선행 연구에 따르면 어느 정도의 불안은 사람들을 행동하고 변화하게 한다는 점에서 사람들이 느끼는 기후불안이 기후변화에 대처하기 위한 그들의 행동을 유도하는 긍정적인 작용을 할 수도 있다.

개인이 경험하는 기후불안에 영향을 미치는 요인은 다양하다. 이전 연구에 따르면, 여성의 경우 평소 느끼는 걱정의 정도와 친환경적인 신념이 남성에 비해 더 강하기 때문에 환경의 변화로 인해 오는 우울감을 경험할 확률이 더 높다(Verplanken Marks, & Dobromir, 2020). 하거만 등(Hickman et al., 2021)은 여러 나라에 거주하는 청소년과 젊은 층을 대상으로 진행한 연구에서 나이가 어

[그림 2-7] 기후변화로 인한 우울감을 호소하는 한국 대학생

출처: 중앙일보 유튜브.

릴수록 기후변화에 대한 기후우울증과 기후변화로 인한 스트레스에 더 취약하다는 것을 밝혔다. 또한 저소득층의 경우 생활환경에 따라 환경문제로 인한 위험에 노출될 확률이 높기 때문에 결국 더 높은 기후불안을 경험한다는 연구결과도 있다(Wullenkord et al., 2021).

사람들의 기본적인 정신건강도 기후불안에 영향을 미칠 수 있다. 예를 들어, 만성적으로 불안장애를 겪고 있는 사람들은 걱정이나 근심이 많기 때문에 기후와 관련해서도 비슷한 정도의 불안을 느낄 수 있다. 개인의 여러 심리 요인들도 기후불안에 영향을 주는 것으로 밝혀졌다. 예를 들어, 정 등(Jung et al., 2023)의 연구에 따르면, 미래시간 지향 성향이 높고 불확실성 회피 성향일수록 그리고 만성불안이 클수록 기후변화와 관련하여 더 높은 불안을 경험하는 것으로 밝혀졌다.

개인의 경험에 따라서도 사람들이 느끼는 기후불안은 달라질 수 있다. 자연재해나 극단적인 기후변화 현상을 직접 경험한 사람일수록 높은 기후불안과 기후걱정을 토로하였다. 다시 말해, 홍수, 폭염, 산불 등의 자연재난을 직접 경험했거나 목격하면 그렇지 않은 사람들보다 더 많은 걱정과 기후불안을 느끼게 될 것이다. 직접 경험뿐만 아니라 미디어를 통한 기후변화에 대한 간접적인 노

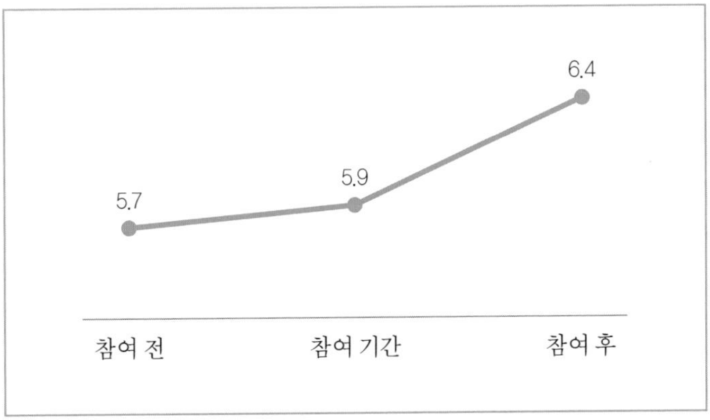

[그림 2-8] 실험집단의 4주 동안의 환경관여도 변화(9점 척도)
출처: Jung, Kim, & Sung (2023).

출도 사람들을 불안하게 만든다는 연구결과가 있다. 최근 우리나라에서 진행된 현장실험 연구결과에 따르면, 4주 동안 매주 3번씩 총 12개의 기후변화 관련 뉴스에 지속적으로 노출된 집단은 실험 시작 전과 비교했을 때 환경 관여도가 증가한 것을 알 수 있었다([그림 2-8] 참조; Jung, Kim, & Sung, 2023). 또한 4주 동안 기후변화 뉴스에 노출된 실험집단(기후변화 집단)의 피험자들은 통제집단의 피험자보다 더 높은 기후불안과 기후죄책감을 보이는 것을 알 수 있었다([그림 2-9] 참조). 이러한 결과는 미디어가 대중에게 간접적인 기후변화 경험을 제공하며 이로 인하여 개인의 환경에 대한 관여도를 높이고 기후불안, 더 나아가 기

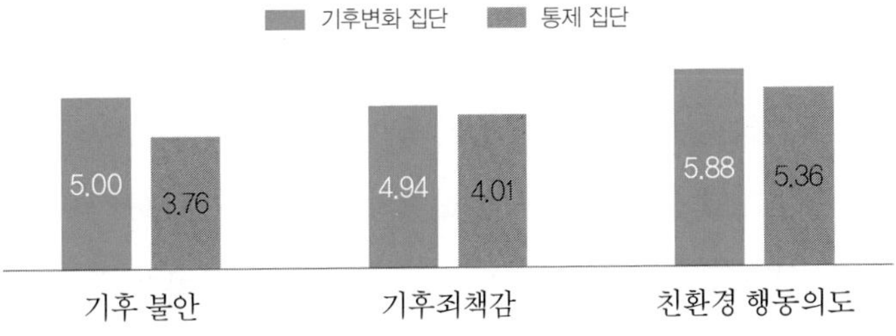

[그림 2-9] 기후변화집단과 통제집단의 기후불안, 기후죄책감, 친환경 행동(7점 척도)
출처: Jung, Kim, & Sung (2023).

후죄책감도 높이는 결과로 이어질 수 있음을 의미한다. 이와 함께 주목할 만한 결과로, 미디어를 통한 간접적인 기후변화 경험으로 인해 높아진 기후불안이 오히려 소비자의 친환경 행동을 이끌어 내고 있었다(Jung, Kim, & Sung, 2023).

6) 우리나라 국민의 기후변화 인식, 위험 지각, 기후불안, 친환경 행동

지속가능한 기후변화 대응 및 극복을 위한 해법 중 하나는 시의성 있는 기후변화 관련 현안들이 정부, 공공기관, 기업, 시민단체, 시민 등 여러 이해당사자와 잘 연계되어 수행되는 것이다. 특히 가장 중요한 이해당사자라고 할 수 있는 국민의 인식과 의견을 정책과정에서 제대로 포용하고 있는지, 국민의 신뢰와 참여를 이끌어 낼 수 있는지에 대해서 지속적인 모니터링이 필요하다. 해외에서는 이미 기후변화로 인해 변화하는 국민의 삶을 관찰하기 위해 다양한 연구 및 보고가 진행되고 있다. 단순히 기후변화로 인한 물리적 · 사회적 손실뿐만 아니라 개인이 기후변화를 어떻게 인식하고 개인의 삶에는 기후변화가 어떠한 영향을 미치는가를 다각적으로 살펴볼 필요가 있다. 해외에서 진행되었던 연구결과에서는 인구통계학적 특성을 비롯한 자연재해에 대한 직간접적인 경험 또는 관련 정보에 대한 노출이 사람들의 기후변화 인식에 영향을 주고 나아가 친환경적 행동과 태도까지도 형성할 수 있다고 한다. 하지만 각 나라가 처해 있는 지리적 · 문화적 · 경제적 환경이 매우 상이한 만큼 기후변화에 대해서도 국가별 연구와 보고가 이루어져야 한다. 즉, 해외 연구결과를 참고하되 우리나라라는 국내 상황에 집중하여 국민의 삶과 기후변화의 관계를 이해하는 것이 기후위기 대응에 중요한 기초 절차가 될 수 있다.

고려대학교 심리학부 연구팀은 기후변화 그리고 소비자의 지속가능한 삶과 소비에 관한 다양한 프로젝트를 진행하고 있다. 특히, KRi(코리아리서치인터내셔널)에서 키위리서치와 공동으로 대한민국 국민의 지속가능한 삶과 정신건강 문제에 대한 인식을 높이기 위해 분기별로 설문조사를 진행하고 있다. 2023년 5월 처음 실시된 설문조사에서는 19세 이상 대한민국 성인남녀 600명을 대상으로 기후변화의 인식, 관여도, 위험 지각, 불안감 그리고 친환경 행동에 대해서 물어보았다. 지금부터는 연구 결과의 일부를 통해 인구통계학적 특성에 따른 기후변화에 대한 인식을 비롯한 여러 심리적·행동적 차이를 간략히 소개하고자 한다.

기후변화 인식 우리나라 사람들은 기후변화에 대해 얼마나 알고 있을까? 매일 매체에서 기후와 관련된 뉴스가 수없이 쏟아져 나오고 있지만, 관련 문제의 심각성을 알리기 위해서는 우선 사람들이 기후변화가 실제로 일어나고 있다는 것을 제대로 인지하고 있어야 한다. 연구결과를 보면, 기후변화 인식과 관여도는 중간값보다 조금 높은 수준으로 나타났다. 기후변화 인식의 경우 성별에 따른 차이를 보였는데, 남성이 여성보다 기후변화의 다양한 문제에 대해 더 잘 알고 있다고 응답한 것으로 나타났다(4.95 대 4.76). 이는 여성이 기후변화를 비롯한 다양한 환경문제에 더 많은 관심과 지식을 갖고 있다는 해외의 선행 연구결과와는 상반된다. 반면, 기후변화가 얼마나 자신에게 중요한 문제인가를 의미하는 정도로도 이해할 수 있는 관여도의 경우에는 남성과 여성의 점

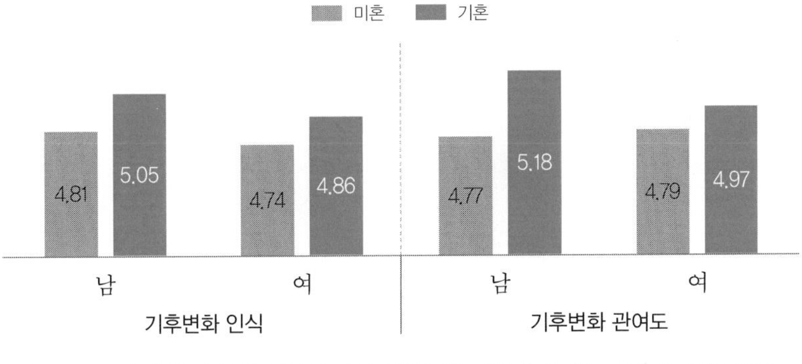

[그림 2-10] 성별과 혼인 여부에 따른 기후변화 인식과 기후변화 관여도(7점 척도)
출처: KRi, 키위리서치(2023).

수가 비슷하게 나타났다. 다만 성별과 혼인 여부를 함께 고려했을 때 관여도 차이에서 다른 양상이 나타난다. 여성의 경우 혼인 여부에 따라 관여도가 크게 영향을 받지 않지만, 남성의 경우에는 기혼자가 미혼자보다 훨씬 더 높은 기후변화 관여도를 보이고 있었다.

위험 지각 일반적으로 위험 지각은 개인 위험 지각과 글로벌 위험 지각으로 나누어 볼 수 있다. 개인 위험 지각이란 특정 대상이나 사건이 개인에게 미치는 위험의 가능성과 심각성을 평가하는 것이고, 글로벌 혹은 사회적 위험 지각은 사회 전체에 미치는 위험의 가능성에 초점을 둔다. 개인의 경험이나 문화적 차이에 따라 각 위험 지각의 정도는 다르게 평가될 수 있으며, 개인에 대한 위험 지각은 감정적인 요소에 달라지기도 하고, 글로벌 위험 지각은 전문가의 의견 또는 통계와 같은 이성적인 요인에 영향을 받을 수 있다. 우리나라 국민은 기후문제로 인한 위험을 어떻게 바라보고 있을까? 어느 정도 예측 가능한 방향이지만, 조사 결과에 따르면 국민의 대부분이 기후변화가 가져올 수 있는 위험을 개인보다는 글로벌 위험 지각 측면에서 더 심각하게 평가하였다(4.96 대 5.61). 기후변화로 인한 위험성에 대해서는 알고 있지만, 아직까지도 기후변화를 개인보다는 사회적으로 더 위험하고 중요한 문제로 보고 있는 것이다. 위험 지각 수준의 경우에는 성별 또는 연령에 의한 차이는 나타나지 않았다. 인구

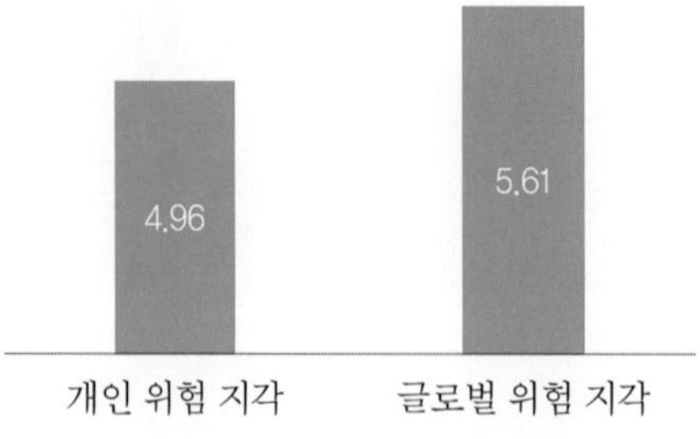

[그림 2-11] 기후변화의 두 가지 위험(7점 척도)

출처: KRi, 키위리서치(2023).

통계학 요인 중 교육 수준이 위험 지각 정도와 유의미한 상관관계를 보였는데, 외국에서 진행되었던 조사 결과와 일치하는 방향으로 우리나라도 교육 수준이 높을수록 기후변화의 위험을 글로벌 관점 및 개인적 관점에서 모두 더 심각하게 지각하였다.

기후불안 기후위기로 인한 변화를 우리 일상에서 체감할 수 있는 시대에 살아가면서 많은 사람이 선례 없는 정신적 불안과 혼란을 겪고 있다. 기후변화를 비롯한 다양한 환경문제로부터 발생하게 되는 정신건강 관련 증상 중에 기후불안은 가장 흔하게 사람들이 경험하고 공감할 수 있는 상태를 설명한다. 앞서 언급된 바와 같이, 본 조사에서는 기후불안의 세 가지 특징인 예측 불가능성, 불확실성, 통제 불가능성을 기준으로 우리나라 국민이 기후변화로 인해 경험하게 되는 불안의 정도를 측정하고자 하였다. 조사 결과에 따르면, 성별이나 연령, 교육수준 등의 인구통계학적 요인으로 인한 불안의 차이는 나타나지 않았다. 그러나 기후변화를 대하는 태도나 인식을 나타내는 변인과 높은 상관관계를 보였다(〈표 2-1〉 참조). 사람들은 기후변화를 인지하고 있는 정도와 관여도가 높을수록 기후변화가 초래할 수 있는 미래의 결과에 대해 더 큰 불안감을 느끼고 있었다. 측정된 개인의 태도 중 기후불안을 느끼는 정도와 가장 높은 관련을 보이는 변인은 개인 위험 지각이었다. 대부분의 국민이 기후위기를 사회에 위협이 되는 현상이라고 인식하고 있지만, 실제로 경험하게 되는 불안과 염려는 기후변화가 본인에게 얼마나 큰 위험이라고 느껴지는지가 중요하게 작용하는 것이다. 많은 국민이 기후변화에 대해 막연한 공포심과 두려움을

표 2-1 기후불안 상관관계

	만성불안	기후변화 인식	기후변화 관여도	개인 위험 지각	글로벌 위험 지각
기후불안	0.21*	0.42*	0.60*	0.62*	0.52*

출처: KRi, 키위리서치(2023).

느끼고 있지만 대응 방향에 대한 주관적인 견해나 개인 또는 사회에 미치는 영향에 대한 명확한 그림을 가지고 있지는 않다. 기후변화에 대한 적절한 개념이 확립되지 않은 상태에서 개인에게 큰 위험이라는 관점이 지속된다면 불안을 넘어 무기력함과 우울증까지도 겪게 될 수 있다. 불확실하고 예측이 어려운 기후변화의 특성 때문이 불안감이 나타날 가능성이 크기 때문에 국민이 기후변화로 인한 현상과 결과를 정확히 이해하고 각자에 맞는 적응대책 수립을 도울 수 있는 사회적 전략이 필요하다.

친환경 행동 기후변화로 인해 우리의 일상이 달라지는 것을 부인할 수 없는 상황에서 사람들은 '예전처럼' 돌아가기 위해 각자 대응하는 방법을 찾으려고 할 것이다. 개인의 수준에서 본인이 환경문제 해결을 위해 기여할 수 있다고 생각되는 상황은 대부분 소비 맥락에서 발생한다. 같은 기능을 보유한다는 전제하에 친환경적으로 제조된 제품이나 친환경 활동으로 잘 알려진 기업의 제품을 선택하는 등의 행동이나 친환경 옵션을 고려하는 것만으로도 환경보호에 한 발 가까워지는 것 같은 뿌듯함을 줄 수 있다. 이러한 친환경 행동을 실천하고자 하는 의도에서는 우리나라 국민의 성별과 연령 또는 교육 수준이나 가구소득이 영향을 주지는 않았다. 하지만 기후불안과 마찬가지로 기후변화에 대한 관여도와 나에게 얼마나 심각한 위험이 되는지를 인지하는 정도가 행동의도에 영향을 미쳤다(〈표 2-2〉 참조). 또 흥미로운 점은 기후변화가 가져오는 불확실한 미래에 대한 걱정과 염려(기후불안)가 개인의 친환경 행동의도와 높은 상관을 보였다는 것이다. 기후불안 증상은 개인의 정신건강과 웰빙에

표 2-2 친환경 행동의도 상관관계

	만성불안	기후변화 인식	기후변화 관여도	개인 위험 지각	글로벌 위험 지각
친환경 행동의도	0.60*	0.47*	0.64*	0.56*	0.51*

출처: KRi, 키위리서치(2023).

는 위협이 될 수 있지만, 어느 정도의 염려는 사람의 생각을 바꾸고 행동을 실천하게 만드는 긍정적인 기능을 할 수 있음을 시사한다. 그러나 지나친 불안감은 사람들에게 무기력함과 절망감을 느끼게 하고 정도가 심한 경우에는 심각한 우울증이 발현될 수 있으므로 국민의 불안점수를 꾸준히 관찰하고 상황에 맞는 대응 방안을 고안하는 것이 중요하다. 시간이 흐름에 따라 기후변화에 대한 국민의 인식이 진화하고 이에 대응하기 위한 개인의 역할 확장이 기대되고 있다. 결국 지속가능한 사회를 만드는 것은 사회 구성원인 개인의 웰빙에 중점을 두고 국민의 정신건강 문제에 대한 지속적 관심과 연관되어 발생할 수 있는 다양한 건강 및 사회적 이슈를 예측하는 개입이 필요하다.

정부, 기업, 개인의 역할 기후변화의 원인은 크게 자연적 원인과 인위적 원인으로 구분지어 볼 수 있다. 화석연료의 사용 증가 및 산림 파괴로 인한 온실가스 배출은 인간이 유발한 주요 원인이다. 인위적 요인으로 인한 지구의 온도 상승이 명백히 증명된 만큼 전 세계에서 인간의 영향을 줄이기 위한 노력이 끊임없이 이루어지고 있다. 기후변화의 영향을 특정 집단의 책임으로 정의할 수는 없지만 적절한 대응과 실현가능한 해결방안 수립을 위해 각 집단의 역할과 현재 실태를 파악할 필요가 있다. 우리 사회를 정부, 기업 그리고 개인으로 나누었을 때 각 주체의 역할이 얼마나 중요한지, 그리고 각 주체가 기후변화에 올바르게 대응하고 있는지에 대해서 알아보았다. 응답 결과를 살펴보면, 기후변화 대응에 대한 정부의 역할이 가장 크다고 보고 있으며, 기업과 개인이 그 뒤를 이었다. 반면, 현재 기후변화를 가장 적절하게 대응하고 있는 주체는 개인, 기업 그리고 정부의 순으로 나타났다. 개인의 입장에서는 아직은 초기 단계에 있는 정부나 기업의 대응책을 상세하게 파악하고 있는 것이 아니기 때문에 '나'의 노력을 가장 효과적으로 평가하는 상황에 있을 수 있다. 어찌 보면 기후변화의 책임 소재를 특정할 수는 없음으로 책임을 물을 수 있는 대상이 형성된다면 개인이 주관적으론 느끼는 부담감이나 죄책감 등을 덜어 낼 수 있을 것

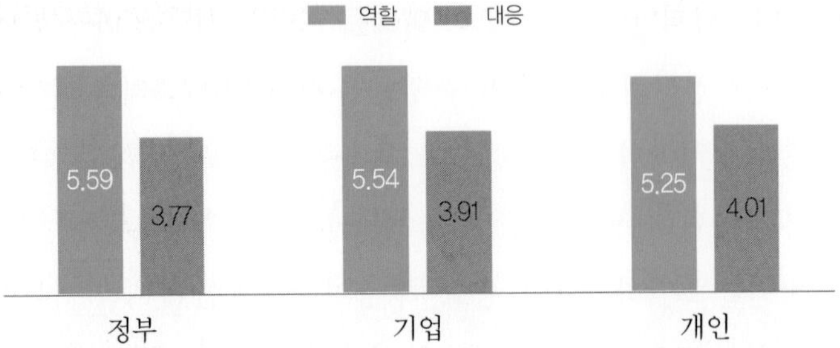

[그림 2-12] 기후변화에 대한 역할과 대응 평가(7점 척도)

출처: KRi, 키위리서치(2023).

이다. 새로운 현상을 이해하고 받아들이는 과정에서 책임 소재를 파악하는 것은 일시적으로 부정적인 감정을 해소시켜 줄 수 있지만 실제 영향력을 완화하는 데에는 아무런 도움이 되지 않는다. 우리 앞에 닥친 공포를 부정하기 위해 서로에게서 책임을 찾거나 미룰게 아니라 공동적으로 해결해야 하는 숙제로 인식하여 협력하는 것이 여러모로 효율적인 접근일 것이다. 각자의 위치에서 각 주체의 방식으로 실천하고 있는 노력에 대해 더 투명하게 소통하고 수많은 피드백을 통해 이 과제에서의 역할을 인정하고 필요한 지원을 내어 줄 수 있는 시스템을 구축해야 한다.

3. 논의 및 제언

78억 명의 인류가 삶을 의지하는 지구는 지금 위기에 맞닥뜨려 있다. 기후변화는 과학적 연구와 근거만으로 예측할 수 있는 미래의 일이 아니다. 폭염, 혹한, 호우, 가뭄 같은 기상이변을 통해 우리가 체감하고 있는 현재의 문제이며, 그 강도는 점차 강해질 것이 분명하다. 2023년 7월 1일부터 23일까지 지구 평균 지표면 기온은 16.95℃로 기존의 최고치였던 2019년 7월의 16.63℃보다 0.32℃ 높은 수치를 기록하였다. 유럽연합 기후변화 감시기구인 코페르니쿠스 기후변화서비스는 최근 전 세계 평균 지표면 온도가 1940년 관측 이래 가장 높았으며 2023년 7월은 역사상 가장 더운 7월로 기록될 것이라고 밝혔다. 최근 국내에서도 폭염과 극한 호우가 번갈아 나타나면서 우리나라 국민은 그 어느 때보다도 기후변화를 실감하고 있다. 안타까운 점은 많은 국민이 이러한 극단적인 날씨를 새로운 정상으로 여기고 있다는 것이다.

이 장에서는 문헌 리뷰와 실증 연구결과를 바탕으로 인구통계학적 특성 및 다양한 사회심리학적 요인이 대중의 기후변화 인식, 태도, 위험 지각, 기후불안 등에 미치는 영향에 대해서 살펴보았다. 여러 요인 중에 특히 언론의 역할은 너무나도 중요하다. 여러 해외 연구와 최근에 국내에서 진행된 설문조사 결과에서 알 수 있듯이, 기후변화에 대한 인식, 위험 지각, 불안감 그리고 대응에 지대한 영향을 미치는 것이 언론을 통한 기후변화의 간접 경험이다. 세계에서 가장 탁월한 기후변화 보도를 제공하는 영국 언론 『가디언』은 2019년부터 '기후변화'라는 용어 대신 '기후위기' 혹은 '기후비상'이라는 말을 쓰기로 하였다. 기후변화나 지구 온난화 같은 객관적이고 가치 중립적인 말로 보도하기에는 현재 진행되는 기후변화의 심각성이 크다는 판단이 바탕이 된 것이다. 『가디언』의 이러한 변화는 이후 전 세계 언론계의 변화를 이끌었으며, 기후위기 시대에 언론사들의 책무에 대해서 성찰하는 계기를 마련하였다. 바람직한 언론의 보도는 한 시민으로 기후변화에 대응하도록 하며, 정부의 정책과, 기업의 비즈니스에 관여할 수 있게 만든다. 언론은 기후위기를 미래가 아닌 현재의 일로, 남이 아닌 나와 우리에게 중요한 문제로 인식하도록 해야 한다. 이를 위해서는 무엇보다 언론 보도가 대중이 지각하는 기후위기의 심리적 거리를 줄여야 한다. 여러 과학 지식과 통계로 채워지는 보도가 아니라 매우 구체적인 스토리가 필요하다. 예를 들어, 『뉴욕타임스』는 음식 섹션과 협업하여 기후변화와 식량의 연관성에 대한 시급한 질문에 답하는 기사를 작성하고 있다. 이러한 보도 방식은 대중이 쉽게 기후변화 보도에 접근할 수 있도록 하며, 기후위기가 자신들과 가깝게 연관되어 있다고 느끼도록 심리적 거리를 줄이는 역할을 하고 있다.

특히 확증편향(confirmation bias)이 가속되고 있는 현대 미디어 환경에서는 기후위기를 다루는 미디어의 영향력은 그 어느 때보다 크다. 대중은 정보를 얻는 원천을 자신의 관점을 강화하기 위해 선택적 노출과 특정 뉴스 프레이밍 뉴스와 콘텐츠만 소비함으로써 에코챔버(echo chamber) 현상이 가속화되고 있으며 필터 버블(filter bubble)로까지 확장되고 있다. 자신들의 관심사와 가치에 부합하는 정보에만 의존하며 선택적인 미디어 소비와 재확산에 가담함으로써 사용자에게 맞는 필터링된 정보가 마치 거품처럼 사용자를 가둬 버리는 심각한 정보 편식이 일어나고 있다. 개인이 미디어 환경 내에서 확증편향에 갇혀 있다는 것을 떠올렸을 때, 언론은 기후위기를 정치적인 공방으로 다뤄서는 안 되며, 근거를 바탕으로 한 기후위기에 대한 토론과 합리적 공론장을 지향해야 한다. 기상 이변이 잦은 여름과 겨울에 집중되는 기후위기 보도를 벗어나서 지속적인 관심과 취재를 통해 기후위기를 다뤄야 한다. 정확하고 균형 잡힌 정보를 제시함으로써 대중의 효능감을 높이며, 태도 변화와 행동할 수 있는 욕구를 이끌어 내도록 해야 하며, 궁극적으로는 우리 사회를 변화시킬 수 있는 보도가 필요하다. 이를 통해, 대중의 기후변화 인식, 감수성 그리고 관여도를 높인다면 궁극적으로 정부의 정책과 기업의 비즈니스 모델에도 근본적인 패러다임 변화를 이끌어 낼 수 있을 것이다.

여느 때보다 무더운 여름을 경험하고 난 후 차오른 일시적인 감정이나 뉴스를 비롯한 모든 매체가 외치는 트렌디한 논쟁에 합류하고자 기후변화의 영향을 논하는 것은 아니다. 이미 세계 전문가들이 관찰하고 발표한 과학적인 데이터와 통계 자료가 기후변화 대책에 대한 긴급함을 대변해 주고 있다. 기후변화는 더 이상 북극곰의 삶의 터전이 없어지는 안타까움이 아니라 우리가 지켜야 하는 일상을 잃고 건강까지도 위협받는 문제이다. 모두가 기후변화에 대해 얘기하지만 그 영향력에 대해 제대로 이해하고 적극적으로 대응방안을 논의하는 경우는 극히 드물다고 판단된다. 기후변화라는 극도로 거대한 문제 앞에 우리의 역할을 고민하는 것은 너무 막막하고 지치는 일이기 때문일 수 있다. 안타깝지만 이제는 기후변화에 대한 대응이 아닌 적응이 요구되는 시대에 살고 있기 때문에 더 나은 미래를 위한 것이 아닌 현재 우리의 문제라는 인식을 갖고 적극적으로 행동해야 한다. 기후위기 극복에 대한 끝없는 의문과 답답함을 인정하되 내 일상에서의 선택의 정직한 대가와 가치를 알고 당장 실천하려는 용기가 필요하다.

참고문헌

MBC NEWS(2023. 7. 17.). 뉴스 투데이: 주요 외신, 한국 폭우 피해 보도 … 기후변화 영향. [Video]. YouTube. https://www.youtube.com/watch?v=Rrm_2sJ4Om0

MBC NEWS(2023. 7. 20.). 12MBC뉴스: 기록적 '폭염' 유럽 … 사망자 1만 명 넘어. [Video]. YouTube. https://www.youtube.com/watch?v=m1z_e_nN_WY

MBC NEWS(2023. 7. 28.). 뉴스투데이: 역사상 가장 더운 달 … '지구 열대화 시대' 개막. [Video]. YouTube. https://www.youtube.com/watch?v=7IZpxgvRlf4

MBC NEWS(2023. 8. 2.). 이시각 세계: 불볕 더위에 사표 내는 현장 노동자들 줄이어. [Video]. YouTube. https://www.youtube.com/watch?v=-FgiX8zaiGs

Alexander, D. A., & Klein, S. (2009). First responders after disasters: a review of stress reactions, at-risk, vulnerability, and resilience factors. *Prehospital & Disaster Medicine*, *24*, 87-94.

Bennetts, C. (2011) An anti-climate action rally in Australia. [Online Image]. Yale Environment 360. https://e360.yale.edu

Cole, J. C., Ehret, P. J., Sherman, D. K., & Van Boven, L. (2022). Social norms explain prioritization of climate policy. *Climatic Change*, *173*(1-2), 10.

Hickman, C., Marks, E., Pihkala, P., Clayton, S., Lewandowski, R. E., Mayall, E. E., … van Susteren, L. (2021). Climate anxiety in children and young people and their beliefs about government responses to climate change: A global survey. *The Lancet Planetary Health*, *5*(12), 863-873.

Jung, Y., Kim, S., & Sung, Y. (2023). Climate change media exposure and pro-environmental behavior: The mediating role of eco-anxiety. *The 2023 Korean*

Society for Consumer and Advertising Psychology Spring Conference, Seoul, Korea.

Jung, Y., & Sung, Y. (2023). Psychological distance of climate change and pro-environmental behavior: The mediating roles of two types of risk perception. *Association for Consumer Research Conference (ACR)*, Seattle, WA.

Lee, T. M., Markowitz, E. M., Howe, P. D., Ko, C. Y., & Leiserowitz, A. A. (2015). Predictors of public climate change awareness and risk perception around the world. *Nature Climate Change*, *5*(11), 1014-1020.

Liu, J., Varghese, B. M., Hansen, A., Xiang, J., Zhang, Y., Dear, K., ... & Bi, P. (2021). Is there an association between hot weather and poor mental health outcomes? A systematic review and meta-analysis.*Environment international*, *153*, 106533.

O'Neill, S. (2020). More than meets the eye: A longitudinal analysis of climate change imagery in the print media. *Climatic Change*, *163*, 9-26.

Soutter, A. R. B., & Mottus, R. (2020). "Global warming" versus "climate change": A replication on the association between political self-identification, question wording, and environmental beliefs. *Journal of Environmental Psychology*, *69*, 101413.

Schuldt, J. P., Konrath, S. H., & Schwarz, N. (2011). "Global warming" or "climate change"? Whether the planet is warming depends on question wording. *Public Opinion Quarterly*, *75*(1), 115-124.

Van Boven, L., Ehret, P. J., & Sherman, D. K. (2018). Psychological Barriers to Bipartisan Public Support for Climate Policy. *Perspectives on Psychological Science*, *13*(4), 492-507.

Verplanken, B., Marks, E., & Dobromir, A. I. (2020). On the nature of eco-anxiety: How constructive or unconstructive is habitual worry about global warming? *Journal of Environmental Psychology*, *72*, Article 101528.

Wullenkord, M., Tröger, J., Hamann, K. R., Loy, L., & Reese, G. (2021). Anxiety and climate change: A validation of the climate anxiety scale in a German-speaking quota sample and an investigation of psychological correlates. *Climatic Change*, *168*(3), 1-23.

제3장

윤리적 소비

1. 들어가며

소비자의 제품 및 서비스 구매 및 사용 행위는 경제, 정치, 문화, 환경 등 전반적으로 영향을 미친다. 급속한 경제성장과 함께 증가한 무분별한 소비는 환경오염, 천연자원 고갈, 생태계 위협과 같은 부작용을 야기하였다. 이러한 문제점을 해결하기 위해 경제적 측면과 환경적 측면을 함께 소비기준으로 삼는 윤리적 소비가 중요한 개념이 되었고, 미래시대의 요구를 희생시키지 않고 현재 세대의 욕구를 충족시켜 주는 소비문화를 추구하는 경향이 증가하고 있다. 인권 문제와 같은 사회적 이슈 및 온실가스 줄이기와 같은 환경적 이슈를 제품 및 서비스 선택의 기준으로 삼는 소비행위는 농산물, 화장품, 가공식품, 여행 서비스 등 다양한 산업에서 증가하고 있으며, 국가를 막론하고 지속가능성을 강조하는 윤리적 소비의 필요성 대한 목소리가 커지고 있다. 이 장에서는 윤리적 소비의 필요성을 경제적 · 사회적 · 환경적 측면에서 고찰하고, 전 세계의 국가가 공동으로 지향하는 지속가능발전 목표를 달성하기 위해 사회와 환경에 유익한 영향을 미치는 윤리적 소비의 다양한 유형에 대해 논의하고자 한다.

2. 윤리적 소비

윤리적 소비와 관련된 인식은 1970년대 서구사회를 중심으로 펼쳐진 환경운동에서 출발하였다. 이후 유럽연합(UN)을 중심으로 국제기구에서 환경 및 생태 위기를 초래하는 경제발전의 심각성을 알리면서 윤리적 소비의 필요성이 대두되었다.

윤리적 소비의 등장과 확산을 시기별로 분류하고 있는데, 1980년대를 초기, 1990년대를 조직적인 운동 및 윤리적 소비 관련 인증제도 도입기, 2000년대를 윤리적 소비 시장 확대기로 구분한다(곽윤영, 2015). 1980년대를 윤리적 소비가 등장하고 확산되기 시작한 초기로 보고 있는데, 1987년에 UN은 「우리 공동의 미래」라는 환경계획보고서에서 '미래세대가 그들의 필요를 충족시킬 수 있는 능력을 저해하지 않으면서 현 세대의 필요를 충족시키는 지속가능발전'을 공표하였다. 이 시기부터 윤리적 소비에 대한 인식이 확산되기 시작하여 1990년에 들어서는 윤리적 소비와 관련된 인증제도가 다양한 영역에 걸쳐 활성화되기 시작하였다. 구체적으로, 1990년대에 동물실험원료 무첨가 화장품 인증제도인 Leaping Bunny, 산림자원보호 및 지속가능산림경영 인증제도인 산림관리협의회(FSC) 라벨, 지속가능성을 고려한 수산물의 어획, 가공, 유통 인증제도인 해양관리협회(MSC) 라벨 등이 도입되면서 윤리적 소비 인증제도가 다양하게 확대되었으며, 윤리적으로 생산된 제품의 소비를 촉진하는 캠페인이 확산되었다. 윤리적 소비 시장 확대기로 볼 수 있는 2000년대에 Fair Trade와 같은 국제공정무역기구가 생겨나면서 윤리적 소비개념은 하나의 문화적 현상이 되었다. 또한 UN은 인류 공통의 미래 목표인 '2016~2030년 지속가능개발목

표 3-1 윤리적 소비와 관련된 인증제도

Leaping Bunny 라벨	FSC 라벨	MSC 라벨
®	FSC® www.fsc.org 100% From well-managed forests FSC® C000000	CERTIFIED SUSTAINABLE SEAFOOD MSC www.msc.org ™

출처: 한국소비자원(https://www.kca.go.kr/).

표'의 세부 목표로 '지속가능한 소비 및 생산'을 제시하면서 윤리적 소비에 높은 관심을 보이고 있다(곽윤영, 2015).

1) 윤리적 소비개념

윤리적 소비개념은 다양한 관점에서 정의되어 왔다. 우선, 윤리적 소비를 동물테스트, 정치적 이슈, 노동문제, 군사적 문제 등의 윤리적인 이슈를 고려하여 구매하는 행위로 보는 관점이 있다(Mintel, 1994). 한편, 가치를 구매 결정의 기준으로 삼는 행위로 윤리적 소비를 보는 견해가 있는데 코위와 윌리암스(Cowe & Williams, 2001)는 경제적 가치 이외에 환경적 · 윤리적 가치를 고려한 소비를 윤리적 소비로 정의하였다. 이와 비슷하게, 윤리적 소비를 외부 사회에 미치는 영향에 따른 구매행동으로 보는 관점이 존재한다(Harrison, Newholm, & Shaw, 2005). 김송이와 박명숙(2011)은 사회문제, 환경문제와 같이 외부 사회에 영향을 줄 수 있는 요인을 고려하여 윤리적인 가치를 실현하고자 하는 의지를 가지고 소비하는 행동을 윤리적 소비로 보았다. 나아가 송인숙과

천경희(2015)는 윤리적 소비는 개인의 경제적 효율성 보다 사회, 환경, 타인을 생각하는 소비인 동시에 불필요한 소비를 줄이고 현세대와 다음세대를 동시에 고려하려 소비하는 행위라고 하였다. 한편, 노희정(2016)은 가치소비 관점에서 윤리적 소비를 정의하였는데, 윤리적 소비란 제품의 품질이나 가격 외에 건강, 환경, 인권 등 윤리적인 가치를 선택의 기준으로 삼는 구매행위라고 정의하였다.

개별적이고 도덕적인 신념과 결부시켜 윤리적 소비를 바라보는 관점도 존재한다. 예를 들어, 크레인과 매튼(Crane & Matten, 2004)은 윤리적인 소비를 개별적인 도덕적 신념에 따른 의식적인 소비로 정의하고 있으며, 홍연금과 송인숙(2010)은 윤리적인 소비를 개별적이고 도덕적인 신념에 따라 사회적 책임을 실천하는 소비행동으로 정의하고 있다. 이때, 사회적 책임은 경제적 책임, 법적 책임, 지속가능한 소비의 책임, 동시대 인류를 위한 책임을 포함한다. 홍은실과 신효연(2010)은 사회적 책임을 보다 구체적으로 보았는데, 윤리적 소비를 타인과 사회를 배려하고 존중하며 정의로운 사회를 구현하고자 하는 이타적인 동기를 띤 소비행동으로 정의하였다. 이 외에도 윤리적 소비를 도덕적이고 공동체적인 선을 실천하려는 소비자 시민의식의 현상으로 보는 견해가 존재하며(Barnett, Cafaro, & Newholm, 2005; Shaw & Newholm, 2003), 사회에 영향력을 행사하려는 정치적 소비주의의 관점에서 윤리적 소비를 바라보는 관점이 존재한다(Carrigan & Attalla, 2005).

2) 윤리적 소비의 필요성

(1) 환경오염

국가와 계층을 막론하고 지구 환경 전반에 걸쳐 생태계를 위협하는 환경오염은 전 인류적 문제로 거론된 지 오래이다. 환경오염은 사람뿐만 아니라 지구상의 모든 생명체를 위협하고 있으며, 과학기술의 발전, 소비주의, 물질주의 등으로 야기되고 있다. 전 세계에 걸쳐 매년 4억 톤 정도의 플라스틱이 생산되는데, 한 번만 사용하고 버려지는 일회용 포장 플라스틱이 차지하는 비중이 약 36%d로 매년 1~5조 개, 1분에 약 1,000만 개가 소비되고 있다(UNEP, 2018). 1인당 연간 사용하는 포장용 플라스틱량이 세계 최고 수준으로 알려져 있는 우리나라에서만 2015년에 1인당 연간 포장용 플라스틱 소비량이 61.97kg 정도였다(서울연구원, 2019). 전체 플라스틱 쓰레기의 약 50%를 차지하는 일회용 플라스틱 쓰레기 중 재활용되는 비중이 약 9%, 소각되는 비중이 약 12%, 나머지 79%는 매립되고 있다(UNEP, 2018). [그림 3-1]에 나타난 것처럼, 그린피스 보고서에 따르면, 국내에서 발생하는 플라스틱 폐기물도 끊임없이 늘어나고 있는 추세이다. 매립된 플라스틱은 자연 분해되지 않기 때문에 미세입자로 쪼개져서 생태계를 위협하고 있다. 또한 서울연구원(2019)에 따르면, 패션산업의 의류 부문에서 배출되는 온실가스가 2016년에 약 32.9억 톤 가까이 이르며, 2030년에는 49% 증가한 약 49억 톤에 가까울 것으로 예상했다.

안락하고 쉬운 생활양식을 지향함에 따라 과도하게 소비재를 생산하는 과

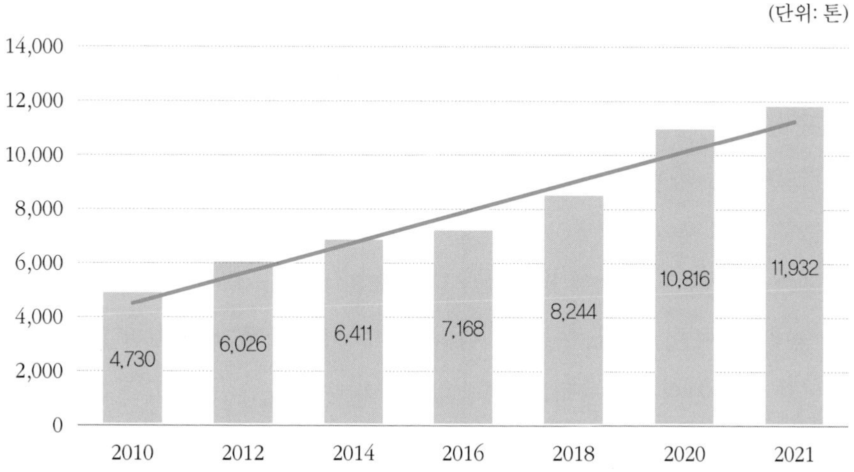

[그림 3-1] 국내 플라스틱 폐기물 발생량 추이

출처: 그린피스(https://www.greenpeace.org/).

정에서 환경을 오염시키는 물질은 끊임없이 증가하고 있으며 지구의 자원을 고갈시키고 있다. 환경오염의 속도는 갈수록 빨라지고 있으며 인류가 감당하기 어려운 수준으로 환경이 심각하게 훼손되고 있기 때문에 전 세계에 걸쳐서 정부, 소비자 단체, 국제기구 등에서는 환경오염의 심각성을 널리 알리고 오염속도를 늦추기 위한 실천방안을 강구하고 있다.

(2) 자원고갈

산업혁명 이후 오늘날의 경제는 천연자원을 사용해서 제품을 생산해 오고 있으며 폐기물을 매립하거나 소각하는 방식으로 단순 폐기함에 따라 자원 고갈, 환경오염, 폐기물 발생 등의 문제들이 생겨났다. 세계적으로 인구가 증가하면서 자연스럽게 자원의 수요가 늘었으며, 자원고갈은 간과할 수 없는 문제가 되었다. 단기적인 관점에서 볼 때 전 세계적으로 증가하는 인구는 자원을 부족하게 만드는 주 요인이 되고 있는데, 자원 수요의 증가율이 공급 증가율을 넘어서기 때문이다(GS칼텍스, 2011. 6. 20.). 미국과 스리랑카에서 공동으로 실시한 조사에 따르면, 인류가 소비하는 자원의 양은 지구가 연간 생성하는 것보다 약 73% 이상 더 많은 것으로 나타났으며(이미디어, 2021), 이는 자원고갈 문제에 대한 심각성을 보여 주고 있다.

지구 생태용량 초과의 날(Earth Overshoot Day)은 지구가 생산할 수 있는 물, 공기, 토양 등 자원보다 인간이 소비하는 수요가 초과하는 시점으로, 이날 인류는 한 해에 주어진 생태 자원을 모두 소진하게 된다(WWF, 2023). 지구 생태용량 초과의 날은 전 세계 국가별로 상이하다. 이 시점이 지나면 인류는 바다나 숲에서 흡수할 수 있는 능력 이상의 탄소를 배출하게 되며, 보다 많은 수산자원과 산림 자원을 사용하고, 지구가 생성할 수 있는 양 이상의 물을 사용하기 때문에 자원고갈로 이어진다. 지구 생태용량 초과의 날은 1970년 최초 생태 용량 초과를 조사한 이후 매년 시점이 앞당겨졌으며, 이러한 자원고갈의 문제를 해결하기 위한 친환경적인 정책의 제고, 실생활에서 실천할 수 있는 소비행위는 필수가 되었다.

(3) 기후변화

세계경제포럼의 「The Global Risks Report 2019」에 따르면, 향후 10년간 인류에게 다가올 위험 요소 1위가 기후위기이며 2위는, 기후위기 대응 실패이다. 기후변화는 화산 분화, 태양의 활동 변화와 같은 자연적인 요인을 비롯해 인위적인 요인에 의해서 지속적으로 발생하였으며, 1980년대부터 '기후변화'라는 단어가 대중적으로 인식되기 시작하였다. 기후변화에 따라 온도가 상승하고 강수량이 변하면서 기상과 관련된 각종 재난이 일어나는데, 산불, 폭우, 태풍와 같은 자연재해 및 해수면 상승 등은 기후변화의 심각성을 보여 주고 있다.

2022년 우리나라의 평균기온은 12.9℃로 1973년 이후 아홉 번째로 높았고, 4월에 이상고온 현상으로 초여름 더위가 나타났고, 1974년 이후 가장 많은 기상 가뭄이 발생하였으며, 11월에는 강원도 평균 최고 기온이 관측 사상 가장 높게 나타나는 등 다양한 기후변화가 나타났다(뉴스팟, 2023). 한편, BBC에 따르면, 2027년 이내 기후변화의 주요 마지노선이 깨질 수 있다는 전망이 사상 최초로 나왔는데, 세계기상기구(WMO)는 2027년경 지구 연평균 기온 상승 폭이 산업화 이전의 수준에 비해 1.5℃ 이상 높아질 것으로 전망했다(프레시안, 2023). 산업화 이전부터 지금까지 오랫동안 지구 온난화에 기인하여 2002년부터 지금까지 20년간 지구의 평균 기온은 산업혁명 이전 수준보다 1℃를 넘었는데 이는 폭염 일수가 길어지거나 폭풍, 가뭄에 의한 산불 등 자연 재해가 더 커질 수 있음을 의미한다. 이러한 이상기후의 원인은 대부분 화석연료를 사용하는 인위적인 활동에 있기 때문에 온실가스의 배출을 줄이는 생활습관이 지구 온난화를 늦출 수 있다. 특히 우리가 일상적으로 사용하는 제품을 생산하기 위해서는 에너지와 자원을 사용할 수밖에 없는데, 생산, 유통, 판매, 소비, 폐기의 전 과정에 걸쳐서 이산화탄소와 같은 인위적 온실가스 및 오염물질이 발생하고 있으며 이는 기후변화로 이어진다. 따라서 온실가스 배출을 줄이고 환경오염을 덜 일으킬 수 있도록 제품의 가격과 품질뿐만 아니라 원료, 생산 과정, 유통 과정 등을 고려하는 윤리적 소비가 필요하다.

(4) 경제적 불평등과 사회문제

세계무역기구(WTO)에서 저개발국의 많은 생산자를 위한 무역 조건 개선에 힘쓰고 있지만, 여전히 많은 나라에서 노동자들은 열악한 환경에서 일하며 적은 보수를 받고 있다. 커피, 바나나, 초콜릿 등은 주로 저개발국의 농업 생산자들이 수출하고 있는데, 커피 원두, 카카오, 바나나 등의 생산자들은 불공정한

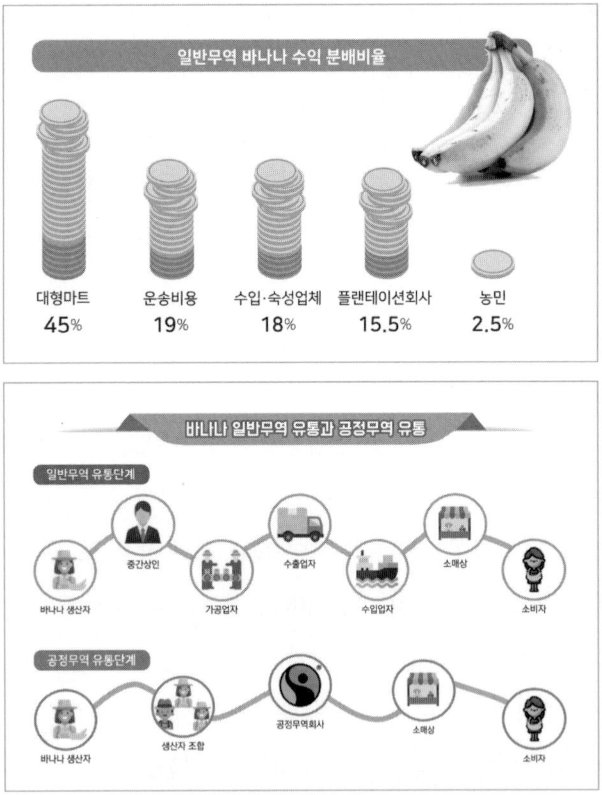

[그림 3-2] 일반무역 바나나 수익 분배 비율 및 유통 과정

출처: 구로구와 함께하는 공정무역 이야기(https://gurosen.or.kr/).

관행으로 이해 불리한 무역조건과 가난한 노동 환경을 쉽게 개선하지 못하고 있다(윤숙희, 이선희, 정선영, 2018). 이러한 경제적 불평등에 대한 인식은 전 세계적으로 확산되고 있으며, 소비자들은 정당한 대가를 지불하고 공정한 무역조건을 통해 수입한 제품에 크게 관심을 보이고 있다.

상품의 생산, 유통, 소비 과정에서 환경이나 동물뿐만 아니라 노동에 미치는 영향을 고려하여 윤리적인 기준에 부합하는 상품을 소비하는 윤리적 소비는 저개발국의 농업 생산자들에게 공정한 가격을 지불하여 그들의 자립을 도우며 생활수준을 향상시켜서 생산자들의 지속가능한 삶을 유지할 수 있는 소비행위이다. 저개발국가의 생산자, 유통자, 판매자, 소비자 사이의 관계를 더욱 공평하고 정의롭게 할 수 있는 건전한 파트너십을 구축하여 소외된 생산자 및 노동자들의 기본적인 권리를 보호하며 불공정한 관행을 끊기 위해 정당한 노동조건 및 유통과정 등을 소비 기준으로 삼는 윤리적 소비가 반드시 필요하다.

3. 윤리적 소비의 유형

1) 동물복지

(1) 동물복지 개념

동물복지에 대한 관심은 루스 해리슨(Ruth Harrison)이 1964년에 동물의 고통은 스트레스를 야기하며 동물들이 불안, 두려움, 좌절과 같은 다양한 감정을 경험한다는 것을 주장하면서 본격적으로 시작되었다(박진언, 2019). 영국은 1965년에 동물복지에 대한 정부차원의 대책을 마련하였고, 이를 계기로 동물복지에 대한 인식이 유럽 전역으로 확산되었다. 동물복지란 동물이 건강하고 좋은 영양 상태를 갖추고 있고 안락하고 안전한 상황에서 본능을 표현할 수 있으며 고통 · 두려움 · 괴롭힘과 같은 나쁜 감정을 겪지 않는 것을 뜻한다(나인

표 3-2 영국 농장동물복지위원회에서 정의한 동물의 5대 자유

항목	주요 내용
배고픔과 영양 불량, 갈증으로부터의 자유	동물이 건강과 활기를 유지할 수 있도록 신선한 물과 먹이로의 용이한 접근성을 유지하고, 좋은 영양 상태를 유지해야 함
불편함으로부터의 자유	동물이 편안함을 느끼는 휴식처와 보금자리 등 적절한 환경을 유지해야 함
통증, 상해, 질병으로부터의 자유	질병의 예방 · 진단 · 치료가 신속하게 이루어져야 함
두려움과 고통으로부터의 자유	동물이 스트레스 및 기타 정신적 고통을 피할 수 있는 환경을 유지해야 함
정상적인 행동을 표현할 자유	자연 본연과 유사한 환경(충분한 공간, 적절한 시설, 무리 속에서의 어울림 등)을 제공해야 함

출처: 한국농수산식품유통공사(2021).

지, 2014). 이러한 정의는 영국 농장동물복지위원회가 1993년에 제정한 '동물의 5대 자유'인 ① 배고픔, 영양 불량, 갈증으로부터의 자유, ② 불편함으로부터의 자유, ③ 통증, 부상, 질병으로부터의 자유, ④ 두려움과 고통으로부터의 자유, ⑤ 정상적인 행동을 표현할 수 있는 자유에 기반을 두고 있다(〈표 3-2〉 참조). 이러한 동물의 5대 자유를 비롯해 동물복지에 대한 관심이 커지면서 경제성 및 효율성을 기준으로 가축을 사육하고 도축하던 축산업은 동물의 권리에 대한 윤리적 인식을 고려하는 방식으로 바뀌었다. 나아가 안전이 보장되지 않은 환경에서 사육된 가축은 스트레스 및 각종 질병에 취약해져 식품 안전에 영향을 미친다고 인식하고 있다.

(2) 동물복지 현황

① 우리나라

우리나라의 「동물보호법」은 1991년 제정된 이래 반려동물, 농장동물, 실험

동물의 보호 및 복지에 대한 규정을 마련하고 있으며, 농장동물과 관련해 운송, 도축과 관련된 금지 규정을 마련하고 있고, 동물복지축산농장 인증제도를 도입하고 지원하고 있으며, 궁극적으로 동물학대를 금지하고 처벌을 강화하는 등의 규정을 운영하고 있다(나인지, 2014). 동물복지축산농장 인증제도는 2008년도에 제정된 동물보호 및 복지 종합대책과 2010년에 제정된 동물보호 및 복지 추진대책을 기반으로 만들어졌으며, 인증표시를 추진하였다. 동물복지축산농장 인증제도는 도입의 용이성 및 동물복지 여건을 고려하여 순차적으로 도입하였다. 2012년부터 산란계 동물복지 인증제를 시작으로 동물복지 정책이 활성화되는 추세에 있다. 2013년에는 양돈, 2014년에는 육계, 2016년에는 오리 등으로 동물복지 축산농장 인증제도를 확대시켜서 적용하고 있다. 2020년 조사결과에 따르면, 동물복지 축산농장 인증을 취득한 농가는 297개소로 전체 농장 중 여전히 소수만 동물복지 인증농장으로 등록되어 있다.

② 영국

영국은 1822년부터 「동물보호법」을 세계 최초로 제정한 국가이다. 2000년에는 농장동물의 복지를 위한 권고 규약을 발표하였고, 산란계, 양돈, 육계, 소 등 모든 농장동물에 대한 복지 지침을 설정하였다. 영국의 환경식품농무부에서는 〈표 3-3〉과 같이 「농장동물 복지를 위한 권고 규약」을 통해 양돈, 육계, 육우별 동물복지 권고 사항을 명시하고 있다.

영국의 환경식품농무부(DEFRA)에서는 산란계의 사육 환경에 대해 엄격한 권고 기준을 정하고 있다. 구체적으로, 사료, 식수, 질병 치료, 사육 환경 관리 및 점검, 가축의 수용밀도, 축사 유형별 규격, 축사 통풍, 온도, 조명 등과 같이 구체적으로 사육 환경에 대해 권고 사항을 구성마련하였다. 또한 2012년부터 영국은 산란계의 논 케이지(non-cage) 사육, 방목 사육을 허용하고 있으며, 케이지 내 사육을 금지하였다.

영국은 또한 건강한 우유 생산을 위해 왕립동물학대방지협회(Royal Society

표 3-3 영국의 농장동물 복지를 위한 권고 규약

양돈	돼지의 사육장(일반 사항, 바닥, 환기, 돼지의 생애주기별 적정 온도, 조명과 소음, 자동화 장비), 사료와 식수 배급 관련 권고 사항으로 구성 –돼지 사육장은 돼지의 자유로운 이동을 제한하지 않는 형태여야 하며, 돼지의 성별, 나이(개월 수)에 따라 적절한 생활환경을 조성해야 함 (원문) Code of Practice for the Welfare of Pigs, DEFRA(2020)
육계	육계의 사료와 식수, 사육 환경 점검, 축사(일반 사항, 통풍과 온도, 조명, 깔짚, 사육 밀도, 실외 방목 시 요구사항)와 관련한 권고 사항으로 구성 –육계의 최대 사육밀도를 33kg/m^{2}로 설정 (원문) Code of practice for the welfare of Meat Chickens and Meat Breeding Chickens, DEFRA(2016)
육우	육우의 사료와 식수, 유형별 사육장(볏짚 축사, 칸막이 축사, 일반 축사), 임신과 분만에 대한 권고 사항으로 구성 –소가 자유롭게 눕고 움직일 수 있는 충분한 공간이 있어야 하며, 칸막이 축사의 경우 한 마리당 최소한 한 칸의 축사를 제공해야 함 (원문) Code of Recommendations for the Welfare of Livestock: Cattle, DEFRA(2010)

출처: 한국농수산식품유통공사(2021).

for the Prevention of Cruelty to Animals: RSPCA)에서 젖소를 윤리적으로 사육하기 위한 방법을 공시하고 있다(나인지, 2014). 왕립동물학대방지협회에서 정한 복지 기준을 운영 중인데, 젖소와 송아지의 사료, 식수, 축사 환경, 착유실, 울타리, 사육장 설비, 건강관리 및 도축 등과 관련된 지침으로 구성되어 있다. 예를 들면, 젖소에게는 깨끗한 식수, 균형 잡힌 영양소를 충분히 공급할 수 있는 사료를 배급해야 하고 젖소가 건강을 유지하기 위한 적정량이 배급되어야 한다. 또한 축사의 규격은 젖소의 체중에 따라 충분히 누울 수 있는 공간으로 정해야 하며 모든 젖소에게 하루에 최소 4시간 초원을 배회할 수 있는 시간이 매일 제공되어야 함이 복지 기준에 명시되어 있다(한국농수산식품유통공사, 2021).

③ 미국

미국은 1873년에 처음으로 동물복지 관련법을 제정하였다. 이후에「인도적 도축법」이 제정되었고, 주 단위의 가축 사육환경과 관련된「동물복지법」이 제정되었다. 미국 최초의 동물복지법인「28시간 법」은 가축을 운송할 때 고통을 최소화시킬 수 있게 하는 동물복지법이다(한국농수산식품유통공사, 2021).「28시간 법」에 따르면, 동물을 운송하는 사업자는 미국을 경유하거나, 미국 내에서 동물을 운송할 때 동물을 주기적으로 하차시키고 사료, 급수를 배급하거나 휴식할 수 있게 해야 하며, 휴식시간은 최소 연속 5시간을 유지해야 한다. 또한 이 법은 동물을 하차시키지 않고 연속적으로 8시간 이상 감금을 할 수 없음을 명시하고 있다. 미국의「인도적 도축법」은 도축하는 과정에서 동물에게 불필요한 고통을 주지 않도록 보호하는 법이다. 구체적으로,「인도적 도축법」에 따르면, 소, 송아지, 말, 양, 돼지 등을 도축할 때 총격, 전기충격, 화학적 수단을 통해 최대한 빠르고 효과적으로 동물이 고통을 느끼지 못하는 상태로 만들어야 하며 동물이 고통을 느끼지 못하는 상태가 된 후 다양한 도축법이 허용된다.

④ 유럽연합

유럽연합(EU)은 소, 양돈, 육계 등 육류로 소비되는 주요 가축의 사료 배급, 축사 면적, 출산 등과 관련된 농장사육 지침을 〈표 3-4〉와 같이 보유하고 있다(한국농수산식품유통공사, 2021).

유럽연합은 가축을 도축할 때 동물이 고통을 느끼지 않도록 하는 도살법을 중요하게 여기는데, 동물은 도살 및 관련 작업 중에 불필요한 고통을 겪지 않아야 하며 도축업자는 고통을 최소화 하는 도살방법을 보장하기 위한 조치를 취해야 하는 것을 동물 보호에 관한 이사회 규정에 명시되어 있다. 특히 도축업자는 도살하기 전에 가축을 반드시 기절시켜야 하는데, 기절 방법, 기절시키기 위한 장비와 시설이 이사회 규정에 부합해야 하고, 도살자는 윤리적 도살을 위해 도축 전 과정에 대한 충분한 능력을 보유하고 있음을 증명하는 자격증

표 3-4 유럽연합의 주요 가축 보호를 위한 최소 표준을 규정하는 위원회 지침

소	생후 8주 이후 좁고 사방이 막힌 개별 축사에서 사육할 수 없음 • 특수한 일부 상황을 제외하고, 송아지를 밧줄에 매어 두는 행위 금지 • 송아지의 생리적 요구를 충족시킬 수 있는 사료를 배급해야 하며, 제공되는 사료는 충분한 양의 철분을 함유해야 함 (원문) 송아지 보호를 위한 최소 표준을 규정하는 위원회 지침 2008/119/EC
양돈	• 돼지가 자유롭게 움직일 수 있는 공간을 제공해야 하며, 돼지를 밧줄로 매어 두는 행위 금지(교미 후 4주부터 출산예정일 1주 전까지의 암퇘지는 예외) • 돼지 사육장은 돼지 본연의 습성(rooting107) 등)을 침해하지 않아야 함 • 돼지 사육장을 관리하는 인원을 대상으로 동물복지 교육을 제공하는 등 동물복지와 관련한 전문성 제고 (원문) 돼지 보호를 위한 최소 표준을 규정하는 위원회 지침 2001/88/EC
육계	• 육계의 사육 밀도를 최대 33kg/m^2로 설정 • 조명, 깊, 사료, 환기 시설의 개선을 통해 육계의 사육환경 전반을 개선 (원문) 육계 보호를 위한 최소 표준을 규정하는 위원회 지침 2007/43/EC

출처: 한국농수산식품유통공사(2021).

명서를 필요로 한다. 또한 유럽연합은 가축을 운송하는 과정에서 동물을 보호해야 하는 것을 위원회에서 규정하고 있는데, 역내 운송되는 동물뿐만 아니라 역외에서 유럽연합으로 운송되는 동물에도 적용되는 규정으로 동물에게 필요 이상의 고통을 주는 행위를 방지하고 있다.

유럽은 또한 명확한 산란계의 복지를 보장하기 위해 명확한 사육 지침을 공시하고 있으며, 산란계의 윤리적 사육을 권고하고 있다. 사육장의 유형에 따라 사육환경 기준을 준수해야 하는데, 닭 한 마리당 최소 750cm^{2}의 공간과 15cm의 횃대 공간을 제공해야 하며 모든 닭에게 둥지를 제공해야 한다.

(3) 동물복지 인증제도

① 국내

동물복지축산농장 인증제란 농장동물의 복지 수준을 관리하기 위해 가축의 사육 환경, 관리 의무와 관련된 기준을 준수하는 농장을 동물복지축산농장으로 인증하고 지원하는 제도이다(박진언, 2019). 동물복지축산농장 인증을 받은 농장으로부터 생산된 축산물은 해당내용을 표시할 수 있고 소비자가 식별할 수 있게 함으로써 축산농가의 자발적인 참여를 독려하는 제도이다. 산란계의 동물복지축산농장 인증제를 받기 위해서는 케이지 내 밀집사육을 금지하고 있으며, 안락한 산란상 및 휴식을 취할 수 있는 횃대부터 사육환경에 대한 특정 기준을 준수해야 한다. 양돈계의 동물복지축산농장 인증제를 받기 위해서도 마찬가지로 감금 사육 금지, 최소한의 운동이 가능한 분만틀 사용, 적절한 깔짚 제공 등 사육환경에 대한 특정 기준을 준수해야 한다.

② 해외

표 3-5 세계의 동물복지 인증제도

인증마크	주요 내용	
네덜란드	인증명	Beter Leven
	담당 기관	네덜란드 동물보호협회(Dierenbescherming)
	발급 대상	육류, 유제품 등 동물성 제품 전반
	발급 조건	• 가축의 사육 면적, 사육 체중, 외부 사육장과 방사장의 유무, 사육 품종의 지속가능성, 조명, 도축법, 운송 시간에 따라 총 세 가지 등급으로 나뉘는 Beter Leven 인증을 발급 –별의 개수가 많을수록 동물친화적임을 의미(최대 3개), 유기농 환경에서 생산된 축산물에는 최고의 복지를 의미하는 별 3개를 표시함

영국	인증명	RSPCA Assured
	담당 기관	영국 왕립동물학대방지협회(RSPCA)
	발급 대상	닭(육계 · 산란계), 소(젖소 · 육우), 돼지, 연어 · 송어, 칠면조 제품
	발급 조건	RSPCA의 농장동물복지 기준을 준수하는 농장을 대상으로 인증 발급 –동물의 상태, 사육환경, 농장 기록 검사를 통해 RSPCA 동물 복지 기준의 준수 여부 확인
미국	인증명	Animal Welfare Approved By AGW
	담당 기관	A Greener World(AGW)
	발급 대상	소와 송아지, 젖소와 송아지, 돼지, 양, 염소, 산란계, 육계, 칠면조, 거위, 들소 제품 등
	발급 조건	• 육류, 유제품 생산을 목적으로 기르는 가축을 대상으로 발급되는 인증으로, 동물의 사육, 운송, 도축에 대한 AGW 표준을 준수할 경우 인증 발급

출처: 한국농수산식품유통공사(2021).

2) 저탄소 녹색소비

기후변화에 따른 생태계를 위협하는 환경문제에 대한 심각성이 높아지면서 정부, 기업의 역할에서 더 나아가 소비자의 윤리적 구매행위가 요구되고 있다. 한국소비자원에 따르면, 미래 세대의 소비충족기반을 저하하지 않으면서 현 세대의 소비욕구와 필요를 충족시키는 녹색생활양식으로의 변화가 소비자 개인은 물론 가정에서 실천적인 친환경소비가 강조되고 있다. 환경적 차원의 윤리적 소비의 대표적인 녹색소비란 지속가능성에 기반을 두고 있으며 현 세대가 필요한 요건을 충족시키기 위해 후세가 사용할 경제 · 사회 · 환경 등의 자원을 낭비하거나 훼손시키지 아니하고 함께 조화와 균형을 이루는 소비자의 실천적 행위를 의미한다(한국소비자원, https://www.kca.go.kr/home/sub.do?menukey=4009&mode=view&no=1000926446).

녹색소비의 대표적인 유형인 저탄소 녹색소비는 경제성장에 초점을 맞춘 소비규모의 증감이 아닌 환경에 대한 부담을 최소화할 수 있는 소비를 지향하는 방식을 의미하며, 친환경 제품을 구입하거나 자원을 재활용, 에너지를 절약하는 등 경제적 효율성, 환경적 지속성 그리고 사회적 건전성을 고려한 소비로 볼 수 있다(이경아, 황은애, 2009).

(1) 저탄소 녹색소비 실천정보

저탄소 녹색소비를 실천할 수 있도록 소비자에게 필요한 지식과 정보를 제공하는 대표적인 실천정보는 '환경라벨(Eco Labelling)'을 들 수 있다. 환경라벨이란 제품이나 서비스의 환경을 고려한 정보를 통칭하는 것이며, 제품의 포장, 설명서, 광고, 심벌, 로고 등의 형태로 표시한다(이경아, 황은애, 2009). 국내에서는 친환경제품에 사용되는 로고나 상징(symbol)을 '환경라벨', 문구를 '환경선언'이라고 한다. '환경라벨'이나 '환경선언'과 같은 저탄소 녹색소비 실천정보는 소비자들이 시장을 통해 경험하는 정보의 신뢰성, 불완전성을 해소하고 정보 탐색에 드는 비용, 정보의 제약, 정보의 처리 문제 등을 해소할 수 있는 효과적인 소비자 정보이다(박희주 외, 2007). 저탄소 녹색소비 실천정보는 크게 두 가지 유형으로 분류하여 정의하고 있다. 한 가지는 저탄소 녹색소비 실천정보는 소비자들이 친환경 제품을 쉽게 식별하여 선택하고 신뢰도를 파악하기 용이하도록 표시하는 정보이며, 라벨이나 마크를 제품에 부착하거나 문구를 표시하여 소비자의 이해를 돕는 정보 형태로 제공된다. 이러한 정보는 친환경 제품에 대한 정확하고 신뢰성 있는 정보를 포함해야 하며, 소비자가 명확하게 구별할 수 있는 방식으로 제공되어야 한다(이경아, 황은애, 2009). 저탄소 녹색소비 실천정보를 표시할 때 환경라벨에 대한 국제표준화기구(International Organization for Standardization: ISO)에서 1998년에 제시한 ISO 14020 환경

[그림 3-3] 국내 환경 라벨

출처: 환경부(https://me.go.kr/).

라벨 및 환경선언의 일반원칙(Environmental Label and Declaraions-General Principles)에 기반을 두어야 하는데, 원칙은 다음과 같다.

첫째, 환경라벨 및 환경선언은 정확하고 검증가능하며, 적절하고 오해의 여지가 없어야 한다. 둘째, 국제 무역에 대한 불필요한 장애를 초래하거나 또는 그러한 효과를 가질 목적으로 환경라벨 및 환경선언의 절차와 요구사항을 준비, 채택 또는 적용해서는 안 된다. 셋째, 환경라벨 및 환경선언은 그 주장을 뒷받침할 수 있을 만큼 면밀하고 포괄적이며, 정확하고 재현성 있는 결과를 산출할 수 있는 과학적 방법에 근거해야 한다. 넷째, 환경라벨 및 환경선언을 뒷받침하기 위해 사용하는 절차, 방법 및 모든 기준과 관련된 정보는 모든 이해관계자가 입수할 수 있어야 하며, 요청이 있는 경우 제공되어야 한다. 다섯째, 환경라벨 및 환경선언을 개발할 때는 제품 전 과정의 모든 관련 측면을 고려해야 한다. 여섯째, 환경라벨 및 환경선언은 환경 성과를 유지 또는 개선시킬 잠재성이 있는 기술 혁신을 방해해서는 안 된다. 일곱째, 요구사항은 설계나 서술적 특성보다는 성과의 측면에서 표현되어야 한다. 여덟째, 환경라벨 및 환경선언을 준비하는 과정에서 이해관계자와의 공개적이고 적극적인 협의를 거치도록 한다. 그 과정 전반에 걸쳐서 합의에 이르기 위한 합리적인 노력을 한다. 아홉째, 환경라벨 또는 환경선언을 담당하는 당사자는 환경라벨 또는 환경선언과 관련된 제품 및 서비스의 환경 측면에 대한 정보를 구매자와 잠재 구매자가 이용할 수 있도록 하여야 한다.

또 다른 한 가지는 저탄소 녹색소비 실천정보는 소비자들이 제품을 구매할 때 올바른 선택을 도울 수 있게 효율적으로 지원해 주는 가이드정보 유형이다. 예를 들어, 친환경 제품을 판매하는 판매자의 자세한 설명, 전문가의 조언, 구매자들의 상품후기, 제품/사용 설명서 까지 포함하며 온 · 오프라인을 막론하고 다양한 정보 채널을 통해 소비자의 구매에 필요한 정보를 충분히 제공해야 한다(이경아, 황은애, 2009). 친환경 제품의 경우 '100% 유기농' 이나 '자연유래성분' 등과 같이 소비자가 '친환경' 효능을 확인하기 어렵고 불확실성이 크기 때문에 다른 소비자들의 구매후기 및 사용 경험에 대한 정보를 검색하거나, 판매자 및 전문가 혹은 주변 사람들의 의견에 의존하여 구매의사결정을 내리는 경우가 많기 때문에 저탄소 녹색소비 실천정보의 두 번째 유형인 가이드정보는 소비자가 이러한 준거집단을 통해 충분한 정보를 제공받아서 올바른 윤리적 소비를 할 수 있는 여건이 마련되어야 한다.

3) 로컬소비

(1) 로컬소비개념

국가 간의 경계를 넘어서 전 세계인의 생활수준을 향상시키고 효율적인 경제 성장을 이루기 위한 세계화는 빈부격차, 불공정성, 노동 조건의 악화 등과 같은 윤리적 문제를 야기하고 물품 운송을 위해 환경을 오염시키는 원인이 되고 있다. 세계화에서 비롯된 부정적인 영향을 극복하기 위한 '반세계화 운동'

'대안세계화 운동' 등이 활발해지며 삶의 양식의 변화를 가져올 수 있는 윤리적 소비생활의 한 축으로 로컬소비가 등장하였다(유현정, 2018). 로컬소비는 지역에서의 생산과 소비로 경제의 지역화를 이루는 것을 의미한다. 로컬소비는 윤리적 소비가 이루어진다는 관점에서 국산품을 소비하는 것과 다른데, 국산품을 애용하는 캠페인은 자국에서 생산한 제품을 보호하고 육성하기 위한 목적을 가지고 자국 제품만 이용하고 외국 제품의 소비를 지양하는 것으로 소비자의 선택권을 제한하고 기업의 경쟁력을 약화시킬 수 있다는 비판적인 시선이 존재한다. 반면, 로컬소비는 지역의 공동체 의식을 강화하고 지역 경제적 지속가능성을 제고하는 동시에 소비자들이 안전하게 로컬푸드 등을 소비할 수 있게 하는 목적을 가진다. 또한 해당 지역에서 생산된 제품을 해당 지역

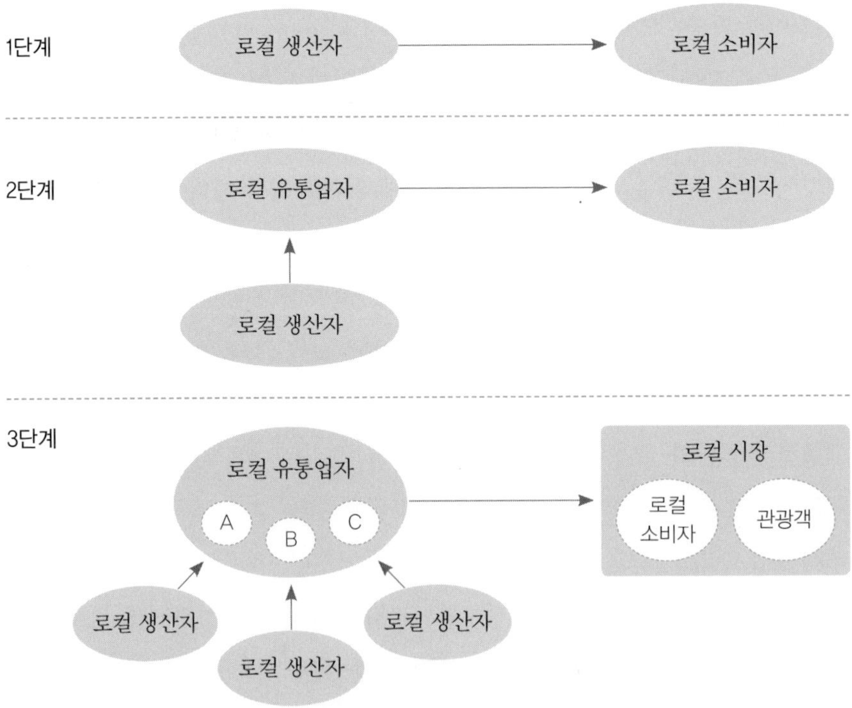

[그림 3-4] 로컬생산: 로컬소비의 가치사슬 모형

출처: 유현정(2018).

에서 소비함으로써 장거리 운송으로 인한 불필요한 연료를 절감하여 궁극적으로 기후변화 및 대기오염 방지에 긍정적인 영향을 미치는 윤리적 가치를 지향하는 윤리적 소비의 유형이다.

로컬소비는 [그림 3-4]와 같이 크게 3단계로 나뉜다(유현정, 2018). 1단계는 지역에서 생산한 제품이나 서비스를 해당 지역에 거주하는 소비자들에게 판매하는 단계이다. 2단계는 생산과 유통이 분리되어서 운영된다. 지역에서 생산한 제품이나 서비스는 해당 지역의 유통업자에게 판매되며, 유통업자는 가공 등 과정을 거쳐 지역의 소비자에게 판매한다. 마지막으로, 로컬소비의 3단계는 개인 생산자 및 유통업자가 로컬 생산자 단체 혹은 로컬 유통업자 단체로 연대하여 해당 지역의 특색이 잘 드러난 제품을 지역 시장뿐만 아니라 관광객과 같은 외부 소비자들에게 판매하는 단계를 뜻한다.

(2) 로컬소비 필요성

세계화로 인해 일정한 품질의 상품을 값싸게 구매할 수 있게 되고 농·수산물이 광역의 대량유통 체계화로 연중 안정적으로 질 좋은 식재료를 저렴한 가격에 구매할 수 있는 소비여건이 조성되면서 생활이 질적으로 향상되었다. 하지만, 이윤추구의 관점에서 긍정적인 영향을 가져온 이러한 세계화 및 농수산물의 산업화는 윤리적인 문제를 야기하였다. 예를 들어, 세계화로 인한 수입 농수산물의 유통으로 인해 가격경쟁이 심화되면서 지역의 농가들은 생산성 향상에 주력하다 보니 농약, 화학비료, 기계 생산력에 의존한 농업 생산을 추구하게 되었다. 소비자 입장에서는 자신이 먹는 농산물이 어디서 생산된 것인지 정확히 알 수 없으며 안전한 농산물에 대한 신뢰성을 염려하게 되었다. 마지막으로, 환경문제 차원에서 농·수산물의 산업화는 장거리 운송으로 인한 온실가스 배출량 증가를 야기시키고 있다. 따라서 지역 제품 및 서비스 생산의 안정성, 소비의 안전성, 지속가능한 지역 생산 환경 조성과 같은 목적을 달성하기 위해 윤리적 소비의 일환인 로컬소비의 필요성이 대두되었다. 국내에서

[그림 3-5] 농협의 로컬푸드 유통경로

출처: 농협로컬푸드직매장(https://nhlocalfood.com/about/local-food.html).

는 로컬소비의 일환으로 농협에서 지역 중소농업인을 돕고 지역 사회에 안전한 먹거리를 제공하며, 나아가 탄소 배출을 줄여서 생태계에 긍정적인 영향을 주며 지역경제 활성화에 이바지하기 위해 [그림 3-5]와 같이 생산자와 소비자 간의 직거래를 가능하게 하는 로컬푸드 매장을 운영하고 있다.

(3) 로컬소비 유형

로컬소비의 대표적인 유형으로 로컬푸드가 있다. 로컬푸드는 지역에서 생산한 먹거리를 소비하자는 캠페인으로 안전한 먹을거리에 대한 캠페인의 형태로 세계적으로 나타나고 있다(백지은, 2019). 로컬푸드는 생산자와 소비자의 거리가 멀어질수록 식품의 안전성에 대한 문제점이 발생하고 유통 과정에서 야기되는 생산자와 소비자의 불만을 줄이기 위한 해결책으로 등장하였으며, 식탁에 오르는 먹거리가 언제, 어디서, 누구에 의해, 어떤 방법으로 생산된 것인지 알고 싶어 하는 소비자들의 요구가 증대하면서 로컬푸드 운동이 활성화되었다. 로컬푸드의 범위는 전 세계의 국가별로 사회적 · 경제적 상황에 따라 기준을 정하고 있는데, 물리적 기준으로 로컬푸드의 범위를 정하기도 하고 사회적 거리가 기준이 되기도 하며, 로컬시스템의 목표, 지향점, 경제 시스템 등 다양한 요소를 고려하여 로컬푸드의 범위가 결정된다(백지은, 2019). 따라서 로컬푸드의 개념은 생산자와 소비자 간의 물리적 거리인 지역적 요소를 넘어 지속가능한 생산-소비 관계의 개념이 될 수 있다. 또한 로컬(local)의 사전적 정의에서 비롯된 지역적 경계뿐만 아니라 지역의 특성, 경제, 환경, 지역 생산자와 소비자의 유대관계와 같은 광범위한 요소를 고려하며 생태적 · 환경적 지속가능성을 고려한 개념으로 볼 수 있다(백지은, 2019). 우리나라의 대표적인 로컬푸드 사례인 농협로컬푸드직매장은 지역적 경계를 고려하여 로컬푸드를 정의하고 있는데, 주로 반경 50km이내의 지역에서 생산된 농산물을 장거리 운송 및 다단계 유통 과정 없이 생산자-소비자 직거래 방식을 지향하며, 로컬푸드매장 운영 방식은 [그림 3-6]과 같다. 경제성장과 생활의 향상을 위한 무분별한 개발과 소비주의에서 야기된 문제점들을 해결하기 위해 윤리적인 가치를 고려하여 소비하는 행위의 일환으로 로컬푸드는 지역의 경제적 자립 및 발전, 문화적 가치, 사회적인 가치, 생태적 · 환경적으로 긍정적인 영향을 미칠 수 있는 소비행위를 지향한다.

[그림 3-6] 농협로컬푸드직매장 운영방식

출처: 농협로컬푸드직매장(https://nhlocalfood.com).

4) 공정무역

(1) 공정무역 개념

공정무역은 국가 간의 원활한 커뮤니케이션, 투명한 거래, 존중 등에 기초하여 국제무역에서 보다 공평하고 정의로운 관례를 추구하는 거래 기반의 파트너십을 의미한다(박미혜, 강이주, 2009). 경제발전의 혜택을 충분히 받지 못하는 저개발국가의 생산자, 노동자들의 노동 환경 및 거래 조건을 개선하여 그들의 권리를 보호하고 지속가능한 개발을 위해 공정무역이 중요하다. 공정무역을 위해 단체들은 저개발국가를 위한 지원 제도를 마련하고 공정무역의 중요성을 알리며 불공정하게 이루어지는 국제무역을 바로잡기 위해 노력하고 있다. 세계공정무역기구(World Fair Trade Organization: WFTO), 유럽공정무역연합(the European Fair Trade Association: EFTA), 국제공정무역기구(Fairtrade International: FI)와 같은 다양한 공정무역단체들은 저개발국가의 생산자와 노동자의 노동조건 및 거래조건을 개선하여 빈곤과 불평등을 해결하기 위해 적극적인 활동을 벌이며 공정무역을 통해 생산하고 유통하는 제품들을 적극적으로 홍보하고 있다(윤숙희, 이선희, 정선영, 2018).

(2) 공정무역 원칙

[그림 3-7]에서 보여 주듯이, 공정무역을 실현시키기 위한 열 가지 공정무역 원칙이 있다. 첫째, 공정무역은 경제적으로 취약한 저개발국가의 생산자, 노동자들과 주로 거래하여 이들에게 안정적인 소득을 제공하여 빈곤에서 벗어날 수 있게 하는 것이며, 궁극적으로 사회적 · 경제적 권한을 갖출 수 있게 지원한다. 둘째, 공정무역단체는 거래에 참여하는 이해관계자들에게 정보를 투명하게 공개하고 생산자, 노동자 모두에게 의사결정 권한을 부여한다. 셋째, 어느 특정 집단의 이익만을 추구하는 것이 아니라 소외된 생산자의 사회적 · 경제적 여건을 고려한 공정한 거래를 통해 이해관계자들 간의 신뢰관계

[그림 3-7] 공정무역 원칙 10가지

출처: 구로구와 함께하는 공정무역 이야기(https://gurosen.or.kr/).

를 구축하고 유지한다. 넷째, 생산자와 커뮤니케이션을 통해 공정한 가격을 지불할 수 있도록 하며, 변화하는 시장 상황 및 현지 생활임금 등을 반영하여 공정한 가격을 지불한다. 다섯째, UN의 「아동권리협약」, 아동고용에 관한 국가법 및 지역법을 모두 준수하여 강제노동을 금지하며 생산 과정에서 아동이 포함되는 경우에는 아동의 권리를 보호할 수 있게 관리한다. 여섯째, 인종, 계급, 국적, 종교, 장애, 성별, 성적 기호, 노동조합 가입, 정치적 소속, 나이 등에 그 어떤 차별을 하지 않는 것을 원칙으로 한다. 일곱째, 작업자와 생산자를 위해 안전하고 건강한 작업 환경을 비롯한 공정한 노동 조건을 보장하는 것을 원칙으로 한다. 여덟째, 공정무역 프리미엄으로 학교를 세우거나 생산자, 작업자의 작업 환경을 개선하여 그들의 역량을 강화할 수 있도록 한다. 아홉째, 국제무역 시장이 가진 불공정성을 포함한 문제점을 알리고 공정무역의 투명성을 홍보하여 공정무역을 활성화한다. 마지막으로 열째, 폐기물, 플라스틱 등을 줄이며 탄소 배출을 감소시키고 나아가 지속가능한 생산환경을 구축하는 것을 원칙으로 한다. 이러한 공정무역의 열 가지 원칙은 공정무역은 자본의 논리에 따라 저개발국가의 생산자와 노동자의 작업환경이 침해되거나 훼손되는 것을 방지하기 위한 노력이며, 생산자의 종교, 계층, 연령에 관계없이 그들의 문화 및 전통을 존중하고 권리를 보호하는 장치임을 시사한다.

(3) 공정무역 물품

① 카카오

초콜릿의 주원료인 카카오는 국제카카오기구에 따르면, 약 1,400명의 노동자들이 카카오 생산 및 가공을 하는데, 농부들은 초콜릿을 판매한 이윤 중 약 5%를 가져가고 초콜릿 판매 수익의 70% 이상을 세계 초콜릿 시장을 지배하고 있는 6개의 다국적 기업과 유통기업들이 가져가고 있다(윤숙희, 이선희, 정선영, 2018). 이러한 불공정한 거래조건을 개선하고 생산자와 노동자에게 충분한 대금을 지불할 수 있도록 공정무역 단체들은 최저보장가격제를 마련하였다. 공정무역단체는 공정무역 인증을 받은 카카오 산업 종사자들에게 최저보장가격을 지불함으로써 그들의 생활의 질을 높이는 데 기여하고 있다.

② 커피

커피의 생두는 전 세계 무역 거래량 2위를 차지하고 있을 만큼 이윤이 높고 거래량이 많은 식품인데, 일반적으로 소비자가 지불하는 커피 가격의 약 2% 정도를 원두 생산에 종사하는 농업자에 지불한다(윤숙희, 이선희, 정선영, 2018). 원두 생산자에게 불리한 이런 조건을 개선해야 한다는 움직임은 1988년 네덜란드에서 공정무역 인증제도를 실시함으로써 시작이 되었다(유소이, 박재홍, 2012). 네덜란드를 시작으로 세계 곳곳에서 커피 무역의 불공정성을 인식하고 원두 생산자들에게 더 나은 조건을 만들어 주기 위해 커피 공정무역 캠페인이 활성화되었다. 현재 공정무역 인증 마크를 받은 커피의 생산자들은 사회적 · 환경적 기준을 지키며 원두를 생산하며 최저보장가격을 받고 있다.

③ 바나나

바나나는 현재 동남아시아, 서아프리카, 라틴 아메리카, 카리브해 등에서 많은 노동자들이 생산하고 있는데 여러 가지 윤리적 문제에 직면한 산업 중 하나이다. 바나나 생산국의 불안정한 고용 상황부터 생산자를 포함한 노동자들이 권리를 제대로 행사하지 못하고 있는 실정이며, 기후변화에 따른 생산 비용 증가, 바나나 가격의 하락 등 바나나를 재배하는 농부들은 열악한 환경에 처해 있다. 공정무역 단체에서는 바나나 재배 및 가공 과정에서 노동자들이 겪는 다양한 문제점을 해결하고자 합리적인 가격 선에서 바나나를 구매하고 노동자들이 적절한 임금을 받을 수 있도록 제도를 마련하고 있다. 공정무역 인증 마크를 받은 바나나는 바나나의 생산자들이 사회적 · 환경적 · 경제적 기준을 지키며 바나나 농장을 운영하고 있으며, 공정무역 인증 마크를 받은 농장의 근로자들은 권리를 보호받으며 공정한 가격을 지불받고 있다(윤숙희, 이선희, 정선영, 2018).

④ 공정무역인증마크

공정무역인증마크는 1988년에 네덜란드에서 처음으로 부착하기 시작하였다. Max Havelaar라는 네덜란드 회사에서 멕시코에서 생산한 커피에 처음으로 공정무역인증마크를 부착하였으며, 이는 공정무역에 대한 관심을 높이는 계기가 되었으며, 공정무역 상품에 대한 관심을 증가시켰다. 현재 가장 널리 사용되고 알려진 공정무역인증마크는 [그림 3-8]의 공정무역상표기구

[그림 3-8] 공정무역상표기구
출처: https://gurosen.or.kr/

[그림 3-9] 세계공정무역기구
출처: https://gurosen.or.kr/

(Fairtrade Labelling Organizaion International: FLO)와 [그림 3-9]의 세계공정무역기구(World Fair Trade Organization: WFTO)이다. 공정무역상표기구의 인증마크는 커피, 견과류, 과일, 설탕, 면화, 기름 등에 적용되며, 세계공정무역기구의 인증마크는 주로 수공예품에 적용된다.

4. 향후 전망

1994년에 오슬로에서 개최된 지속가능소비와 관련된 심포지엄에서 처음으로 '지속가능소비'라는 용어가 등장하면서 소비자들은 경제적인 기준을 넘어 윤리적인 기준을 잣대로 소비 의사결정을 하는 행위가 증가하고 있다. 윤리적인 소비는 앞서 언급한 동물복지, 공정무역, 로컬소비 이외에도 여행, 레스토랑, 숙박 등 여가생활 분야에서도 증가하고 있는 추세이다. 최근 여행상품들도 윤리적 소비를 촉진하는 상품들이 등장하고 있는데, 대표적으로 필리핀의 팔라우섬 여행을 들 수 있다. 필리핀의 팔라우는 전 수역의 80% 정도를 해양보호구역으로 정해 놓고 상업 어업을 금지하고 있으며, 여행객에게는 산호초

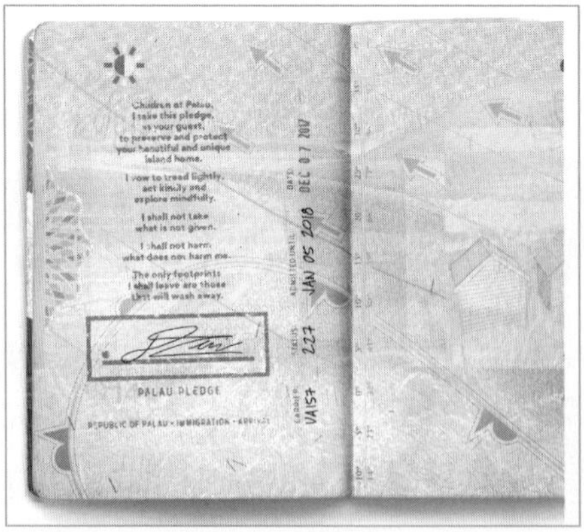

[그림 3-10] 필리핀 팔라우의 환경서약(Palau Pledge)
출처: 내셔널지오그래픽(https://nationalgeographic.com/).

[그림 3-11] 미쉐린 Green Star
출처: 미슐랭가이드(https://guide.michelin.com/).

에 해를 끼칠 수 있는 특성 성분이 포함된 선크림 사용을 금지하고 있으며, [그림 3-10]과 같은 'Palau Pledge'라는 환경서약을 받고 있다. 최근 레스토랑 역시 윤리적 소비 트렌드가 반영되고 있는데, 친환경적인 방법으로 음식을 만들어 제공하는 레스토랑이 증가하고 있다.

브라질 상파울루에 있는 'Corrutela'라는 레스토랑은 가게에서 소비되는 에너지의 약 40%를 태양열 패널에서 가져오며 맷돌로 옥수수를 갈아서 음식을 만들거나 코코아 빈으로 직접 초콜릿을 만드는 등 환경 친화적인 방식을 추구

[그림 3-12] Room 2 Chiswick의 에너지 활용 시스템
출처: 트래블비긴스앳(https://www.travelbeginsat40.com/).

한다. 미쉐린은 2020년부터 'Green Star'를 통해 친환경 식당을 소개하고 있다([그림 3-11] 참조).

마지막으로, 윤리적인 소비는 호텔산업에도 반영되고 있는 추세인데 런던 서부에 있는 'Room2 Chiswick'이라는 호텔이 대표적인 사례이다. 이 호텔은 바다에서 건져 올린 플라스틱 어망으로 호텔 카펫을 만들고, [그림 3-12]에서 보이는 것처럼 지하에서 열을 끌어올려 에너지로 사용하는 시스템을 구축하여 net-zero를 실천하는 호텔로 잘 알려져 있다. 이처럼 향후 제품을 소비하는 것뿐만 아니라 여행지, 레스토랑, 호텔 등을 소비하는 데 있어서도 탄소발자국을 줄이고 생태계를 보호하며 환경의 피해를 최소화하는 윤리적인 기준을 적용하는 것이 요구된다.

참고문헌

곽윤영(2015). 윤리적 소비 관련 인증제도 활성화 방안 연구. 한국소비자원.

권영헌(2023. 1. 21.). 중부와 남부 강수량 차 역대 가장 컸던, 2022년. 뉴스팟. http://www.todaysn.com/199712

김나라(2023. 3. 22.). 2023년 플라스틱 대한민국 2.0: 코로나19 시대, 플라스틱 소비의 늪에 빠지다. 그린피스. https://www.greenpeace.org/korea/update/25774/report- disposable-korea-ver2/

김송이, 박명숙(2011). 기혼여성의 윤리적 제품의 구매동기와 만족도에 관한 연구. **소비문화연구, 14**(4), 95-117.

나인지(2014). 국내 동물복지 정책동향. **세계농업, 163호**, 1-13.

노희정(2016). 소비사회에서의 관계적 윤리와 윤리적 소비자 시티즌십의 확립. 초등도덕교육, 5.

농협로컬푸드직매장 (n.d.). https://nhlocalfood.com/about/local-food.html

박미혜, 강이주(2009). 윤리적 소비의 개념 및 실태에 대한 고찰. **한국생활과학회지, 18**(5), 1047-1062.

박진언(2019). 동물복지 국내·외 현황 및 전망. **축산식품과 과학, 8**(1),78-86.

박희주, 박성용, 이득연, 김성천, 송순영, 강성진(2007). 소비자정책의 평가와 과제. 정책연구보고서, 한국소비자원, 7-222.

백지은(2019). 윤리적 소비성향이 화장품에 대한 태도와 구매의도에 미치는 영향. 성신여자대학교 대학원 박사학위논문.

서울연구원(2019). 세계도시동향, 제468호(제468권). 서울연구원. https://www.si.re.kr/ node/62804

서울연구원(2019). 지구환경을 위한 지속가능한 패션의 착한소비 확산. 서울연구원. https://www.si.re.kr/node/64166

송인숙, 천경희(2015). 생활협동조합 활동가의 윤리적 소비 인식과 실천에 대한 탐색적 연구. 소비자정책교육, 11(2), 141-167.

유소이, 박재홍(2012). 소비자지식의 효과를 고려한 윤리적 제품의 프리미엄 지불의사 및 지불비용 분석-공정무역커피를 대상으로. 한국지역사회생활과학회지, 23(3), 291-305.

유현정(2018). 제3부 윤리적 소비 실천의 성장: 7장 로컬소비. 충북대학교. http://contents2.kocw.or.kr/KOCW/document/2018/chungbuk/yoohyeonjeong011/7.pdf

윤숙희, 이선희, 정선영(2018). 구로구와 함께하는 공정무역 이야기. 구로구사회적경제통합지원센터. https://gurosen.or.kr/bbs/board.php?bo_table=B32&wr_id=8&page=2

이경아, 황은애(2009). 저탄소 녹색소비 실천정보 활성화 방안 연구. 정책연구보고서, 한국소비자원. 9-156.

이대희(2023.5.18.). WMO "5년 안에 지구 기온 한 번 이상 1.5도 목표 넘을 것". 프레시안. https://www.pressian.com/pages/articles/2023051814092615932

지구생태용량초과의날(n.d.). WWF. https://origin-korea.wwf-sites.org/ campaign/climate_energy/overshoot/

한국농수산식품유통공사(2021). 지속가능한 축산물 소비를 위한 해외 동물복지 정책 현황. https://www.kati.net/

홍연금, 송인숙(2010). 윤리적 소비에 대한 개념 논의와 실천영역 연구. 소비자정책교육연구, 6(4), 91-110.

홍은실, 신효연(2010). 대학생 소비자의 윤리적 소비와 관련변인: 교육경험 변인과 사회 심리적 본인의 효과를 중심으로. 한국가정관리학회지, 28(5), 131-149.

황원희(2021.5.4.). 인류는 자원생성보다 73% 초과한 자원 소비. 이미디어. http://ecomedia.co.kr/news/newsview.php?ncode=1065606453319117

GS칼텍스(2011.6.20.). 자원문제 해결의 열쇠는 어디에 있는가?. GS칼텍스. https://gscaltexmediahub.com/energy/resource-problem-and-solution/

환경부 https://me.go.kr/

Barnett, C., Cafaro, P., & Newholm, T. (2005). Philosophy and Ethical Consumption, in Harrison (ed.). *The Ethical Consumer*. Sage Publications.

Carrigan, M., & Attalla, A. (2001). The Myth of the Ethical Consumer-do Ethics Matter in Purchase Behavior?. *Journal of Consumer Marketing, 18*(7), 560-577.

Crane A., & Matten D. (2004). *Business Ethics: A European Perspective: Managing Corporate Citizenship and Sustainability in the Age of Globalization*. Oxford University Press.

Cowe, R., & Williams, S. (2001). Who are the Ethical Consumers?, Co-operative Bank/Mori Survey, Co-operative Bank, London.

Harrison, R., Newholm, T., & Shaw, D. (2005). *The Ethical Consumer*. Sage Publications.

Jackson, M. (2023). Room2 Chiswick: Net Zero Homtel. Retrieved August 5, 2023, from http://www.travelbeginsat40.com/

Lin, D. (2017, December 19). Palau Becomes First Country to Require 'Eco Pledge' Upon Arrival. Retrieved August 10, 2023, from https:// nationalgeographic.com/

Michelin guide (2021, July 07.). What is Michelin Green Star. Retrieved August 10, 2023, from https://guide.michelin.com/

Mintel (1994). *The Green Consumer, 1*(2), Mintel Research: London.

Shaw, D., & Newholm, T. (2003). Consumption Simplicity Among Ethical Consumer. *Advances in Psychology, 20*, 175-92.

The Global Risk Report (2019, January 15). *World Economic Forum*. Retrieved August 1, 2023, from https://www.weforum.org/

UNEP (2018). *Plastic planet: How Tiny Plastic Particles are Polluting Our Soil*. UNEP. Kenya.

제4장

MZ세대와 기업의 친환경 활동

1. 들어가며

스위스의 알프스 지역의 안제레(Anzère)는 친환경 스키장으로 손꼽히는 장소였으나, 2022년 겨울에는 눈 대신 비가 내려 슬로프 몇 곳을 폐쇄해야 했다. 이러한 상황으로 환경 분야에서 큰 관심을 불러일으키며, 미래의 기후변화로 인한 파급효과가 다각도에서 언급되고 있다.

2022년 크리스마스 시즌에 기록된 알프스 지역의 기온은 20.9℃로 150년 관측기록 중 가장 높은 기온이었다. 2023년 현재, 남아시아, 동남아시아 및 남유럽 지역에서 40℃가 넘는 폭염이 지속되고 있어 지구 온난화의 심각성이 더 강하게 느껴지고 있다. 우리나라 또한 여름철 폭우와 폭염으로 인한 인명피해를 겪고 있다.

학자들은 기후변화의 가속화 관련 2050년까지 지구 평균 온도가 산업혁명 이전보다 2℃ 이상 상승할 것으로 전망한다. 그러나 이보다 더 심각한 상황이 우리 앞에 펼쳐질 가능성이 있어, 단지 2℃라는 숫자만으로 발생할 수 있는 파급 효과를 이해하는 데 한계가 있다. 이러한 지구 온도 상승과 관련하여 유럽연합(UN) 사무총장 구테흐스(Guterres)는 2023년 7월 중순까지 기록적인 온도가 '지구 온난화(global warming)'라는 개념을 넘어 '지구 열대화(global boiling)'라고 평가하였다.

급변하는 기후 상황으로 인해 전 세계적으로 지속가능성(sustainability)에 대한 과제와 대응이 점차 중요해지고 있다. 기후변화 문제에 대한 체제는 1992년 유엔환경개발회의(UNCED)에서 각국 정상이 유엔기후변화협약에 서명함으로써 시작되었다. 이어서 1997년 교토의정서에서는 주로 선진국 37개국을 중심으로 온실가스 감축 의무를 시장원리에 도입하여 수행하도록 합의되었다. 이후 2015년 파리협정에서 모든 국가가 참여하는 보편적인 기후변화 대응 체제로 전환되었다. 이 협정은 각국이 5년마다 온실가스 배출 현황과 감축 정책 이행 상황을 점검하도록 규정하였다. 특히 모든 국가가 탄소중립[1]을 달성하기 위해 노력하겠다고 선언하며, 기후변화 대응이 더욱 강화되고 있다.

전 세계적으로 기후변화 대응의 중요성이 강조되며, 각국 정부도 이에 대한 대응 전략을 수립하고 있다. 우리나라도 2020년에 '2050 탄소중립 추진 전략'을 수립하여, 능동적인 탄소중립을 추진하고 있으며, 이를 위해 에너지 혁신, 산업구조 혁신, 탄소중립 사회에 대한 국민 의식 제고 등의 다양한 과제를 제시하고 실천하고 있다. 탄소중립 목표 달성을 위해서는 국가 및 민간 부문에서 적극적 노력이 필요하지만, 현재 상황에서 온실가스 감축의 주체는 주로 산업계이다.

또한 사회의 안정화가 진행되면서 국민은 환경, 사회적 안전망, 인권, 평등과 같은 인간 삶의 질과 관련된 이슈에 대한 관심이 높아지고 있다. 특히

1) 이산화탄소 배출량과 흡수량을 균형 있게 맞춰 실질적인 배출량을 0(net-zero)으로 만드는 것

MZ(Millenials와 Z세대)로 대변되는 젊은 세대는 기업이 생산 과정부터 책임 있는 환경 경영을 추구해야 한다고 요구하고 있다.

코로나19(COVID−19) 기간 동안 기후위기가 더욱 심화하였으며, 이에 따라 지속가능성 개념이 더욱 강조되고 있다. 특히 기업의 지속가능성을 평가하는 프레임인 ESG(Environment, Social, Governance: 환경, 사회, 지배구조) 개념이 사회적 화두가 되었다. 구글트렌드 데이터를 보면, 지속가능성과 ESG에 관한 관심은 2020년 발생한 코로나19 이후 상승하였으며, 현재에도 그 관심이 지속되고 있다([그림 4−1] 참조).

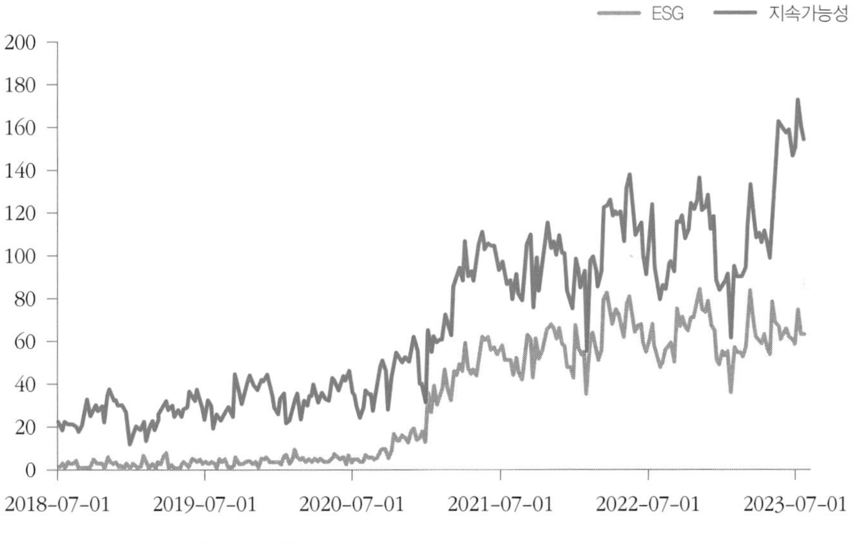

[그림 4−1] 지속가능성과 ESG에 대한 관심도 추이

출처: 구글트렌드

이러한 동향은 기업의 지속가능한 비즈니스 모델 수립의 중요성을 강조하고 있어 ESG가 기업에 중요한 과제로 주목받고 있다. 그러나 ESG를 단순히 '착한 기업'으로서의 이미지 개선이라고 생각하면 안 된다. ESG는 기업의 경제적 성과와도 밀접한 관련이 있는 개념으로, 기업들이 ESG를 고려하고 실천

하는 것은 그들의 수익률과 사회적 평판에도 영향을 미치기 때문이다. 그동안 기업의 가치가 주로 매출, 영업이익, 순이익 등의 재무적 성과를 중심으로 평가되었다면, 이제 비재무적 성과인 ESG가 기업 가치 평가의 주요 요소로 부상했다.

특히 2020년 1월, 세계 최대 자산운용사인 블랙록(BlackRock)의 CEO 래리 핑크(Larry Fink)가 기후변화 위험과 ESG를 투자 결정의 핵심 요소로 고려한다고 밝혔다. 이로써 ESG는 기업의 재무적 성과뿐만 아니라 투자자들의 관심과 투자 판단에도 큰 영향을 미치게 되었다.

그러나 우리 사회에서 ESG 경영이 강조되기 시작한 시기는 2020년 또는 2021년부터로, 이미 오랫동안 ESG 경영을 중시하고 적극적으로 시행해 온 유럽과 미국에 비해 후발주자로서 지식과 경험이 부족한 상황이다. 상대적으로 방어적 · 소극적으로 행하는 국내 기업의 ESG 활동은 때로 진정성이 의심되거나 보여 주기식, 워싱(washing)으로 취급되기도 한다. 그러나 지속가능성은 기업의 경쟁력과 격차를 만들 주요 요소로 ESG 활동이 표면적인 이미지 개선을 넘어 효과적으로 수행될 수 있는 요건을 찾을 필요가 있다.

ESG는 환경, 사회 책임, 지배구조의 세 가지 요소로 구성되어 있지만, 이 중에서도 환경 분야가 가장 주목을 받고 있는데, 이는 코로나19와 기후변화 등을 통해 환경 문제가 인류의 생존 문제로 대두되었기 때문이다. 실제로 국내 기업들의 ESG 활동 90% 이상이 환경에 초점을 맞추고 있다(김용섭, 2022). 국내 기업들의 사회 책임은 기존의 사회적 공헌 활동을 이어 가는 형태로 이루어지고 있으며, 지배구조와 관련해서는 환경과 사회 책임 대비 소극적으로 이루어지고 있다. 이러한 배경 중에 기업의 생산 과정에서 발생하는 탄소 배출로 인한 탄소세의 영향 등이 있을 수 있다. 배경을 차치하고 현재 환경 관련 활동이 가장 활발하게 이루어지고 있어 이 장에서도 기업의 ESG 활동 모두를 다루기보다 환경 관련 활동, 특히 소비자를 대상으로 하는 친환경 활동에 집중하고자 한다.

구체적으로 국내 기업들이 어떤 친환경적 활동을 하고 있는지, 이에 대한 소비자들의 인식과 평가는 어떠한지를 다루고자 한다. 실제로 지속가능성이 높은 기업일수록 소비자의 신뢰와 선호도가 높아지는 경향이 있으며, 지속가능성과 기업 선호도 간에 인과관계가 있음이 보고되었다(EY 한영, 2022). 특히 기후변화와 함께 자신의 신념을 표현하는 미닝아웃(meaning-out)세대인 MZ세대의 부상이 기업의 친환경 활동 평가에 주요한 영향을 미치고 있으므로 MZ세대가 기업의 친환경 활동을 어떻게 바라보고 있는지 이야기해 보고자 한다. 이를 통해 이 장은 기존의 ESG를 재무적 관점에서 다루던 것과 달리 소비자 관점에서 기업의 친환경 활동의 틈새(chasm)가 발생하는 지점과 활동 방향성에 대한 인사이트를 제공할 것이다.

2. 요즘 집중 관심의 대상 MZ세대

1) MZ세대의 특성

지속가능성과 ESG는 모든 세대에게 주목받고 있으며, 특히 MZ세대라 불리는 젊은 세대의 관심이 높아지고 있다. 기업의 친환경 활동에 대해 논의하기 전에 MZ세대의 특성에 대한 이해가 필요하다.

MZ세대라는 용어는 2018년 말에 '대학내일20대연구소'에서 발표한『트렌드 MZ2019』에서 처음 사용되었다. 이 용어는 밀레니얼 세대와 Z세대를 결합하여 지칭하며, 이후 미디어를 통해 젊은 세대를 나타내는 말로 사용되고 있다. 현재 MZ세대는 기존 세대와 다른 가치관, 관심사, 행동 양식 등을 가진 젊은 세대를 의미한다.

MZ세대에 대한 인식은 주로 대중 매체를 통해 이루어진 것으로 보인다. 조사 결과, MZ세대 용어를 처음 접한 경로 중 약 70%가 미디어로 MZ라는 용어가 주로 미디어를 통해 사회에 확산되었다는 것을 알 수 있다(한국일보, 2022).

MZ세대의 시작과 끝을 어떻게 나누어야 하는지에 대해서 다양한 의견이 존재하지만, 대체로 밀레니얼 세대(1980년대 초반~1995년)가 시작되는 1980년대 초반을 시작으로 Z세대(1996~2005년)의 마지막인 2005년 정도로 볼 수 있다. 그러나 세대 구분은 일종의 근사치로 각 개인의 경험이나 문화적 배경에 따라 차이가 있을 수 있다.

또한 각 세대는 공통된 경험을 통해 이전 세대와 차별화되는 고유의 특징을 갖는다는 세대 구분의 핵심을 생각할 때 거의 25년 차이가 나는 집단을 한 세대로 묶어도 되는지에 대한 의문 또한 제기된다. 실제로 나이가 어릴수록 나이 차이가 나는 집단과 같은 세대로 묶이는 것을 부담스러워하는데, 2022년 한국리서치의 조사 결과에 따르면, Z세대의 경우 61%가 MZ세대로 함께 묶는 것이 부적절하다고 인식하고 있었다. 이는 나이 차이가 큰 집단을 하나의 세대로 묶는 것이 개인의 경험을 정확하게 대변하지 못할 수 있음을 시사한다.

이 장을 서술하면서 언론 자료와 다양한 서적을 통해 내린 결론은 MZ세대라 칭하지만 실제로 MZ세대는 1990년대와 2000년대 초반에 출생한 20대 초반에서 35세 이하를 의미한다는 점과 나이보다는 유사한 특성을 가진 집단이라는 점이다. 이러한 공통적 특성에 기반하는 세대 구분 방법은 칼 만하임(Karl Mannheim, 1952)이 제시한 '코호트(cohort)' 접근법과 유사하다. 코호트란 비슷한 시기에 태어나서 특정 기간에 유사한 사회적 사건을 경험한 그룹으로, 이들은 공통적인 심리적 특성과 성향을 지니게 된다. 이러한 의미에서 MZ세대는 기존의 베이비붐 세대(baby boomer)와 X세대와 구별되는 젊은 세대를 통칭할 때 사용하는 용어로 이해하는 것이 맞는 방향인 것 같다. 새로운 세대에 관한 관심과 세대론이 늘 20대에 향했던 것을 생각해 보면 현재 시점의 세대에 관한 관심은 젊은 세대에 향해 있다. MZ세대라는 용어에 대해 부정적 시각이 존재한다는 사실과 한 세대로 통칭하기에 너무 범위가 넓은 세대라는 점에도 동의하지만, 이 장에서는 편의를 위해 현재 젊은 세대를 지칭하는 용어인 MZ세대라는 용어를 사용하고자 한다.

그렇다면 기존 세대와 다른 이들의 차별적 특성은 무엇일까? 다양한 자료를 종합하여 여기에서는 '개인 중심' '공정' '현재 중시' '윤리'로 요약하였다.

(1) 첫 번째 특성: 집단보다는 개인

『타임』에서는 밀레니얼 세대를 '나, 나, 나 세대(Me, Me, Me Generation)'라 명명했다. 모든 인간은 자기애를 가지고 있으나, 기존 세대와 비교해 MZ세대는 타인이나 집단보다 자신의 가치를 우선시하며, 자신이 중시하는 핵심 가치를 추구하는 모습을 보여 준다(홍소희, 김민, 2021). 선배 세대가 집단의 가치를 중시하며 근면성, 안정성, 성실성을 중요 가치로 여겼다면, MZ세대는 자아 중심적 사고방식을 바탕으로 자율성, 독립성, 효율성 등을 중요하게 여긴다(유수란 외, 2023). 특정 이슈에 대해서도 타인의 기준을 따르기보다 개인의 평가 기준을 중시하며, 그 기준에 따라 행동하는 경향이 있어 인생에서 중요한 결정을 할 때 주변보다 자신의 만족을 우선시한다(대학내일20대연구소, 2021b).

자아 중심적 특성으로 인해 MZ세대는 자신의 일상, 행복, 성장에 관심이 많다. 이러한 그들의 욕구 때문에 정체성 탐색, 취향 존중, 나홀로 문화, 워라밸(work and life balance) 등의 현상이 나타나고 있다.

정체성 탐색은 개인으로서의 자아를 파악하고 이해하는 과정에서 출발한다. 인간은 나를 정확히 이해함으로써 행복과 성장의 방향을 설정할 수 있다. 최근 몇 년 동안 MZ세대 사이에서 MBTI가 하나의 문화 현상으로 자리 잡았다. MBTI는 학교나 기업 등의 조직에서 구성원의 심리 유형과 적성을 파악하기 위해 주로 활용되었지만, 몇 년 전부터 MZ세대는 본인과 타인의 MBTI에 관심을 보인다.

MZ세대가 아닌 기존 세대는 '왜 MZ세대는 MBTI에 집착하는가?'라는 의문이 들 수 있다. 이 현상을 깊이 들여다보면 자신과 주변 사람들에 대한 이해를 강화하고자 하는 욕구가 숨어 있다는 것을 알 수 있다(김효정, 2022). 16가지 유형으로 나와 타인을 완벽히 이해하기 어려울지라도, MZ세대는 복잡한 나와 타인의 성격을 이해하는 데 도움이 되는 간단하면서도 명확한 지침을 제공하는 MBTI를 선호한다(김효정, 2022).

취향 존중은 MZ세대가 자신의 중요성을 인식하면서도 타인의 중요성을 인식하는 의식을 내포하고 있다. MZ세대가 자아를 중시한다고 해서 그들이 이기주의자라는 것은 아니다. 타인이 싫어하는 행동을 피하고 남을 상처 주지 않으며 거절하고 싶은 욕구(대학내일20대연구소, 2021b)에서 드러나는 자아 중심의 속내를 들여다보면, 내가 상대를 존중하는 만큼 상대도 나를 존중하기를 바라는 바람이 있다.

디지털이 일상화된 현재, 하나의 주제에 대한 수많은 주장이 존재한다. 어린 시절부터 온라인을 통해 하나의 주제에 대해서도 다양한 의견을 접한 MZ세대는 자연스럽게 다른 의견과 취향을 수용하는 능력이 있다. 그렇기에 자기 의견을 남에게 강요하는 것을 문제라고 생각한다(고광열, 2021). MZ세대의 취향 기반 모임 활성화나 '소셜 살롱' 문화를 들여다보면 앞서 말한 나의 정체성을 강화하고자 하는 욕구도 일면 보인다. 나와 유사한 취향, 가치관을 공유한 사람들과의 연대를 통해 자신의 정체성을 확인하고 강화할 수 있기 때문이다.

개인의 정체성과 취향을 존중하는 MZ세대는 인간관계에서 기존 세대와 다른 접근 방식을 보인다. 기존 세대는 상대와 나의 공통점을 바탕으로 인맥을 형성하고 집단화하여 끈끈한 관계를 유지하는 것을 선호하였다. 그에 비해, MZ세대는 자기 자신을 중심으로 관계를 시작하고 확장하기에 느슨한 관계를 맺는 경향이 있다. 대학내일20대연구소의 조사에 따르면 1990년생의 약 57% 정도가 비정기적 모임을 선호하며, 약 64%가 강제적이거나 불편한 모임을 선호하지 않는다고 한다(고광열, 2021). 즉, MZ세대는 나를 중심으로 나의 필요에 맞는 또는 나와 취향이 맞는 느슨한 관계, 만나고 헤어짐이 쉬운 관계를 선호하는 것이다.

더치페이도 MZ세대의 느슨한 연대와 연관해서 생각해 볼 수 있다. 더치페이는 한 사람이 식사 비용을 모두 부담하는 대신 모든 사람이 각자 자신이 소비한 만큼의 비용을 나누는 형식이다. 이렇게 하면 미래에 빚을 남기지 않고 현재 상황을 종료할 수 있다. 이 방식은 미래의 계산이나 기대에 대한 부담을 덜게 해 주므로 상대방과의 관계에서의 기대감보다는 자아 중심의 편의성을 생각하는 것으로 이해된다.

이러한 느슨한 연대는 기존 생애주기별 필수로 여겨졌던 결혼, 출산 등에 대한 인식과 행동도 변화시키고 있다. 통계청(2023)에 따르면, 2022년도 혼인 건수는 2021년 대비 0.4% 감소했으며, 특히 20대 후반 연령대에서 가장 큰 감소가 있었다. 또한 다른 세대 대비 Z세대, 그중에서도 여성의 결혼과 출산에 대한 긍정적 인식이 상대적으로 약한 것으로 나타났다(유정균, 2021). MZ세대의 행동 및 인식 변화에는 경제적 요소뿐만 아니라 대의명분, 사회적 가치의 중요성 약화도 영향을 미친다. 이로 인해 우리 사회 내 주요 가치인 가족 중심 가치도 약화되고 있는 것으로 나타났다. MZ세대의 경제적 독립성과 직업적 성취감을 중시하는 가치관 또한 결혼과 출산에 대한 우선순위를 낮추는 요인 중 하나로 보인다.

자아 중심으로 인해 나타난 나홀로 문화는 이제 우리 사회에서 자연스러운 현상이 되었다. 예전에는 혼자 밥을 먹거나 여행을 다니는 행위에 대한 부정적 시선과 사회적 불편함이 있었지만, 요즘에는 이러한 활동을 하는 개인을 보더라도 특이하게 여기는 사람은 거의 없을 것이다. 자유여행 플랫폼 클룩(Klook)이 한국 포함 16개국 약 21,000여 명을 대상으로 진행한 '글로벌 혼행 트렌드' 조사에 따르면, 설문에 참여한 한국인 93%가 혼자 여행을 해 봤거나 고려하고 있다고 응답하여 16개국 중 나홀로 여행 선호도 1위를 차지하였다. MZ세대는 각자의 취향과 다양성을 존중하기 때문에 본인의 방식을 고집하는 것은 무례하다고 여긴다(고광열, 2021). 그래서 MZ세대는 다른 사람에게 자신과 같은 활동을 강요하지 않고, 각자의 관심사와 취향에 맞는 방식으로 활동하는 것을 선호한다.

MZ세대가 집단보다 개인을 중시하는 원인은 기존 세대와 다른 미디어 경험에서 찾아볼 수 있다. 미디어는 사람들이 세상을 이해하고 정보를 얻는 주요한 통로로서, 사람의 사고가 형성되는 약 15~20세에 세상을 이해하는 방식에 영향을 미친다. MZ세대의 세대명 중 하나로 디지털 세대가 있는 것은 이들의 주요 코호트적 특성에 디지털 미디어가 있기 때문이다. MZ세대는 디지털 미디어가 없는 시대를 경험하지 못한 세대로 디지털에서 다양한 경로를 통해 정보를 습득하였으며, 습득한 정보를 가공, 확산하는 세대이다(최샛별, 2022). 실제 공간보다 소셜미디어에서 더 많은 시간 소통하고 있으며, 대면에서 겪은 경험을 디지털에서도 재현할 수 있다고 생각한다(Deloitte, 2023b).

즉, MZ세대는 어린 시절부터 1인 1미디어에 익숙하여 나만의 기준으로 콘텐츠를 검색, 가공할 수 있었기에 집단적 가치 강화와 유사한 생애주기를 공유하기보다 개인의 정체성을 강화하고 생애주기를 다양화하게 되었다. 이러한 가치와 사고방식은 인간관계에서도 나타나며, 각자의 취향과 가치관에 맞는 사람들과 느슨한 연대를 맺을 수 있게 한다.

(2) 두 번째 특성: 공정함에 대한 열망

어느 대기업 입사 4년 차 직원이 CEO를 포함한 임직원에게 성과급 산정 방식을 공개해 달라는 내용의 이메일을 보내는 일이 생겼다. 한 직원의 입에서 나온 '공정성'에 대한 주제는 다른 기업에 불길처럼 번져 거대 쟁점이 되었다. 2020년 대한상공회의소에서 발표한 '직장 내 세대 갈등과 기업문화 종합진단 보고서' 내에도 MZ세대에 속하는 직원들 사이에서 보상과 성과에 대한 불만의 목소리가 있었고, 직원들이 생각하는 한국 기업의 공정성은 낮은 수준(24점)으로 나타났다([그림 4-2] 참조).

입사 4년 차의 성과급 기준 공개요구에 대한 기존 세대와 MZ세대의 반응이 엇갈리는 것을 보면 MZ세대는 확실히 기존 세대와 다른 특성을 가진 세대인 것 같다. 이러한 현상은 MZ세대 관련 이야기가 나올 때 빠지지 않고 등장하는

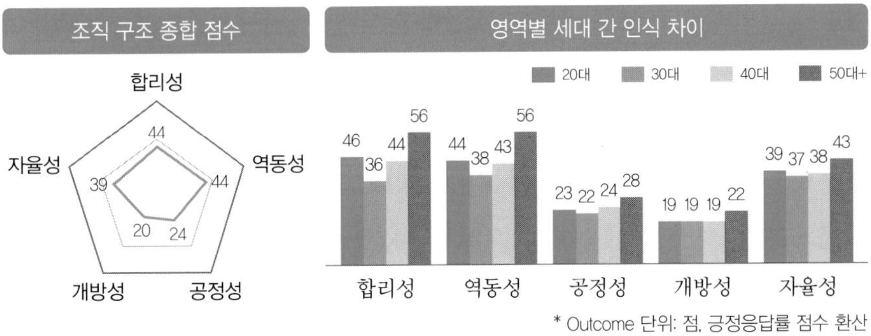

종합 점수	조직 내 관련 체계(practice)			직원의 목소리(focus group interview 결과)
공정성 24점	성과보상 제도	저성과자 패널티	명문화된 징계제도	"20대에 의욕이 가득하다가 30대에 성과나 보상에 불만이 생기며 '적당히 하자'는 입장으로 선회한다."
	26	32	59	"30대가 가성비가 좋다. 일은 제일 많이 하는데 월급은 적게 줘도 된다.

[그림 4-2] 한국 기업 조직 구조 분석 결과

출처: 대한상공회의소(2020).

'공정성'과 관련이 있다.

MIT의 행동연구학자 리처드 라슨(Richard Larson)에 따르면, 공정함은 모든 인간이 가진 본능이다. MZ세대 이전 세대들도 공정함에 대한 갈망이 있다. 그런데 왜 유독 MZ세대가 성인이 되어 사회에 진출하면서 공정성 이슈가 부각되었을까? 여러 자료에 따르면, MZ세대에게 공정성은 기존 세대가 생각하는 정의나 거대 담론이 아니다. MZ세대 관점에서 공정성은 기회의 평등과 노력에 따른 합당한 평가를 의미한다(고광열, 2021; 김용섭, 2021). 그들의 공정성에 대한 정의가 기존 세대의 공정성 정의와 차이가 나는 이유를 생각해 볼 필요가 있다.

MZ세대가 대학 입시를 위해 보냈던 학창 시절에서 그 답이 좀 보인다. MZ세대는 기존 세대 대비 디지털 기술로 인한 정보 접근성 증가와 대학 진학률 상승을 경험하였다. 기존 세대인 베이비붐 세대나 X세대와 비교하여 MZ세대 내부 구성원 간 실력 차이가 작아졌다. 이러한 평균과 표준편차의 변화는 약간의 불공정한 개입이 결과를 크게 변화시킬 가능성을 내포한다.

특히 우리나라의 MZ세대는 어린 시절부터 대학 입학을 위해 수시 제도를 경험하였다. 수시 제도는 개인의 주관적 평가 요소가 작용할 수 있는데, 주관성이 줄 수 있는 오류를 최소화하는 방법의 하나가 명확한 평가 기준일 것이다. 어린 시절부터 평가 기준에 따라 경쟁해 온 MZ세대에게는 상대방의 호의보다는 자신의 노력과 시스템적 규칙이 더욱 중요한 신뢰 기준이 되었을 것으로 보인다(임영묵, 2021). 이에 따라, 기존 세대에게 중요했던 끈끈한 연대, 학연, 지연, 혈연은 이들에게 그리 중요하지 않다. MZ세대가 느슨한 연대를 형성하게 된 원인으로는 디지털 기술의 확산, 자아 중심적 사고뿐만 아니라, 어린 시절부터 겪어 온 경쟁의 경험으로부터 사람보다 시스템을 신뢰했던 부분도 있는 듯 보인다.

즉, MZ세대에게 공정이란 약속된 시스템 안에서 예측하지 못한 변이가 발생하지 않아 본인에게 평가의 불이익이 발생하지 않는 것으로 이해된다. 그렇기에 MZ세대는 역설적으로 기존 세대보다 능력에 따른 차등을 수용하는 경향이 있다. 혹자는 MZ세대에게 공정은 능력주의(meritocracy)의 다른 표현이라고까지 이야기한다(이경민, 2021). MZ세대는 시스템에 존재하지 않는 불확실성을 가진 인맥 그리고 상대방의 호의보다는 개인 노력으로 얻은 결과인 능력을 더 공정하다고 느낀다(이경민, 2021).

이런 관점에서 성과급 기준에 대한 요구가 이해된다. MZ세대에게 조직에서 일한 대가로 받는 성과급은 조직과 개인 간 거래의 일종으로 보일 것이다. 그들은 자신의 노력에 상응하는 대가로 성과급을 받는다고 생각하며, 노력 대비 지급이 어떻게 이루어지는지 투명하게 알고 싶어 할 것이다. 만약 누군가가 더 많은 성과급을 받았더라도 그 사람이 본인보다 큰 노력을 기울였고 그만큼 조직에 도움이 되는 능력을 발휘했다고 인정하면, MZ세대는 그 상황을 이해하고 수용할 가능성이 크다.

(3) 세 번째 특성: 지금 그리고 여기

인간에게 살아간다는 차원에서 가장 근접한 시간대는 현재이다. 모든 사람은 현재를 살아가며 시간이라는 개념을 경험한다. 그러나 어떤 시간대에 가치를 둘지는 개인의 성향과 가치관에 따라 달라질 수 있다. 누군가는 미래의 자신을 위해 현재를 투자할 수 있고, 또 다른 누군가는 현재의 삶을 즐기기 위해 현재 시간을 소비할 수 있다. 시간에 대한 개념은 개인적인 요소에 영향을 받지만, 세대 간 심리학적으로 인지하는 시간의 감각은 다를 수 있다. 기존 세대가 미래를 위해 현재의 시간을 희생하는 면이 있다면, MZ세대는 현재와 지금을 중시하는 편이다.

현재를 중시하는 현상은 사회 전반에서 발견된다. 2022년에 시작되어 2023년에도 여전히 발견되는 현상 중 하나는 '갓생'이다. '갓생'은 신을 뜻하는 '갓(God)'과 인생을 뜻하는 '생(生)'을 결합한 신조어이다. '갓생'은 성실하고 부지런한 삶을 나타내는 단어로, 타인의 기대나 평가에 상관없이 자신에게 집중하는 시간이나 행동과 관련 있다.

몇 년 전까지 현재를 중시하는 모습은 '욜로(Yolo)'로 표현되었다. 그런데 코로나19를 경험하면서 '갓생'이라는 새로운 현상이 등장하였다. 소셜미디어에서 '갓생' 키워드가 증가하고 있고, 블로그에 개인의 일상을 기록하고 마지막에 "오늘도 갓생 살았다."라는 문구로 마무리하는 경우가 늘어났다(대학내일20대연구소, 2021b; 이노션 인사이트 그룹, 2022). 이와 함께 일상을 관리하는 애플리케이션(application)인 '챌린저스'나 '루티너리' 등의 다운로드 또한 증가하고 있다.

혹자는 이름만 '갓생'이지 '갓생'이 기존 자기 계발과 차이점이 무엇인지에 대해 생각할 것이다. 그러나 지금 MZ세대 사이에서 불고 있는 '갓생'은 자기 계발하고 다르다. 이 차이점을 이해하기 위해서는 '갓생'과 함께 언급되는 '소확성'을 고려해야 한다(이노션 인사이트 그룹, 2022). '소확성'은 소소하지만 확실한 성공이나 성취를 위하는 단어로, 여기서 중심이 되는 단어는 성공이나 성취가 아니라 '소소하지만'이다. '소소'라는 단어를 조금 더 뜯어보면 성공이나 성취가 장기간을 요구하는 거대하고 거창한 계획과 거리가 멀다는 것을 알 수 있다. '소확성'을 추구하는 '갓생'은 먼 미래가 아닌 오늘 당장 실천될 수 있고 성취를 할 수 있는 계획과 행동들로 구성되어 있기에 대부분의 계획 주기는 하루이다. 즉, 계획 주기를 하루 단위로 짧게 설정하여 실현 가능성을 높인다는 점이 기존 장기적 계획이 필요한 자기 계발과의 첫 번째 차이점이다. 또 다른 점은 자기 계발의 방향성이 표준화되어 있다면, '갓생'은 표준화된 방향성이 없다는 것이다. '갓생'의 계획들은 '하루 단어 다섯 개 외우기' '하루에 물 5잔 마시기' 등 개인에 맞춰져 있다. '갓생'을 위한 해야 할 일 목록에는 절대적으로 해야 할 일이 없으며 각자 본인에게 맞는 해야 할 일이 있을 뿐이다. 예를 들어, 2021년 잡코리아가 직장인 831명을 대상으로 조사한 결과, 응답자들의 주말 루틴 중 실천 루틴이 가장 높은 일이 '숙면 등 충분한 휴식을 위한 루틴'이었다. 이렇게 '갓생'의 본질은 나를 돌보기 위해 오늘의 나에게 필요한 일들에 집중하는 것이다.

'갓생' 열풍의 원인 중 하나로 MZ세대에 속하는 작가는 다른 세대 대비 감정과잉을 겪고 있는 MZ세대의 우울감을 제시하였다(김효정, 2022). 실제로 MZ세대가 다른 세대 대비 우울감이 높다는 사실은 다양한 통계 자료에서 확인된다. 한 보고서에 따르면, 기존 세대 대비 Z세대는 전반적인 생활 만족도가 낮고, 행복, 우울 등의 정신건강이 가장 취약한 집단으로 나타났다(유정균, 2021). 유사하게, 건강보험심사평가원 자료(2022)에 따르면, 2021년 우울증 환자는 2017년 대비 약 35% 증가했으며, 특히 20대에서 127%의 증가율을 보였다. 마찬가지로 정신건강 척도 중 하나인 자살률에서도 이러한 경향성이 보이는데, 2017년부터 5년간 자살률 추이를 보았을 때 다른 연령대의 자살률이 감소 추이인 반면, 20대의 자살률은 증가 추이를 보이고 있다(통계청, 2023).

우울감은 다양한 요인으로 인해 발생할 수 있다. 장기적인 저성장으로 인한 일자리 부족과 고용 불안정, 소셜미디어를 통한 타인과의 비교 등이 그 예시이다. 김효정(2022)은 '갓생' 열풍은 이러한 우울감과 무기력감을 개인적 노력으로 극복하려는 모습을 의미한다고 설명한다. 즉, '갓생' 열풍은 MZ세대의 어려움과 우울감에 대한 대응 방식을 나타내며, 개인적인 성취와 노력을 통해 현재의 상황을 개선하려는 의지를 반영하고 있다.

몇 년 전부터 꾸준히 언급되는 '워라밸(work and life balance)'도 현재를 중시하기에 발생하는 현상으로 이해할 수 있다. 2023년 전국경제인연합회가 MZ세대를 대상으로 한 기업 인식 조사에서 MZ세대가 기업을 선택할 때 가장 중시하는 요소로 '워라밸'이 언급되었다. 유사하게, 한국 딜로이트(Deloitte, 2023a)가 전 세계 44개국의 MZ세대 총 2만여 명 이상을 대상으로 한 설문 결과에 따르면, MZ세대는 탁월한 업무 추진 능력보다 일과 삶의 균형을 잘 맞추는 능력을 직장인이 가져야 할 능력으로 인식하고 있다([그림 4-3] 참조).

조직에서 근무하는 시간만큼 개인적인 일상의 시간을 소중히 여기는 것은 현재의 시간이 불확실한 미래나 미래에 대한 보상보다 중요하다는 관점에서 설명할 수 있다. 이는 정년 보장 및 평생직장이라는 개념이 희석되면서 MZ세대에게 일이라는 개념이 변화하고 있기 때문으로 보인다. 현재 근무하는 직장에서 해야 할 일을 초과하여 일을 하는 것보다 개인적으로 행복하고 만족스러운 시간을 가질 수 있는 것이 더 중요할 수 있다.

현재의 삶의 질과 만족도를 생각할 때, MZ세대는 더 나은 기회와 경험을 찾기 위해 이직을 고려할 수 있다. 새로운 환경에서 더 나은 성장과 행복을 찾을 수 있다면, 이직은 당연한 선택으로 여겨질 수 있다.

경험을 중시하는 현상도 현재를 중시하는 특성과 관련된다고 볼 수 있다. 기존 세대가 소유를 통해 나만의 것을 오롯이 경험한다면, MZ세대는 높은 비용이 드는 물품을 공유를 통해 경험한다. 여럿이 함께 소유하는 것이니 혼자 독점적으로 경험할 수는 없지만 본인이 원할 때 경험할 수 있으니 경험에 대한

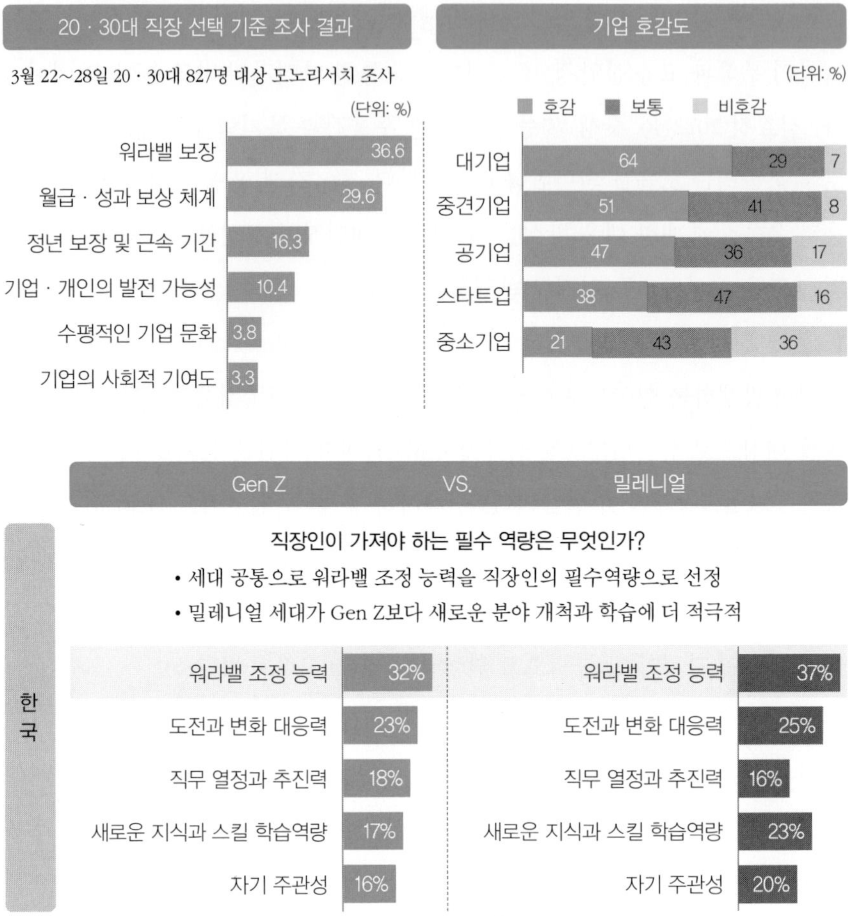

[그림 4-3] 직장생활 추구 가치

출처: 연합뉴스(2023), Deloitte Global Gen Z & Millennials Survey (2023a).

욕구를 충족할 수 있다. 특히 기존 세대 대비 나이가 어린 MZ세대가 독점적으로 소유하기 어려운 집과 자동차와 같은 고가의 소비재를 공유한다. 집과 자동차를 공유하게 되면 경험의 폭은 증가하게 된다. 소유에 필요한 비용을 줄이는 대신, 여행, 취미, 공연, 문화 활동 등 다양한 영역에서 개인의 취향과 성장을 위한 자원을 사용할 수 있게 된다. 한 설문조사에 따르면, Z세대의 30% 정도만 내 집과 자동차가 있어야 한다고 생각하는 것으로 나타나, 평균 50% 이상이 내 집과 자동차가 있어야 한다는 기존 세대 대비 소유에 관한 생각이 다름을 알 수 있다(노승욱, 나건웅, 2019. 6. 14.). 한정된 재화를 어디에 사용할 것인가는 단순히 특정 물질의 소유에 관한 결정을 넘은 어떤 라이프스타일을 가질 것이냐에 대한 선택이 된다. 이러한 경험을 중시하는 MZ세대의 모습 또한 현재의 나의 시간과 내가 있는 여기를 중요시하는 모습을 반영하고 있다.

(4) 네 번째 특성: 선한 영향력에 대한 열망

2019년 서울 마포구의 한 파스타 전문점에서 꿈나무 카드[2)]를 소유한 결식아동들에게 무료로 음식을 제공한다는 사실이 소셜미디어를 통해 확산하면서 시작된 선한 영향력에 대한 보상 개념인 '돈쭐내기'는 누구나 한 번쯤 들어본 단어일 것이다. '돈쭐내기'는 돈으로 혼쭐을 낸다는 의미의 신조어로, 금전적 손해를 감수하고 타인에게 선을 베푼 사람에게 사회에서 보상해 주지 않더라도 내가 할 수 있는 한도 내에서 보상해 주겠다는 의지가 담겨 있는 단어이다.

'돈쭐내기'는 MZ세대의 마지막 특성을 선명하게 보여 주는 예시이다. 선한 영향력에 대한 열망과 디지털 세대다운 소셜미디어를 통한 정보 및 행동 확산, 그리고 내가 확산한 정보를 통해 다른 사람들이 해당 가게를 방문하여 그 가게가 잘되는 것을 보면서 느끼는 만족감과 성취가 모두 담겨 있는 것이 '돈쭐내기'이다. 앞서 말한 바와 같이, 거대 담론에 관심이 없는 MZ세대에게 일상에서 자신의 선한 행동이 주변에 확산되는 것을 경험하는 것은 이들이 가진 선한 영향력의 열망이 기존 세대의 그것과 다름을 보여 준다.

MZ세대는 올바름을 추구하는 특성이 있다. 올바름에 대한 열망은 선한 영향력을 행사하는 것으로 나타난다. 선한 영향력은 도덕적 가치와 긍정적 태도를 바탕으로 타인이나 사회에 긍정적 변화를 가져오는 능력을 의미한다(이노

2) 결식아동 급식카드

션 인사이트그룹, 2021). 과거 타인의 선한 영향력을 확인하는 방법은 주로 직접 경험하거나 미디어를 통해 유명인, 정치인, 기업인 등의 선행을 알게 되는 것이었다. 그러나 디지털 미디어의 발달로 인해 대중은 더 이상 정보를 수동적으로 수용하는 존재가 아닌, 정보를 생산하고 행동력을 발휘할 수 있는 존재가 되었다.

특히 MZ세대는 사회적 문제에 민감하게 반응하며, 선한 행위에는 보상이, 잘못된 행위에는 그에 합당한 벌(penalty)이 있어야 한다고 생각한다. 부정적 행위를 하는 대상에 대해 디지털 미디어를 통해 분노와 비난이 쏟아지며, 해당 대상에 대해 행동한다. 최근 몇 년간 발생한 유명인들의 학교폭력, 미투(me-too), 음주운전과 같은 행위에 대해 MZ세대는 참지 않는다. 사회적으로 도움이 되는 소상공인이나 기업에는 호의적이지만, 사회적으로 물의를 일으키는 기업의 제품들은 불매한다. 이러한 원칙은 유명인이나 기업뿐만 아니라 개인의 주변 사람에게도 적용된다. 2021년 한 조사에 따르면, 연인이 학교폭력 가해자였다는 알게 된 경우 응답자의 72.6%가 이별을 택하겠다고 응답했다. 성별로 보았을 때는 남성(60.4%)보다 여성(84.8%)이 헤어진다는 응답을 더 많이 하였다.

MZ세대의 선한 영향력은 다양한 분야에서 나타나지만, 특히 환경문제와 연계되어 두드러지게 나타난다. 환경은 모든 세대에게 중요한 문제이지만, MZ세대는 다른 세대와 비교해 환경문제의 심각성을 인지하고 환경 보호에 관심이 많은 집단으로 여겨진다. 성장관리 앱 '그로우'가 MZ세대를 대상으로 진행한 조사 결과에 따르면, MZ세대는 ESG 활동 중 환경 분야(65%)에 가장 큰 관심을 보였으며, 지배구조(6%)에 가장 낮은 관심을 보였다. 대학내일20대연구소(2021a)의 조사에서도 MZ세대의 약 89%가 환경문제가 심각하다고 인식하고 있었는데, 특히 Z세대 여성들이 환경에 대한 관심도가 높고 본인의 참여로 환경 관련 문제가 개선될 수 있다고 느끼는 것으로 나타났다. 최근 딜로이트(2023a)의 조사 결과에서도 국내 MZ세대의 기후변화 위기의식은 글로벌 MZ세

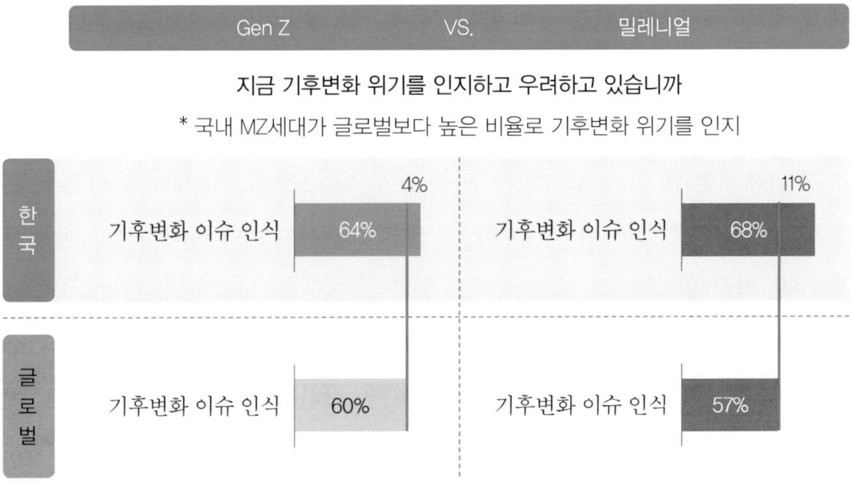

[그림 4-4] MZ세대의 기후위기 인식

출처: Deloitte Global Gen Z & Millennials Survey (2023).

대보다 높게 나타났다([그림 4-4] 참조). 유사하게 MZ세대 인터뷰 결과, MZ세대는 환경을 보호가 필요한 중요한 존재로 인식하고 있으며 현재 환경 상태가 심각하다고 인식하고 있었다. 흥미로운 점은 환경 위기나 심각성에 대한 인식의 근거가 개인의 직접 경험보다는 미디어를 통해 얻은 정보에 근거한다는 점이다(김미경, 장안리, 2022a).

그렇다면 MZ세대의 환경 인식이 환경 관련 활동으로 이어질까? 역설적으로, MZ세대의 환경 행동 참여율은 상대적으로 저조한 편으로 나타났다. 특히 MZ세대가 실천하기 어려워하는 영역은 플라스틱 사용량 감소였다. MZ세대는 플라스틱 저감의 주체를 개인보다 기업으로 인식하고 있으며(김미경, 장안리, 2022b), 개인 노력의 중요성을 낮게 평가하고 있었다(김현노 외, 2020). 또한 MZ세대는 다른 세대 대비 일회용품 사용량과 플라스틱 배출량이 높은 편이다(강민욱, 이상돈, 2020; 손광표, 황원경, 2021). 일상에서 사용되는 모든 제품이 재활용될 수 있도록 제품 사용 자체를 줄이고자 하는 '제로 웨이스트' 실천에 있어서도 실제 실천율이 가장 높은 세대는 베이비붐 세대로 나타났으며, MZ세대의 경우 '제로 웨이스트'에 대한 관심과 공감 대비 실제 실천율은 베이비붐 세대보다 낮았다(손광표, 황원경, 2021).

그러나 MZ세대의 친환경 행동 실천율이 실제로 저조한지에 대한 질문에 답하기 위해서는 몇 가지 고려해야 할 부분이 있다. 첫째, MZ세대의 실질적 친환경 행동에 관한 연구가 아직 충분치 않다. MZ세대론이 사회적으로 화두가 된 것은 최근 몇 년으로, 이 장에서 다루고 있는 Core-MZ(20~30대 초반)의 친환경 행동에 대한 데이터는 충분히 축적되었다고 보기 어렵다. 둘째, 친환경 행동의 정의와 범위에 대한 고려가 필요하다. 친환경 행동의 범위에는 에너지 절약, 재활용 등도 포함되지만 소비행동이 포함된다. MZ세대가 소비 영역에서 가치를 표현하는 경향이 있다는 점을 감안하여(고광열, 2021; 김효정, 2022),

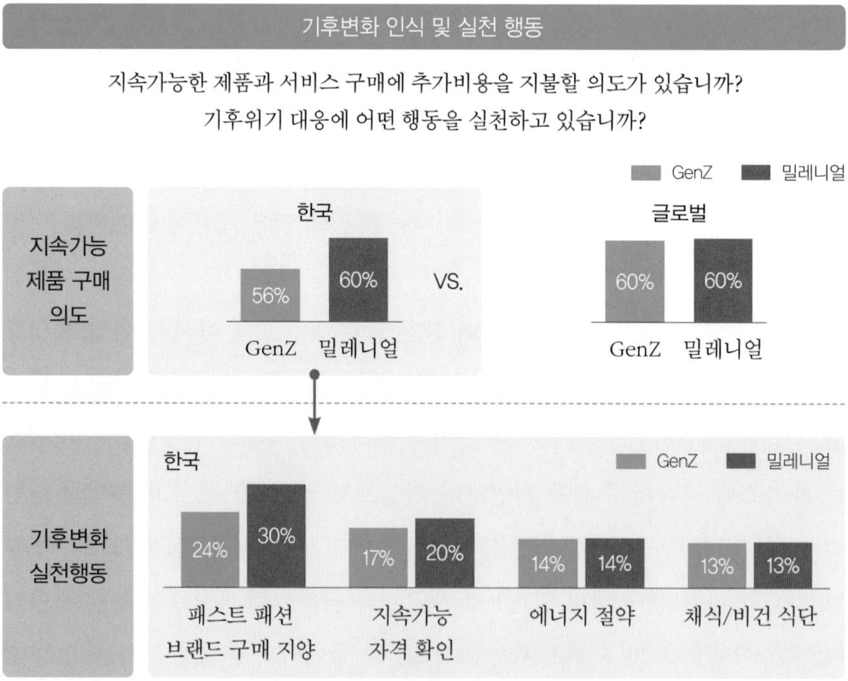

[그림 4-5] MZ세대의 기후 실천 행동

출처: Deloitte Global Gen Z & Millennials Survey (2023).

그들이 어떻게 친환경 소비를 하고 있는지 살펴볼 필요가 있다. 이러한 점은 딜로이트(2023a)의 조사 결과에서도 확인할 수 있다([그림 4-5] 참조). 우리나라의 MZ세대가 기후변화 관련 적극적인 행동을 보이는 영역은 패스트패션 브랜드 구매 지양이며, 에너지 절약 행동은 소비행동 대비 낮은 실천율을 보인다.

MZ세대는 대규모 기부나 직접적인 봉사활동보다는 소비행동을 통해 선한 영향력을 표현하고자 하는 경향이 있다(고광열, 2021). 맥킨지(McKinsey, 2020) 조사에 따르면, 아시아 6개국(인도네시아, 일본, 중국, 태국, 한국, 호주)의 Z세대 중에서 우리나라의 Z세대가 가치소비에 가장 적극적으로 참여하는 집단으로 나타났다. 이들은 유행보다는 자신의 가치를 중시하며, 환경 책임감과 윤리성이 있는 브랜드를 선호하는 경향이 있다.

그렇기에 MZ세대는 쓰레기 배출량을 줄이기 위해 포장을 최소화하고 폐기 시에도 자연에 주는 피해를 최소화하려는 제품을 다루는 '제로 웨이스트' 상점에서 제품을 구매하고 친환경 제품이 일반 제품보다 비싼 가격이라도 구매할 의향이 있으며(김미경, 장안리, 2022b; 대한상공회의소, 2022), 업사이클링 의류를 구매한다(Chatuverdi et al., 2020). 또한 이들은 ESG 측면에서 문제가 있는 제품이나 브랜드의 불매 운동에 참여할 의사가 높은 집단이다(이명진, 2021. 10. 27.). 돈쭐내기도 MZ세대의 가치소비의 결과로 나타난 현상이다.

최근 MZ세대 사이에서 급격하게 확산하고 있는 비건주의도 하나의 예시이다. 비건(vegan)은 동물성 제품을 완전히 배제하는 채식주의를 의미하며, 몇 년 전까지는 널리 알려진 개념이 아니었다. 그러나 최근 MZ세대의 사회적 영향력 덕분에 비건주의가 널리 확산되고 있다. 현재의 비건은 단순히 건강에 관한 관심과 개인 취향의 의미를 넘어 환경 감수성이라는 가치가 결합된 개념이다. MZ세대는 비건주의를 환경에 대한 책임을 실천하는 방법의 하나로 선택하고 있다. 현재 비건주의는 단순히 채식 생활을 지향하는 소수의 의견이 아니라 환경에 긍정적 영향을 미치는 라이프스타일로 자리 잡고 있다. 이노션 인사이트그룹의 글로벌 패널 데이터 조사(2021) 결과에 따르면, MZ세대가 관심을 두는 주제 중 10위 안에 비건이 포함되어 있음을 확인할 수 있다.

3. 기업의 활동과 MZ세대의 반응

기업의 환경친화적 활동은 새로운 것이 아니라, 과거부터 기업의 사회적 책임(Corporate Social Responsibility, CSR)의 일환으로 진행되어 왔다. 그러나 몇 년 전까지만 해도, 기업의 사회공헌이나 지속가능성을 위한 활동은 기업이 여유가 있을 때 추가로 시행하거나 문제가 발생했을 때 대응하는 수단으로 간주되었다. 환경과 관련해서도 많은 기업이 단기적으로 환경 친화적 이미지를 얻기 위해 표면적 노력을 기울였으며, 장기적인 계획보다 단기적 이익을 추구하는 경향이 있었다. 세계적 컨설팅 회사인 맥킨지도 2014년 'Sustainability & Resource Productivity Report'에서 기업의 지속가능성은 종종 '사치스러운 투자 또는 PR 수단'으로 간주되었다 분석한 바 있다. 그러나 지구 환경 변화에 대한 전 세계적 대응체계와 윤리적 감수성을 가진 MZ세대의 등장으로 ESG 측면이 기업에 필수적 요소로 자리 잡고 있다.

1) 국내 기업의 ESG 현황

오랫동안 ESG 경영을 중시하고 적극적으로 시행한 유럽과 미국에 비해 국내 기업들은 후발주자로서 경험이 부족한 상황이다. 2022년 대외경제정책연구원(KIEP)의 주요국의 'ESG 성과 평가실태 및 시사점' 보고서에 따르면, 국내 기업의 ESG 평가 등급[3]은 주요 17개국 중 최하위권이다. 보고서에 따르면, 국

3) 평가 점수는 글로벌 ESG 평가기관들의 한국기업 ESG 평가 점수를 기업 재무구조 및 산업 특성을 고려하여 16개 주요국 기업의 점수와 비교한 결과이다.

내 기업은 ESG 전 영역에서 16개 주요국 기업의 점수보다 낮은 편이지만, 특히 지배구조(G)가 취약한 것으로 나타났다. 그러나 ESG 공시 의무화, ESG 투자 확대, 공급망 실사법 도입 등으로 인해 ESG 평가와 시행에 대한 국내 기업들의 관심도 커지고 있다.

대한상공회의소(2023)가 최근 국내 300개 기업을 대상으로 '2023년 ESG 주요 현안과 정책과제'를 조사한 결과, 조사 대상의 40.3%가 'ESG 공급망 실사 대응'을 가장 주요한 현안으로 꼽았다([그림 4-6] 참조). 국내 기업의 공급망 실사법에 대한 대응 수준은 낮은 편으로 기업 공급망 내에 환경문제, 인권침해 여부 등 ESG를 안착시키지 못한 기업들은 수출에 대해 불안해하고 있다. 두 번째 현안으로 꼽힌 'ESG 의무 공시' 관련해서도 공시 의무화에 별다른 대응이 없다는 기업이 약 37%에 이른다. 그럼에도 62%에 해당하는 기업이 국내외 고객사의 요구 확대, ESG 규제 도입 등으로 인해 올해 경제 상황이 어려워도 ESG 경영은 더 중요해질 것으로 전망하였다.

ESG 분야 중 이 장에서 집중하고자 하는 분야는 환경 분야이다. 환경 분야는 ESG 중에서도 기후변화 이슈가 확대되면서 관심이 더욱 커지고 있다. 2023년 6월, 국제지속가능성기준위원회(ISSB)는 첫 번째 지속가능성 공시기준을 발표

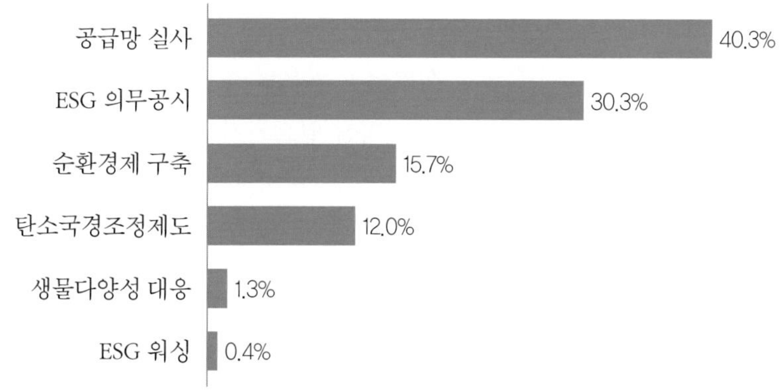

[그림 4-6] 국내 기업이 생각하는 2023 ESG 현안
출처: 대한상공회의소(2023).

하며 일반 요구사항(S1)과 함께 기후 관련 공시(S2)[4]를 확정하여 발표하였고, 세계자본시장 또한 기후변화 관련 공개를 지속가능 공개 보고 범위에 포함하며 기업의 적극적인 기후변화 대응을 촉구하고 있다.

한국 ESG 기준원이 2023년 국내 920개 기업(제조업 600개 사, 비제조업 320개 사)을 대상으로 탄소중립 관련 공개체계를 분석한 결과에 따르면, 탄소중립 목표를 수립하고 실질적 이행을 위해 중장기 전략 및 세부 추진 전략을 수립한 기업의 비율이 높지 않음을 알 수 있다. 국내 상장사 920개 기업 중 126개 기업(31.7%)만이 탄소중립 목표를 수립하였으며, 126개 기업 중 목표 달성을 위한 중장기 전략을 수립한 기업은 45.2%, 세부 추진 전략까지 공개한 기업은 37.3%로 나타났다. 또한 탄소중립 목표를 공개한 기업 대부분은 유가증권 상장사 또는 자산 규모 2조 원 이상의 기업으로 확인된다(최유라, 2023). 자산 규모가 큰 기업부터 선도적으로 시행되는 이유는 ESG 의무 공시가 2조 원 이상 규모 기업부터 도입된다는 점과 비용 문제일 것이다. 기업들은 ESG 경영 추진이 어려운 이유로 비용 부담(58.3%), 내부 전문인력 부족(53%)을 들었다(대한상공회의소, 2023).

더불어 기업의 ESG 활동이 범세계적 그리고 정부 규제에서 시작되는 하향식(top-down)으로 진행되다 보니 국내 기업들의 활동은 정부 규제를 피하기 위한 '무늬만 ESG'나 그린워싱(greenwashing)으로 치부되기도 한다(이춘재, 2021. 7. 18.). 기업이 ESG 활동을 시행하고 있으나 정작 일반 시민과 접점이 적어 전달되지 않거나 소비자 행동에 변화를 일으키지 않는다는 한계가 있다. 물론 기업 입장에서 ESG는 기업 가치 평가의 의미가 클 것이다. 그러나 ESG

4) 기후 관련 공시(S2)는 기업에게 경영전략과 에너지 소비 패턴을 고려한 시나리오 분석을 통해 기업의 기후변화 관련 위험과 기회 요인을 도출할 것을 요구하고 있다. 더불어, 중장기적인 탄소중립 목표를 수립하고 탄소중립 사회로의 전환을 위해 기후 관련 정보와 재무 정보를 통합하여 이해관계자에게 공개할 것을 권고하고 있다.

를 투자자의 관점으로만 볼 것인지에 관한 질문에 대해서는 다시 한번 생각해 볼 필요가 있다. ESG는 단기간이 아닌 장기적으로 사회적 평판과 존속가능성에 영향을 미치는 전 세계적 이슈이다. 그런 면에서 기업이 실시하고 있는 ESG 활동을 소비자가 인지하지 못한다는 것은 비효율을 발생시킨다. 앞서 언급한 바와 같이, 국내 기업의 ESG 활동은 환경 영역에 집중되어 있다. 여러 이유가 있겠지만, 이는 국내 기업이 탄소중립 목표 설정을 위해 가장 많이 사용한 지표가 '온실가스 배출'이라는 점으로도 명확하다. 국내 탄소중립 목표 설정 기업의 70.6%가 '온실가스 감축 목표'를 구체적 지표로 설정하고 있다(최유라, 2023). 또한 기업 담당자들도 '환경성과' 제시를 ESG의 가장 중요한 요소로 꼽는 편이다(한국표준협회, 2021).

2) 기업 활동에 대한 MZ세대의 인식과 반응

ESG 경영은 기업의 ESG 활동으로 소비자에게 인지되며, 기업의 ESG 브랜드 구축에 영향을 준다. 기업이 ESG 경영의 탄력을 받으려면 소비자가 해당 기업의 ESG 활동을 인지하고 ESG 선호도가 높아져야 한다. 실제로 실무자들은 ESG 경영을 통해 기업 이미지를 재고할 수 있으며, ESG의 성과가 소비자 구매 결정에 영향을 미친다고 보고 있다(박준규 외, 2022).

그렇다면 선한 영향력에 대한 열망이 있는 MZ세대의 ESG 관련 인식과 행동은 어떠할까? 혹자는 MZ세대가 ESG를 본인의 문제라 여기며 기존 세대보다 ESG 가치관을 더 잘 받아들이는 편이라고 이야기한다(이진원, 2021. 7. 21.). 정말 그럴까?

(1) ESG 경영에 대한 MZ세대의 인식과 행동

최근 수행된 연구 및 자료들을 살펴보면 ESG는 특정 세대에 국한된 주제가 아닌 모든 세대가 관심을 가지는 주제임을 알 수 있다. 한 조사 결과에 따르면,

2023년 국내 소비자의 ESG 경영인지 여부는 76.2%로 전년(69.2%) 대비 7% 증가한 수치다(한경ESG, 2023). 이러한 인지율 증가는 ESG 인지 수준이 사회 전반적으로 증가했음을 보여 준다. 특히 투자 경험이 있는 소비자의 ESG 인지율(86.2%)이 투자 경험이 없는 소비자(55%)보다 높게 나타나 투자 경험이 ESG 이해도에 영향을 미친다는 사실을 알 수 있다(한경ESG, 2023). 유사하게, 강윤지와 김상훈(2022)의 연구에서도 MZ세대의 62%, 기존 세대(베이비붐 세대와 X세대)의 66%가 ESG 경영을 인지하는 것으로 나타나 ESG 경영인지에 대한 세대별 차이는 크지 않은 것으로 나타났다.

또한 소비자들은 단순한 인지를 넘어 ESG에 대해 더 알고 싶어 하는 등 사회 전반적으로 ESG에 관한 관심이 높다는 것을 알 수 있다(한경ESG, 2023). 한국경제신문(2023)이 실시한 조사 결과, 응답자 중 70.8%가 ESG가 중요한 사안이며 더 알고 싶다고 답했다. 소비자의 ESG의 중요성 및 필요성 인식은 ESG 실천에 대한 반응에 유효한 영향을 미치는 주요 요소 중 하나인데(강윤지, 김상훈, 2022; 안소은, 오치옥, 윤태경, 2021; 유현경, 이성호, 남정민, 2021; 조수영, 김가람, 신별, 2022), 세대 별 차이가 나타났다. 기존 세대가 MZ세대보다 ESG에 대한 관심도가 높았으며, 필요성을 크게 인식하고 있었다(강윤지, 김상훈, 2022; 유현경, 이성호, 남정민, 2021; 한경ESG, 2023; Kstat, 2022). 우리나라에서 MZ세대가 기존 세대보다 ESG에 낮은 관심을 나타내는 이유로 우리나라 사회 내에 경쟁이 언급되는데, 치열한 경쟁 가운데 있는 MZ세대는 현재의 생존이 우선시되어 사회 이익보다 자기 이익에 중점을 두는 것으로 나타났다(Kstat, 2022).

기업이 ESG 경영 시 소비자 인식보다 관심 있는 부분은 자사의 ESG 경영이 소비자의 기업 또는 브랜드에 대한 태도나 구매 행동에 미치는 영향일 것이다. ESG 경영은 기업에 대한 호의적 태도에 영향을 미쳤다. 글로벌 회계 · 컨설팅 법인 EY한영이 21개 업종, 142개 기업과 브랜드를 대상으로 진행한 '기업 브랜드 지속가능성 지수: 한국 소비자가 인식하는 기업의 경제 · ESG 지속가능성' 보고서에 따르면, ESG 소비자 평판이 좋은 기업에 대한 소비자 집단(5.04)

의 선호 지수가 그렇지 못한 집단(3.68)보다 높게 나타나 지속가능성과 소비자 인식 간 인과관계가 있었다. 특히 기업의 ESG 평판은 해당 기업의 경제적 성과보다 소비자의 기업 호감도에 더 큰 영향을 미치는 것으로 나타났다(EY한영, 2022). 유사하게, 한국경제신문(2023)의 '2023 ESG 브랜드 조사'에서도 소비자들은 ESG 경영을 잘하는 기업에 호의적이었다. 조사자의 82%가 ESG 경영을 잘하는 기업에 대한 이미지가 좋아졌다고 응답하였다.

ESG 경영은 단순히 기업에 대한 선호도와 호감도를 넘어 소비자의 구매를 비롯한 다양한 의사결정에 영향을 미치는 것으로 나타났다. 소비자들은 제품이나 서비스를 구매할 때 해당 기업의 ESG 투자 및 성과를 고려한다고 응답하였다(EY한영, 2022).

인식 차원에서 다소 유보적인 모습을 보인 MZ세대는 주요 의사결정에서 ESG를 고려하고 있는 것으로 나타났다. 강윤지와 김상훈(2022)의 연구결과, ESG 경영에 대한 필요성과 중요성 인식 수준이 기업의 실질적 성과로 이어지는 결과는 기존 세대가 아닌 MZ세대 사이에서 나타났다. 구체적으로, MZ세대의 경우 ESG 경영이 개인에게 중요하다고 생각하면 ESG 경영을 하는 기업 제품에 대한 구매 의도, 구전 의도가 높았다(강윤지, 김상훈, 2022).

MZ세대를 대상으로 한 조사에 따르면, 이들은 제품 브랜드 선택 시 가격이 다소 비싸더라도 친환경 제품이나 브랜드를 구매하겠다는 응답이 높았으며(김미경, 장안리, 2022a; 한경비지니스, 2021), 구매 시 ESG 영향을 받는다고 응답하였다(성장관리 앱 그로우 조사, 2023). MSCI[5)](2020)에 따르면 MZ세대의 89%는 금융전문가들의 추천을 받기 전에 기업의 ESG 특성을 고려할 것이라 예상하였다. 한경비즈니스(2022)에서 ESG 관련 조사한 결과, MZ세대 31.9%가

5) ESG 경영 관련 국내외 600여개 평가 기관이 존재하는데, 대표적 평가기관으로 MSCI, S&P, 블룸버그, FTSE, 톰슨 로이터 등을 꼽을 수 있다. 이 중 MSCI가 제공하는 ESG 평가등급은 투자자들에게 가장 많이 채택되는 지표 중 하나이다(차진형, 2021. 8. 16.).

ESG에 적극적 참여 의사(동참 의사 또는 타인에게 알리고 싶은 의사)를 보였다.

ESG 경영 여부는 취업준비생들이 희망 입사 기업을 정하는 데도 긍정적인 영향을 미쳤다(잡코리아, 2021). 잡코리아 조사대상자(n=1,183) 중 64.4%가 ESG 경영을 실천하는 기업에 입사하고 싶다고 응답하였다(잡코리아, 2021). 취업준비생의 68%가 ESG 경영의 뜻과 의미를 알고 있었으며, ESG 경영의 뜻과 의미를 알고 있다고 응답한 이들에게 취업 희망 기업 선정 시 ESG 경영 여부를 확인하는지에 대해 질문하자 52.4%가 확인한다고 응답하였다. 이들이 ESG 경영 여부를 확인하는 이유로 ESG 경영을 실천하는 기업의 향후 성장가능성(41.5%), 기업문화 · 근무 환경에 대한 기대(28.9%), 환경 · 사회 문제를 중시하는 나의 가치관과 맞아서(20.7%) 등이 나타났다(잡코리아, 2021). 그러나 1년이 지난 2022년도 조사 결과, 환경 · 사회문제를 중시하는 시대 흐름에 부합된다고 판단해서(50.3%)가 기업의 향후 성장 가능성(29.5%)보다 높게 나타나 개인의 가치관, 시대적 흐름이 중요한 요소가 되었음을 알 수 있다(대한상공회의소, 2022).

입사 후 직장생활에서도 기업의 ESG 활동은 MZ세대에게 영향을 미쳤는데, 예를 들면 기업의 환경 무책임(environmental irresponsibility)은 MZ세대의 직장 내 일탈적 행동에 정적(+) 영향을 미쳤는데, 이러한 경향은 밀레니얼 세대보다 Z세대에게서 더 크게 나타났다(Abbasi, Amran, & Sahar, 2022).

(2) ESG에 대한 MZ세대의 평가

국내 기업의 ESG 활동 평가와 관련해서 소비자들은 ESG의 중요성에 비해 ESG 성과가 부진한 것으로 인식하고 있었다. 기업이 창출하는 경제적 성과가 긍정적이라는 답변은 53%인 반면, ESG 성과에 대한 긍정 평가는 30%로 나타났다(EY한영, 2022).

기업의 ESG 활동 평가 관련 세대별 차이가 있었다. 베이비붐 세대가 MZ세대보다 ESG 경영을 잘하는 기업을 긍정적으로 평가하였다. 20대를 제외하면

나이가 증가할수록 ESG 경영을 잘하는 기업에 대해 '신뢰감이 생긴다'에 긍정적으로 응답한 비율이 증가하였다(30대 71.8%, 40대 75.3%, 50대 82.8%, 60대 이상 86%)(한경ESG, 2023). 유사하게, EY한영의 2022년 조사에서도, 30대에 해당하는 밀레니얼 세대가 기업의 ESG 성과를 가장 부정적으로 평가하였다(EY한영, 2022).

세대별 기업의 ESG 활동에 대한 평가가 달라지는 이유는 다양하겠지만 동기 추론(motive inferences)과 영역 지식(domain knowledge)이 영향을 미쳤을 수 있다. MZ세대는 기업의 ESG 활동을 사회에 도움이 되는 이타적 동기(altruistic or public-serving motive)보다 이기적 동기(self-serving motive)로 추론했을 가능성이 있다. 강윤지와 김상훈(2022)의 연구에서 기존 세대가 기업이 ESG를 수행하는 이유로 환경 및 사회적 위기 예방과 기업의 지속가능성 강화를 꼽은 반면, MZ세대는 기업 이미지 개선을 꼽았다. 기업의 ESG 활동의 동기 추론에 있어 기존 세대가 더 이타적이고 사회에 도움이 되는 동기를 추론하였다면, MZ세대는 기업이 자신에게 도움이 되는 이기적 동기를 가졌을 것으로 추론하였다.

또한 MZ세대는 비교적 어린 나이부터 주식, 코인 등 투자 경험을 쌓은 세대로 기업 관련 부정적 정보에 더 민감할 수 있다. 기존 연구들에서도 설득 기술에 대한 지식이 많을수록 기업의 활동에 대해 회의감(skepticism)을 느끼고 부정적 평가를 하는 경우가 많다(Friestad & Wright, 1994).

소비자들이 인식하는 ESG를 잘하는 기업은 소위 말하는 대기업들로 나타났다([그림 4-7] 참조). 한국경제신문(2023)의 '2023 ESG 브랜드 조사' 결과를 보면, LG 그룹 계열사가 10위 내 많이 포진해 있는 것이 눈에 띈다.

종합 순위 톱 10

순위	순위 변동	기업명	점수
1	–	LG	105.7
2	–	삼성전자	103.1
3	▲2	LG생활건강	84.7
4	▼1	LG전자	81.7
5	▲5	삼성SDI	69.8
6	–	네이버	69.2
7	–	신세계	69.1
8	▲5	포스코	65.8
9	신규	GS에너지	64.7
10	▼6	LG에너지솔루션	64.5

[그림 4-7] 소비자가 평가하는 2023 ESG 잘하는 기업 순위

출처: 한경ESG(2023).

선호하는 ESG 브랜드의 경우, 모든 연령대에서 1위를 차지한 LG를 제외하고 세대별 선호도의 차이가 있었다. 베이비붐 세대가 삼성전자를 선호하는 반면, MZ세대는 네이버를 선호하는 것으로 나타났다. 이러한 차이는 연령별 중요하다고 생각하는 ESG 활동의 차이로 인한 것으로 추정되는데, 40대 이상이 사회공헌 활동, 윤리 경영 등의 주제를 중시하는 반면, MZ세대는 인권 및 노동관행 개선 등의 활동 등에 가중치를 두고 있었다(한경ESG, 2023). 이와 달리, 대한상공회의소(2022)의 조사 결과에서 MZ세대는 국내 기업 중 ESG 경영에 대한 대응을 잘하는 기업으로 SK를 선택하였다. 이와 같은 조사 결과 차이는 조사 기관마다 측정 문항과 방식 차이로 인해 발생하는 것으로 실무자나 연구자가 타 기관의 결과를 활용할 때 평가 방식을 면밀히 살필 필요가 있다.

환경(E), 사회(S), 지배구조(G) 영역 중 소비자들이 가장 중요하게 생각하는 영역은 환경으로 나타났다(잡코리아, 2021; 한경ESG, 2023). 그러나 세부적으로는 세대별 차이가 나타났는데, 기존 세대가 '기후변화 대응'과 '친환경 제품과

서비스 확대'를 중요한 활동으로 생각한다면, MZ세대는 '자원절약과 재활용'을 중시하는 것으로 나타났다. 특히 20대에서는 '다양성과 양성 평등' '생물다양성 보전' 등도 높은 수치를 보였다(한경ESG, 2023). 물론 사회와 지배 구조 이슈도 ESG의 주요한 축이지만 전문가들도 시급한 지속가능성 과제로 기후변화, 생물 다양성, 수자원 부족 등을 꼽고 있어(ERM, 2023), 여기에서는 국내 기업이 실시하는 환경 분야 내 소비자 접점에서 실시되고 있는 활동들에 대해 MZ세대가 어떻게 반응하고 있는지 살펴보고자 한다.

(3) 기업의 환경친화적(E) 활동에 대한 MZ세대의 반응

최근 ESG 중심의 브랜드 포지셔닝(brand positioning)이 증가하고 있다. 자사 홈페이지 전면에 ESG 현안을 내세울 만큼 ESG 브랜딩에 적극적인 기업을 포함 기업의 ESG 주제의 광고캠페인, 보도자료, 소셜미디어 플랫폼 운영 등의 활동이 과거 대비 증가하고 있다. 그러나 기업의 ESG 활동을 소비자에게 전달하려면 재무 중심의 언어를 사용하기보다 소비자에게 친숙한 브랜드 중심의 언어를 사용해야 한다. 국내 기업 ESG 활동 중 90% 이상이 환경에 초점을 맞추고 있는 상황에서(김용섭, 2022), 소비자를 향한 기업의 친환경 활동은 잘 전달되고 있을까?

MZ세대는 친환경을 잘하는 기업으로 삼성, LG, 유한킴벌리, SK, 오뚜기, 풀무원, 현대차 등을 언급하였다(대학내일20대연구소, 2021a; 대한상공회의소, 2022). 주로 대기업이 친환경을 잘하는 기업으로 선택된 것은 다음의 여러 가지 이유를 들 수 있다. 첫째, 실제로 대기업이 친환경을 비롯한 ESG 관련 활동 및 프로그램을 많이 운영하고 있다. 둘째, 대기업의 활동들은 언론에 노출되는 빈도가 높다. MZ세대가 기업의 ESG 활동 관련 정보를 접하는 경로는 언론기사(42.1%), 기업 홈페이지(32.5%), 광고나 마케팅 활동(16.7%)으로 나타났다(잡코리아, 2021). 그중 언론 기사는 MZ세대의 ESG 기업 태도에 긍정적 영향을 미치는 것으로 나타났다(손연아, 우미원, 전종우, 2023). 셋째, 조사 시 포함된 기업 명단에 중소기업보다는 대기업이 들어갔을 가능성이 높다. 대학내일20대연구소(2021a)에서 Z세대 83명을 대상으로 인터뷰한 결과를 보면, Z세대가 친환경 활동을 잘하고 있다고 생각하는 기업은 스타벅스, 이니스프리, 러쉬, 마켓컬리, 빙그레로 같은 대학내일20대연구소(2021a)에서 600명 대상으로 설문한 결과와 다른 결과가 나타났다.

소비자 접점에서 기업이 시행하고 있는 친환경 캠페인은 업종에 따라 다르게 나타나지만, 재활용, 플라스틱 순환 등의 분야로 나타나는데, MZ세대는 일상에서 쉽게 만날 수 있는 활동을 하는 기업에 대해 긍정적 평가를 하는 것으로 나타났다(대학내일20대연구소, 2021a). 인터뷰 결과로 더 자세하게 알 수 있었던 스타벅스나 이니스프리의 경우 '리유저블 텀블러' 캠페인이나 공병 수거 등 일상에서 쉽게 만날 수 있고 실천하기 쉬운 캠페인에 긍정적 평가를 하는 것으로 보인다.

그러나 심층 인터뷰로 기억이 남는 캠페인에 관해 물었을 때 특별히 기억나는 기업의 캠페인은 많지 않았다(김미경, 장안리, 2022b). 유사하게, 한 조사 결과 MZ세대의 절반 이상이 기업의 사회적 공헌 활동을 모른다고 응답하였다(임호동, 2023). 뿐만 아니라, 기업의 친환경 활동이나 캠페인 성과에 대한 자료는 찾아보기 어렵다. 국내 기업의 ESG 활동의 90%가 환경에 집중되어 있고(김용섭, 2022), 기업들이 소비자를 대상으로 펼치는 캠페인도 친환경 분야가 많은데, 소비자가 기업의 친환경 캠페인에 대해 인지하지 못하는 틈새는 어디서 발생할까?

먼저, 틈새 발생의 원인으로 기업의 ESG에 대한 접근 방식을 들 수 있다. 앞서 말한 바와 같이, 유럽과 미국에 비해 국내 기업이 ESG 관련 활동을 실행하기 시작한 것은 오래되지 않았다. 그러다 보니 기업 대부분이 ESG 1.0 수준에서 캠페인을 기획하고 실행하고 있을 가능성이 있다. 투자자 중심으로 이해 관계자 요구에 대응하는 수동적·대응적 접근을 기본으로 하는 ESG 1.0 단계에서는 기업 간 차별화가 어렵다(이노션 인사이트그룹, 2022). 세계적 지속가능성 컨설팅 그룹 ERM의 전문가 조사(2023) 결과, 기업의 지속가능성 리더십 20위권에 국내 기업이 진입하지 못한 것도 이를 뒷받침한다. 상위 5위 안에 들어간 기업(예: 파타고니아, 유니레버, 이케아 등)의 경우 지속가능성을 비즈니스 모델의 핵심으로 삼고 있다(신언빈, 2023). 국내 기업의 ESG 전반에 대한 접근법이 ESG 1.0 단계라면 기업별 소비자 접점에서 수행하는 친환경 캠페인의 차별점이 크지 않을 것이고, 소비자로서는 기억에 남는 캠페인이 많지 않을 수 있다.

다음으로, MZ세대에게 맞지 않는 방식으로 캠페인을 진행하고 있을 수 있다. 기업의 ESG나 환경 캠페인을 기획하고 실행하는 담당자가 MZ세대가 아닌 기존 세대라면 MZ세대의 문법을 정확하게 이해하지 못하는 캠페인을 기획할 수 있다. 기업 전반에 ESG 경영의 가치를 내재화하는 것과 소비자 대상으로 기획하는 것은 다른 이야기이므로 캠페인 방향의 문제일 수 있다.

마지막으로, 기업의 ESG 활동에 대한 홍보 또는 소통 부족을 들 수 있다. 소비자들이 ESG 경영에 대한 기업의 홍보 및 커뮤니케이션의 필요성을 높게 지각하고 있는 데 비해(강윤지, 김상훈, 2022), ESG 관련 노력과 성과에 대해 소비자와 활발하게 소통하고 있는 기업 비율은 7%에 불과하며, 전혀 소통하지 않는 비율은 21%로 나타났다(EY한영, 2022). 소비자들 또한 ESG에 대한 기업 차원의 홍보와 커뮤니케이션이 부족하다고 느끼고 있었다(강윤지, 김상훈, 2022).

더 생각해 볼 문제는 기업의 친환경 캠페인을 인지하지 못하는 것보다 친환경 트렌드의 후폭풍으로 발생하는 '그린워싱(greenwashing)'이다. '그린워싱'은 위장환경주의라고도 하는데, 친환경 마케팅처럼 보이지만 실제보다 과장하거나 속이는 것을 의미한다(Wahab, 2018). 소셜미디어에서 집행되는 글로벌 브랜드의 녹색 광고(green advertising)를 분석한 한 연구에서 70% 이상의 주장이 그릇된 주장임이 드러났다(Kwon et al., 2023). 국내도 부당한 환경성 표시나 광고로 적발된 건수가 매년 늘고 있는데, 2022년은 2021년 대비 16.7배 증가하였다(환경부). 그린피스(2023)도 국내 76개 기업 소셜미디어 계정 중 '그린워싱'에 대한 게시물을 한 건이라도 올린 기업이 41.1%에 달한다고 발표하였다. 업종별로는 정유, 화학, 에너지 업종에서 가장 많은 '그린워싱' 게시물을 올린 것으로 나타났다(그린피스, 2023).

'그린워싱'의 대표적 유형은 환경에 해를 미치는 제품이나 서비스를 친환경으로 포장하거나 친환경 제품 및 서비스를 제공하지만 창출된 결과를 과장하는 경우이다(이옥수, 2022). 패션업계의 경우, 해외에서 포 레더 재킷(faux leather jacket)으로 표기되는 제품을 국내에서 에코 레더 재킷(eco leather jacket)으로 표기하여 판매하는 경우가 하나의 예시이다. 이렇게 에코라는 라벨을 붙인 브랜드들은 상품에 '친환경'이라는 설명을 붙이는 경우가 많은데, 업계에서는 동물성 소재를 사용하지 않았다는 이유로 친환경을 붙인다고 하지만 플라스틱 성분이 포함된 인조(faux) 재킷에 친환경이라는 설명을 붙이는 것은 '그린워싱'이 될 수 있다(신혜정, 2022. 05. 04.).

'그린워싱'은 친환경에 대한 회의감(skepticism)을 높이고 기업 및 브랜드에 대한 신뢰에 부정적 영향을 미치기 때문에 친환경 마케팅이나 캠페인을 기획할 때 주의가 필요하다. MZ세대의 경우 '그린워싱'에 민감하며, '그린워싱' 브랜드에 대한 부정적 태도(Larsson, Gustav, & Allice, 2022)와 낮은 구매 의도를 보이는데, 환경에 관한 관심이 높은 MZ세대 소비자라도 특정 브랜드의 행위가 '그린워싱'으로 인식되면 해당 제품에 대한 구매 의도가 감소하는 것으로 나타났다(Bulut et al., 2021). 그러나 '그린워싱'이라는 용어를 비롯 의미, 범위 등은 전문가가 아닌 일반 소비자에게 익숙하지 않을 수 있으며, '그린워싱' 제품을 구별하는 것은 쉽지 않은 일이다. 현재 MZ세대와 '그린워싱' 관련 연구의 숫자가 적은 편이라 이 주제에 대한 지속적 탐색이 필요해 보인다.

3) MZ세대를 위한 친환경 캠페인 방향성 제안

마지막으로, MZ세대를 위한 친환경 캠페인 방향성을 제안하며 이 장을 마치고자 한다. 이를 위해 MZ세대의 특성과 연관 지어 제안해 보고자 한다.

첫째, 거시적인 개념의 '착함'이나 '선함'을 강조하기보다 개인에게 어떤 혜택이 있는지 또는 개인의 행동이 어떤 선한 영향력을 미쳤는지 강조할 필요가 있다. MZ세대는 집단보다는 자아를 우선시하는 면이 있다. 이들은 변화가 일상인 불확실한 하루하루에서 자아에 대해 고민하고 자아를 이해하고자 노력한다. 앞서 언급한 바와 같이, 미디어의 디지털화, 분화 가운데 성장한 MZ세대의 미디어를 통한 경험은 획일적이지 않다. 물론 일관적인 부분도 있겠지만, 각자 선택한 미디어 콘텐츠에 따라 본인의 취향에 맞는 콘텐츠를 소비할 수 있었고 나에게 필요한 정보를 취사선택하고 나와 생각과 취향이 비슷한 사람들과 연대할 수 있었다. 친환경 캠페인의 방향이 선한 것은 맞지만 캠페인에서 강조하는 것이 선함이라는 거시적 이야기만 되어서는 나와 특별한 관계성을 갖기 힘든, 그냥 뻔한 이야기가 될 수 있다. 실제로, MZ세대 인터뷰 연구에서 참여자들은 환경이라는 이슈 자체가 무겁게 다가오는 이슈인데 캠페인에서 거창한 용어를 사용할 때 거부감이 든다고 답했다(김미경, 장안리, 2022b).

하나의 방법은 캠페인에서 나에게 어떤 이득이 있는지 구체적으로 언급해주는 것이다. 앞서 말한 바와 같이, MZ세대는 선한 일에는 보상이, 잘못된 일에는 벌이 있어야 한다고 생각한다. 보상의 방향은 다양할 수 있다. MZ세대를 대상으로 한 인터뷰 연구에서도 MZ세대 응답자들은 친환경 캠페인 동참에 있어 환경을 보호한다는 방향성 외 본인에게 물리적이고 심리적 보상이 있는 캠페인을 원한다는 응답을 하였다(김미경, 장안리, 2022b). 물리적 보상은 실질적인 경제적 혜택(economic benefit)과 관련될 수 있고, 심리적 보상은 자기표현(self-expression), 사회적 혜택(social benefit), 심리적 안정(psychological well-being)이 될 수 있다(최태랑, 2022). 실제로 MZ세대 인터뷰 응답자는 본인이 이용하는 화장품 브랜드에서 공병을 모아 가면 포인트 적립을 해 주는 등의 혜택을 주는 것을 캠페인 참여 동기로 언급하였고, 다른 응답자는 유한킴벌리에서 진행하는 캠페인에 동참해서 본인의 이름으로 한 그루 나무를 심은 것이 심리적 만족감에 큰 영향을 주었다고 답하였다(김미경, 장안리, 2022b). 한 ESG 실무자도 소비자가 업사이클링 브랜드 프라이탁을 구매하는 이유로 프라이탁이 재활용 '명품'이기 때문이라는 점을 언급한 바 있다(한경비지니스, 2022. 09. 18.).

유사하게, 지속가능한 패션 브랜드와 관련한 연구에서 브랜드가 제공하는 자기표현, 사회적, 경제적 혜택이 브랜드와의 관계 몰입(relationship commitment)을 높인다는 점이 발견되었다(최태랑, 2022). 최근 등장한 용어 중 하나인 에코그래머블(echo-grammable)이 있는데(이노션 인사이트그룹, 2022), 소셜미디어에 게재할 만한 캠페인 관련 굿즈 등의 활용도 자기표현이나 사회적 혜택을 주는 방법이 될 수 있다.

둘째, 캠페인에서 구체적 정보를 제시해 줄 필요가 있다. MZ세대는 예측하지 못한 변수의 발생보다는 예측할 수 있는 시스템 내에서 효율성을 추구하는 면이 있다. 구체적인 정보는 브랜드의 진정성에도 영향을 미치는데, 대부분의 '그린워싱'의 사례가 구체적 정보 누락으로부터 오기 때문에(Kwon et al., 2023), 캠페인의 진정성 확보를 위해서도 구체적 정보를 제공할 필요가 있다. 또한 구체적 정보는 이들의 자발적 참여를 유도하는 데도 도움을 주는데, 한 연구에 따르면 MZ세대는 기존 세대 대비 친환경 행동 관련 구체적 정보를 제공하였을 때 자발적으로 참여하고자 하는 의사가 높았다(Muralidharan, La Ferle, & Roth-Cohen, 2023).

캠페인에서 친환경을 위한 구체적 방법(how to)을 제시해 주는 것도 효과적일 것으로 생각된다. MZ세대 대상 인터뷰 연구에서 참여자들은 행동을 제시하지 않더라도 쉽게 습득할 수 있는 정보를 제공하는 캠페인도 효과적일 수 있다고 답했다(김미경, 장안리, 2022b). 친환경 행동 실천에 있어 방법을 몰라 하지 못하는 경우가 많다는 응답이 있었다. 예를 들어, 한 응답자는 혼밥 10단계처럼 단계별로 도전하는 방법 등 가이드라인이 있으면 좋겠다는 제안을 하였다(김미경, 장안리, 2022b). 친환경 캠페인을 통해 방법을 배우면 결국 따라 하게 되고, 실제적으로 행동하고 참여해 봄으로써 캠페인을 기억하게 되는 것으로 나타났다(김미경, 장안리, 2022b).

셋째, 친환경 캠페인 관련 스토리를 만들고 세계관을 구축하면 효과가 있을 것으로 생각된다. MZ세대는 어린 시절부터 디지털 미디어 경험을 통해 기존 세대 대비 분화되고 다양한 정체성을 가졌다. 기존 세대의 사적 영역에서의 나와 공적 영역에서의 나의 차이는 MZ세대에게 오면 그 차이가 더 벌어질 수밖에 없다. MZ세대에게 회사에서의 나와 사적 영역에서의 나는 분명히 다른 존재다. 이 차이를 이해하면 MZ세대의 세계관 몰입과 부캐가 받아들여지는 기제(mechanism)가 이해된다. 이들의 높아진 환경, 사회적 감수성에 맞는 진정성 있는 스토리 개발과 세계관 구축은 다른 기업의 캠페인과 차별성 있는 활동이 될 수 있다.

당연한 이야기지만, 친환경이라는 개념이 기업에 적용될 때는 산업 영역, 존재 이유, 상황, 목표에 맞는 스토리 개발이 필요하다. 실제로, 한 연구에서 밀레니얼 세대의 경우 기업의 일반적 자선 활동을 회의적 시각으로 바라보며 기업의 업이 속한 영역 내에서의 활동에 대해 긍정적으로 평가하는 것으로 나타났다(Chatzopoulou & de Kiewiet, 2021). 기업만의 자기다움을 표출하는 데도 앞서 말한 거시적이고 이상적인 방향으로만 제시할 것이냐에 대한 고민이 필요하다. 부캐나 세계관이 지향하는 바는 사회에서 인정하는 이상적 모습(ideal self)이 아닐 수 있다. MZ세대가 호응하는 부캐는 어설픈 캐릭터인 경우가 많다. 이 이면에 기존 세대보다 다양한 '나'를 보유한 MZ세대의 사회적으로 규정해놓은 '~다움'에 대한 반발 심리가 있는 것이 아닐까 싶다. 특히 각자의 다양성을 존중하는 MZ세대에게는 기존 세대가 생각하는 '친환경 캠페인다움'은 나와 거리가 먼 무거운 주제일 수 있다.

4. 전망 및 결론

최근 ESG 버블과 회의론에 관한 이야기가 나오고 있다. 여기에는 2022년 전세계적으로 ESG 경영에 불을 붙인 블랙록 래리 핑크의 ESG 속도 조절론에 대한 발언이 영향을 미쳤다. 그와 함께 러시아-우크라이나 전쟁 등의 상황이 기업으로 하여금 ESG에 신경을 쓰기 어렵게 만들기도 했다. ESG 열풍이 힘을 잃자 국내 기업들은 ESG 중 환경과 사회 대신 지배구조 개선에 신경을 쓰는 모양새이다. 그렇다면 이제 ESG는 힘을 잃은 것일까? 이에 대한 답을 위해서는 ESG의 근원을 다시 한번 생각해 보면 된다. ESG는 '지속가능성'이라는 키워드와 맞닿아 있다. 인류에게 내가 살아갈 환경, 사회의 책임 구현 및 기업의 투명한 지배구조는 특정 시점에만 중요한 이슈가 아니라 지속가능을 위해 항상 중요한 이슈라 생각한다.

ESG 관련 전문가들 또한 2023년이 도전의 해이지만 장기적 추세로 보면 지속가능성이라는 이슈는 인류에게 중요한 이슈라는 것에 대체로 동의하는 분위기이다. 전문가들은 ESG 관련 규제화와 정보 공시기준 강화, 기후변화, 생물 다양성 보존 등의 이슈가 여전히 중요하고 시급하다고 보고 있다(신언빈, 2023).

결국 지속가능성 자체가 인류의 생존과 관련이 되는 의제라 ESG가 되었건 다른 이름이 되었건 지속가능성이라는 키워드에서 파생된 이슈는 속도의 차이가 있을지언정 사라지지 않을 것으로 생각된다. 특히 이 장에서 다룬 환경 관련 이슈는 인류가 실제 경험하고 있는 기후변화라는 난제 앞에 전 세계적으로 대응해야 할 과제임은 분명하다. 이런 점에서 ESG가 자본주의의 논리를 따르고 있고 ESG 실행을 위한 세부적 요소의 변경이 있을지라도 그 자체가 사라지지 않을 것으로 생각된다. 그렇다면 기업들도 자사의 지속가능성을 위해 현재 상황의 어려움 때문에 ESG를 포기할 것이 아니라 속도를 조절하더라도 ESG 2.0을 추구하고 실행하는 것이 맞는 방향이라고 생각한다.

이와 함께 이 장에서 강조한 MZ세대 그리고 Z세대 이후 올 알파 세대는 환경, 사회, 지배구조에 현존하는 세대 중 가장 오랜 영향을 받을 세대이다. 기존 세대보다 '나'에 관심이 많은 세대인 만큼 내 일이 될 지속가능성 관련 ESG를 간과하지 않을 것으로 보인다. 다만 앞서 말한 바와 같이, 접근에 있어 신중할 필요가 있다. 기존 소비자 접점에서 행해지는 기업의 ESG 특히 이 장에서 다룬 환경 캠페인은 전반적으로 거시적 '선함'을 강조하고 있다. 개인적으로는 많은 조사 결과 MZ세대가 기존 세대 대비 ESG에 대한 인식과 필요성 수준이 낮은 편이라는 결과가 실체가 없는 추상적이고 거시적 선함을 강조하는 데서 오는 것이 아닐까 싶다.

MZ세대는 거시적이고 집단화된 개념을 받아들이기보다 미시적이고 개인화된 개념을 받아들이는 세대이다. 캠페인을 기획하는 데 개인에게 정밀 타겟팅하기 어렵겠지만 그럼에도 이 캠페인을 함으로써 나에게 어떤 혜택이 있는지 그리고 내가 이 캠페인을 실행하기 쉬운지 등에 대한 고민은 필요하다. 물리적 공간에서 집단화를 통해 사회에 변화를 가져온 기존 세대와 달리 어린 시절부터 디지털 세상에서 살아온 세대이기에 이들에게 내가 하는 친환경 행동이 가져올 이익과 이 행동이 디지털 미디어를 통해 확대되어 가면서 실제 오프라인에서도 영향력을 발휘하는 지점은 중요하다.

참고문헌

강민욱, 이상돈(2020). 1인가구 증가에 따른 일회용 플라스틱 배출 실태 분석. **디지털 서울 이슈리포트**, 2020-05.

강윤지, 김상훈(2022). 기업의 ESG 경영에 대한 소비자 인식에 관한 연구: MZ세대를 중심으로. **광고학연구**, 33(3), 7-39.

건강보험심사평가원(2022). 최근 5년(2017~2021년) 우울증과 불안장애 진료현황 분석.

고광열(2021). **MZ세대 트렌드 코드**. 밀리언서재.

그린피스(2023). 그린워싱 실태 시민 조사 보고서. #소셜미디어로 침투한 대기업 위장환경주의.

김미경, 장안리(2022a). MZ 세대의 환경 인식과 행동 및 소셜 미디어 역할 이해를 위한 탐색적 연구. **광고 PR 실학연구**, 15(3), 37-66.

김미경, 장안리(2022b). MZ 세대의 플라스틱 저감 실천 유도 요인에 대한 탐색적 연

구: 소셜미디어와 캠페인의 역할을 중심으로. **광고연구**, (134), 88-131.
김용섭(2021). **라이프 트렌드 2022: Better Normal Life**. 부키.
김용섭(2022). **ESG 2.0 자본주의가 선택한 미래 생존 전략**. 퍼블리온.
김현노, 전호철, 이홍림(2020). 환경 · 경제 통합 분석을 위한 환경가치 종합연구: 2020 국민환경의식조사. KEI 사업 보고서.
김효정(2022). **MZ세대가 쓴 MZ세대 사용설명서: 세대 간 협력과 소통을 위한 MZ키워드 33**. 넥서스BIZ.
노승욱, 나건웅(2019. 6. 14). Z세대가 온다. 밀레니얼 세대와 닮은 듯 다른 신인류 스마트폰 쥐고 자란 포노 사피언스. https://www.mk.co.kr/economy/view/2019/417639/
대외경제정책연구원(2022). 주요국의 ESG 성과 평가실태 및 시사점.
대학내일20대연구소(2021a). 2021 MZ세대 친환경 실천 및 소비 트렌드.
대학내일20대연구소(2021b). **밀레니얼-Z세대 트렌드 2022**. 위즈덤하우스.
대한상공회의소(2020). 직장 내 세대 갈등과 기업문화 종합진단 보고서.
대한상공회의소(2022). MZ세대가 바라보는 ESG 경영과 기업인식조사.
대한상공회의소(2023). 2023 ESG 주요 현안과 정책과제 조사.
대한표준협회(2021). 기업의 지속가능성 보고서.
박준규, 오유선, 심승범, 이승원, 조재희(2022). ESG(Environmental Social Governance) 언론보도에 대한 실무자 인식 및 보도 프레임 연구. **홍보학연구**, 26(2), 117-149.
손광표, 황원경(2021). KB 트렌드 보고서: 소비자가 본 ESG와 친환경 소비행동. KB 경영연구소.
손연아, 우미원, 전종우 (2023). 환경 이슈에 대한 ESG 기업 태도와 제품 구매의도에 영향을 미치는 요인. **광고연구**, (136), 150-173.
신언빈(2023). 지속가능성 전문가 서베이. **한경ESG**, Vol. 26, 43-47.
신혜정(2022. 5. 4). 미국서 '인조가죽'이 한국선 '에코가죽' 된다… 패션업계 만연한 그린워싱. 한국일보. https://m.hankookilbo.com/News/Read/A2022043013030003992
안소은, 오치옥, 윤태경(2021). 우리나라 국민의 환경인식, 환경태도, 환경실천 현황 및 구조적 관계성 분석: 국민환경의식조사를 중심으로. **환경정책**, 29(1), 47-75.
유수란, 정재일, 신정화, 기희경, 박은영, 김선애, 신자유, 김예진(2023). **터칭: 한 시대**

를 공유하는 각기 다른 세대의 공존을 위한 전략. 북인사이트.
유정균(2021). MZ 세대를 들여다보다. 이슈 & 진단, 1-25.
유현경, 이성호, 남정민(2021). 소비자의 ESG 경영요구가 ESG 경영지지에 미치는 영향. Entrpreneurship & ESG 연구, 1(2), 1-24.
이경민(2021). "불확실한 미래 보상보다 현재가 중요" MZ세대는 투명한 소통을 원한다. DBR, 322, issue 1,
이노션 인사이트그룹(2021). 친절한 트렌드 뒷담화 2022: 마케팅 전문가들이 주목한 라이프 스타일 인사이트. 싱긋.
이노션 인사이트그룹(2022). 친절한 트렌드 뒷담화 2023: 마케팅 전문가들이 주목한 라이프 스타일 인사이트. 싱긋.
이명진(2021.10.27.). MZ세대 49.6% "비싸도 친환경 제품"..."명품 1개 이상 있다" 63.5%. 한경비지니스. https://magazine.hankyung.com/business/article/202110200135b
이옥수(2022). 그린워싱 주의보. 북저널리즘.
이진원(2021.7.21.). ESG에 관한 관심 기성세대로도 확산 중. ESG경제, http://www.esgeconomy.com/news/articleView.html?idxno=856
이춘재(2021.7.18.). 재계 우등생들은 왜 'ESG 워싱' 의심받고 있나. 한겨레.
임영묵(2021). K를 생각한다. SIDEWAYS.
임호동(2023.4.17.). MZ세대, 기업 인식 '호감' … 기업 사회공헌은 글쎄. 그린포스트코리아, http://www.greenpostkorea.co.kr/news/articleView.html?idxno=207057
전국경제인연합회(2023). 기업(인) 인식 조사.
잡코리아(2021). ESG 경영 기업 취업선호도.
조수영, 김가람, 신별(2022). 효과적인 ESG PR 전략 탐색: ESG 공중 세분화와 ESG 실천 기업에 대한 공중 반응 예측. 한국광고홍보학보, 24(4), 185-237.
차진형(2021.8.16.). 세상을 이롭게 하다.. 기업의 선한 영향력. 뉴스 저널리즘. https://www.ngetnews.com/news/articleView.html?idxno=402478
최샛별 (2022). 한국의 MZ 세대 이야기: 기성세대의 상식을 넘어서다. 지식의 지평, (32), 63-76.
최유라(2023). KCGS 리포트, 13(7), 2-11.

최태랑(2022). 코로나19이후 지속가능한 소비와 광고. 정독.

통계청(2023). 2022년 혼인 이혼 통계.

한국일보(2022. 3. 26.). Z세대 61%, "MZ세대로 묶는 것 부적절" … MZ세대 구분, 출생연도보다 특성으로. http://www/hankookilbo.com/News/Read/A2022032315010001528

한경비지니스(2021. 10. 27.). MZ세대 49.6% "비싸도 친환경 제품"…"명품 1개 이상 있다" 63.5%. https://magazine.hankyung.com/business/article/ 202110200135b

한경비지니스(2022). 2022 ESG 브랜드조사.

한경비지니스(2022. 9. 18.). MZ세대 팀원이 직접 말하는 우리 회사 ESG 경영. https://magazine.hankyung.com/business/article/202209148425b

한경ESG(2023). 2023 ESG 브랜드 조사. 한경ESG, Vol. 26, 20-40.

홍소희, 김민(2021). MZ세대 특성에 따른 커뮤니케이션 메소드에 관한 연구. 조형미디어학, 24(1), 113-120.

Deloitte(2022). 지속가능성을 위한 행동, 누가 주도하는가. Deloitte Insights.

Deloitte(2023a). 딜로이트 2023 글로벌 MZ 세대 서베이(Deloitte's 2023 Gen Z and Millennial Survey).

Deloitte(2023b). 2023 디지털 미디어 트렌드 제 17판: 몰입과 연결.

ERM(2023). 2023 지속가능성 리더 조사.

EY한영(2022). 기업 브랜드 지속가능성 지수: 한국 소비자가 인식하는 기업의 경제 · ESG 지속가능성.

Kstat(2022). ESG 경영에 대한 국민 인식. 44호.

Abbasi, M. A., Amran, A., & Sahar, N. E. (2022). Assessing the impact of corporate environmental irresponsibility on workplace deviant behavior of generation Z and millennials: a multigroup analysis. *International Journal of Ethics and Systems*. https://doi.org/10.1108/IJOES-05-2022-0099

Bulut, C., Nazli, M., Aydin, E., & Haque, A. U. (2021). The effect of environmental concern on conscious green consumption of post-millennials: The moderating role of greenwashing perceptions. *Young Consumers, 22*(2), 306-319.

Chaturvedi, P., Kulshreshtha, K., & Tripathi, V. (2020). Investigating the determinants of behavioral intentions of generation Z for recycled clothing: An evidence from a developing economy. *Young Consumers, 21*(4), 403-417.

Chatzopoulou, E., & de Kiewiet, A. (2021). Millennials' evaluation of corporate social responsibility: The wants and needs of the largest and most ethical generation. *Journal of Consumer Behaviour, 20*(3), 521-534.

Friestad, M., & Wright, P. (1994). The persuasion knowledge model: How people cope with persuasion attempts. *Journal of consumer research, 21*(1), 1-31.

Kwon, K., Lee, J., Wang, C., & Diwanji, V. S. (2023). From green advertising to greenwashing: content analysis of global corporations' green advertising on social media. *International Journal of Advertising*, 1-24.

Larsson, L., Hansson, G., & Smygegård, A. (2022). The 'green' generation Z: An exploratory study on how greenwashing affects consumers' attitude formation.

Mannheim, Karl, 1952, "The Problem of Generations," in *Essays on the Sociology of Knowledge*. Oxford: Oxford University Press, pp. 276-320.

McKinsey (2020). What makes Asia-Pacific's Generation Z different?

Muralidharan, S., La Ferle, C., & Roth-Cohen, O. (2023). "Mirror, mirror, on the wall. Who is the greenest of them all?" the impact of green advertising cues on generational cohorts. *International Journal of Advertising*, 1-24.

Wahab, S. (2018). Sustaining the environment through green marketing. *Review of Integrative Business and Economics Research, 7*, 71-77.

제5장

ESG 내 다양성의 중요성:

관심이 필요한 다문화 이슈

1. 들어가며

2021년『한국경제』의 "태극기 가르치지 말아 주세요… 조선족 맘 카페 논란"이라는 기사(김소연, 2021. 3. 6.)가 화제가 된 적이 있다. 조선족 맘 카페에서 태극기를 국기로 가르치는 유치원 교육이 문제가 있다는 글이 올라오면서, 다문화 가정 혹은 이주민들의 국가 정체성에 대한 논란이 야기되었다. 해당 맘 카페에서는 한국 국적을 취득했지만, 여전히 한국인이라는 정체성보다는 중국인의 정체성을 유지하고 있고, 조선족들과 어울리는 것이 편하다는 글도 있었다고 한다. 국내 거주 중인 외국인의 비중이 크게 확대되고 있는 상황에서 이주민이 어떠한 국가 정체성을 가졌는지는 한 사회의 통합과 발전 방향을 가늠할 수 있는 중요한 문제라고 할 수 있다. 미국의 경우, 수많은 이민자가 미국 사회로 유입되고 생활하며, 최종적으로 미국 시민권자가 되는 것을 목표로 한다. 미국 시민권자가 됨으로 인한 생활의 편의적인 측면도 분명 크겠지만, 미국이라는 사회로 자연스럽게 동화되고자 하는 의지가 크다는 것을 보여 준다. 미국 시민권자가 되었다고 이주민 고유의 민족적인 가치나 문화를 포기하는 것은 아니다. 고유의 문화적 가치는 유지하되 미국이라는 국가가 지향하는 바를 고유의 방식으로 받아들이고 삶에 투영시키는 것이다. 이러한 측면이 미국 고유의 '문화적 용광로(melting pot)'를 형성하고, 미국 발전의 동력이 되어 왔다. 때문에 이주민 비중이 높아지고 있는 현재 우리나라의 현실에서 이주민이 대한민국을 그저 살아가는 공간이 아닌 그들의 국가로서 인식하고 받아들이게 만드는 노력이 필요하다.

ESG 경영에 관한 관심이 고조되면서, ESG의 핵심인 지속가능성에 대한 논의와 그 실현 방안에 대한 고민이 깊어지고 있다. 지속가능성(sustainability)이란 "현재 세대의 필요를 충족시키기 위하여 미래 세대가 사용할 경제, 사회, 환경 등의 자원을 낭비하거나 여건을 저하시키지 아니하고 서로 조화와 균형을 이루는 것"(지속가능 발전 포털, 2015)을 의미한다. 경제, 사회, 환경의 주요 세 분야 중에 가장 많은 관심을 받고 있는 분야는 환경으로, 기후위기를 중심으로 탄소 저감 정책 등의 노력이 이루어지고 있다. 하지만 상대적으로 사회 분야는 아직 많은 관심을 받고 있지 못하고 있는데, 그나마 노동과 윤리 경영 등의 분야를 중심으로 논의가 이루어지고 있다. 반면, 사회 구성원 간의 조화로운 관계를 위한 다양성에 대한 이슈는 아직 대한민국 지속가능성에서는 크게 자리매김을 하지 못하고 있다. 통상 외국인 주민의 비율이 5%를 넘으면 다문화사회로 진입한 것으로 여겨지는데, 우리나라는 2019년 8월 그 비율이 이미 4.7%를 넘은 것으로 나타났다(김중혁, 황기식, 송문석, 2019). 이는 다문화에 관한 관심이 필요한 시기가 도래했고, 이를 등한시할 경우 이 사회의 지속가능한 발전에 악영향을 미칠 수 있음을 시사한다.

앞서 언급한 미국의 경우도 아무 문제없이 국가 정체성을 확립한 것은 아니었다. 다양한 인종적 · 종교적 집단들이 서로 반목하는 과정 속에서 조금씩 합의점을 찾고 다양성을 인정하면서 지금의 다문화가 공존하는 가치를 만들어 냈다. 물론 여전히 소수 집단(minority group)과 다수의 백인 사회 집단 간의 충돌이 있지만, 이를 극복하기 위한 다양한 노력이 이루어지고 있다. 예를 들어, 기업 커뮤니케이션에서 소수 집단을 대상으로 하는 캠페인이 많이 이루어지고 있는데, 대표적으로 나이키의 '드림크레이지(dream crazy)' 캠페인이 있다. 흑인 차별에 항의하다 퇴출당한 프로미식축구 선수인 콜린 캐퍼닉(Colin Kaepernick)을 모델로 사용한 이 캠페인은 나이키가 어떠한 종류의 차별에도 반대하며, 이를 위해 행동할 것임을 천명한 캠페인이다. 나이키의 슬로건 '저스트 두잇(just do it)'과도 잘 어울리며 큰 반향을 불러일으켰다. 이와 유사하게, '두려움 없는 소녀(fearless girl)'나 '여자아이처럼(like a girl)'과 같이 여성에 대한 차별과 편견을 없애는 캠페인도 자주 시행되고 있다.

우리나라는 언어, 문화, 인종적 동질성을 가지고 있는 '단일민족국가'의 정체성을 가지고 있어서 다른 문화를 인정하는 '다문화주의'를 잘 받아들이지 못하고 있다. 오히려 다른 문화를 한국의 지배문화로 동화시키려고 하는 '동화주의'의 입장이 더 팽배하다. 이런 배타적 문화주의는 하나의 대한민국이라는 인식을 확립하기에는 용이할지 모르나, 세계화의 추세와 고령화와 저출산 문제에 직면하고 있는 지금의 현실에서는 적합하지 않다. 하지만 이 문제에 대해 사회적으로 중요하게 논의가 되고 있지 못하고, 기업의 ESG 활동에서도 배제되고 있는 현실이다. 이 장에서는 아직은 큰 관심을 받고 있지 못하지만, 사회의 지속가능한 발전을 위해서는 반드시 논의되어야 하는 다문화 수용과 이와 연관된 ESG 활동에 대해 논의하고자 한다.

2. 한국의 다문화

1) 한국의 다문화 환경

세계화 추세와 더불어 우리나라 역시 외국으로부터의 인구 유입이 가속화되고 있다. 실제로 우리나라의 이민자 유입 규모도 지속적으로 증가하고 있는데, 통계청에 따르면 2019년 기준 국내 상주 외국인은 242만 명으로 전체 인구의 약 4.7%를 차지하고 있다. 학계에서 통상 외국인 주민의 비중이 5%를 넘으면 다문화사회에 진입한 것으로 보는 견해(김중혁, 황기식, 송문석, 2019)에 비추어 우리나라는 이미 다문화사회에 진입한 것으로 보는 것이 타당할 것이다. 또한 글로벌 환경으로 인한 자본과 노동의 국제 이동성이 활성화되고 있고, 전세계 인구의 약 3.5%가 국제 이민자로 추산된다는 점(De Haas et al., 2019)은 이러한 다문화 현상이 지속적으로 이루어질 것을 예상할 수 있다. 특히 경제 규모가 큰 선진국 평균 이민자 비율이 12%(김중혁, 황기식, 송문석, 2019)임을 감안할 때, 우리나라의 다문화 추세는 가속화될 가능성이 농후하다.

우리 사회에서는 저출산, 고령화 문제 및 노동 집약적 산업의 일손 부족 현상을 해결하는 방편으로 국제결혼과 해외 노동자 유입이 증가함에 따라 다문화 담론이 시작되었다. 또한 이러한 국내의 인구학적 변화 외에 해외 문화의 직간접적 체험 기회와 관심 증가가 다문화에 관한 관심을 고조시켰다. '다문

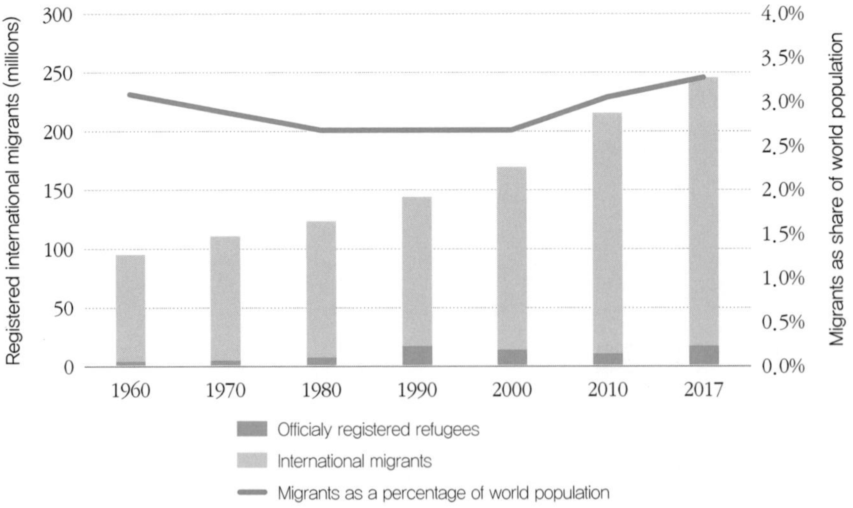

[그림 5-1] 국제 이민자 증가 추세

출처: De Hass et al. (2019).

화'는 복수의 문화(multi culture)라는 사전적 의미를 지니지만, 단순히 여러 문화가 존재하는 것 외에, 개별 문화의 차이점을 존중하고 동등한 가치를 가진 것으로 인정하며 포용할 수 있는 가치관 및 행동을 지칭하는 개념이기도 하다(이인희, 황경아, 2013). 보다 구체적으로 다문화를 설명하기 위해 '다문화주의'라는 개념이 활용되기도 하는데, 이는 "인종, 민족, 집단별 문화적 권리의 보호에 대한 정치 철학적 지향성"(양경은, 함승환, 2020)으로 정의된다. 이러한 개념적 정의에서 알 수 있듯이, 다문화사회는 한 국가의 국민 혹은 시민이 그 사회 내에서 사회적 · 경제적 · 정치적 · 문화적 권리를 획득하고 이용함에 있어 인종이나 문화, 성별의 상이함이 차별의 요소로 작용하지 않는 사회를 뜻한다(김혜순, 2008).

이민이 보편화되어 있는 서구 사회의 경우 다문화에 관한 담론이 일상화되어 있고, 많은 사회적 장치들이 마련되어 있다. 예를 들어, 전통적인 이민 국가인 캐나다와 호주는 다문화 공존제도를 안정화하는 데 지속적인 노력을 하고 있고, 미국의 경우는 용광로 신화에 기반하여 기존의 주류 문화에 다문화를 자연스럽게 유입시키는 데 주력하고 있다(이희창, 2016). 물론, 사전적 의미의 다문화사회를 구축하는 데에는 많은 어려움이 따르게 된다. 새로 유입된 문화가 기존 문화와 사회 구성원들과 반목이 이루어지고, 서로 다른 이해관계가 발생함에 따라 다양한 분쟁이 발생하기 때문이다. 이를 조정하는 것에는 상당한 시간과 노력이 소요될 수밖에 없다. 이러한 측면에서 사회와 문화적 배경에 따라 각 국가가 다문화사회를 구축하는 방식은 다르게 이행되고 있다. 크게 차별적 배제주의, 상호문화주의, 동화주의 그리고 다문화주의가 대표적이라고 한다(이화용, 2022).

우선, 차별적 배제주의(differential exclusion)는 국가가 특정 경제 영역 특히 노동시장에서 필요에 의해 이민을 허락하는 유형을 뜻한다. 이 유형에서는 이민자의 교체 순환이 원칙이기 때문에 이민자가 그 사회의 주체로 자리매김하는 것이 현실적으로 불가능하다. 상호문화주의(inter-culturalism)는 특정 주류 문화의 강한 영향력 없이 여러 문화가 서로 존중하며, 문화 간 차별 요소를 순화하는 개방적 태도의 사회통합 유형인데, 가장 이상적으로 평가받고 있다. 하지만 어떤 문화에도 특정 주류 문화가 존재하고, 주류 문화가 헤게모니를 상실하지 않기 위해 노력한다는 점에서 이 유형은 현실성이 약한 것으로 나타나고 있다. 동화주의(cultural assimilation)는 유입된 문화의 고유성을 인정하지 않고 기존 주류 문화에 동화되길 요구하는 방식이다. 예를 들어, 프랑스는 다양한 문화권의 이민자를 수용하고 있지만, 프랑스에 정착을 원하는 이민자들은 프랑스 대혁명에 의해 구축된 자유, 평화, 박애를 기반으로 하는 공화주의를 보편적 가치 이념으로 받아들여야 한다. 흥미롭게도, 최근 프랑스에서는 대규모의 무슬림 가족 이민자들의 이주가 이루어지고 있고 이로 인해 프랑스 보편 가치에 반하는 가부장적 가족 문화와 일부다처제 등의 행위가 발생하고 있다. 이는 기존 프랑스인들에게 본인들의 문화가 사라질지도 모른다는 공포감과 더불어 이주민에 대한 거부감을 양산하는 사회적 문제를 발생하고 있다(오정은, 2021). 2015년 발간된 미셸 우엘벡(Michel Houellebecq)의 소설『복종』은 이러한 프랑스인들의 우려를 소재로 활용하였는데, 현실을 잘 반영했다는 평가와 혐오를 조장한다는 평이 엇갈리며 큰 반향을 불러일으키기도 했다. 동화주의는 우리나라의 이민정책과 맞닿아 있는 부분이 있기 때문에 프랑스와 유럽에서 일어나고 있는 반(反)이민주의의 상황을 좀 더 면밀히 살펴볼 필요가 있다. 마지막으로, 다문화주의(multi-culturalism)은 가장 대표적인 유형으로 새로운 문화권에서 유입된 사람들이 고유의 문화를 유지하면서 동등한 권리와 참여를 보장받는 방식이다. 다양성(인종, 문화, 종교 등)에 대한 인정을 바탕으로 주류 문화와의 공존을 지향하는 이 방식은 이주민의 유입이 활성화된 캐나다와 영국 등에서 다문화 정책의 기조로 활용이 되고 있다. 특히 캐나다는 다문화주의를 이민자 수용뿐 아니라 국가 공공정책의 원리와 가치로 선포하였다(한건수, 2016).

우리나라는 단일 민족이라는 신념 아래 강한 민족주의를 가져온 사회이다.

단일이란 개념은 쉽게 순혈주의와 배타적 민족주의로 연결이 될 가능성이 크기 때문에, 한국에서의 다문화 수용이 어려울 것임은 자연스럽게 예측 가능하다. 또한 한국은 역사적으로 다수의 이민자를 수용하거나, 원주민 혹은 소수 민족 집단과의 관계를 맺어본 적이 없다. 이 때문에 문화적 다양성에 민감하게 반응해 왔던 서구의 다문화주의가 제대로 적용될 수 있을지 의문이 드는 것은 당연하다. 예를 들어, 한국 사회에서는 미국 사회의 원주민(native American)이나 유럽 사회의 소수 민족(ethnic minorities)과 같이 이질적인 소수문화 집단이 존재하지 않는다. 이러한 집단은 긴 역사에 걸쳐 이루어진 중층적(重層的) 집단(윤경훈, 강정인, 2019)으로 주류 문화와 밀접하게 연결이 되어 있어서 그 존재감을 무시할 수 없다는 특징이 있다. 따라서 다양성이란 측면의 접근이 상대적으로 원활히 이루어질 수 있다. 반면, 한국에서 논의되고 있는 다문화 계층은 최근에 유입되기 시작한 자발적 이민자 집단이기 때문에, 그들의 문화적 특질과 한국의 문화 특징이 조화를 찾아가는 데는 많은 시간이 필요하다. 서구의 관점에서 한국의 다문화 문제를 바라보는 것에는 한계가 존재할 수 있다는 주장에 힘이 실리는 이유가 여기에 있다.

한국에서 사용되는 '다문화'는 일반적으로 다문화가족이라는 특정 그룹을 지칭하는 명사로 통용되고 있는데, 이는 이주민의 다양한 유형을 고려할 때 매우 협소한 의미를 가진다. 광의적 의미에서 이주민은 이민자를 포함하여 단기적으로 체류하는 이주 노동자까지 포함하기 때문에 다음과 같이 세분화될 수 있다. 우선, 이주민(migrant)은 이주의 목적을 밝히지 않고 다른 나라로 이주를 하는 개념으로 가장 넓은 의미로 사용이 된다. 반면, 이민자(immigrant)는 영주권이나 국적 취득을 목적으로 다른 나라로 이주한 사람을 지칭하고, 이주배경(immigrant-background)은 이민자 2세대 자녀를 뜻한다. 이주배경 집단은 원래의 문화와 이주문화를 모두 습득하며 두 문화의 가교 역할을 할 수 있다는 점에서 중요하다. 마지막으로, 외국인(foreigner)은 경제적인 목적이나 기타 목적을 위해 국적을 소지하지 않은 채 국내에 체류하며 근로를 제공 혹은 제공하려는 사람들을 뜻한다(양경은, 노법래, 2020). 한국의 다문화 담론의 주된 소재로 거론되는 계층은 이민자와 이주배경으로 볼 수 있으며, 이들에 대해 관심이 집중되고 있다. 이러한 측면은 한국 다문화 담론의 특이성을 양산하고 있다.

2) 한국의 다문화 담론의 특징

한국 다문화 담론은 가족주의적 요소에 집중하고 있는 특징이 있다(김혜영, 2014). 이종두와 백미연(2010)에 따르면, 여러 부류의 이주민 중에 국내 다문화 담론은 12만 명의 여성 결혼이민자와 그 가족들의 생활과 적응에 초점이 맞추어져 있다고 한다. 한국 사회의 구성원으로서 이민자 가족을 염두에 두는 것은 얼핏 당연하게 여겨질 수 있지만, 사실 이러한 현상에는 한국 사회의 강한 민족 개념이 작용하고 있다. 결혼이주여성은 한국인 2세들의 어머니로서 한 민족의 커다란 개념 안에 통합이 될 수 있는 존재이지만, 다른 부류의 이주민들은 그런 가능성이 없어 배제될 수박에 없다. 따라서 이러한 민족주의적 관점에서 한국에서의 다문화 논쟁은 결혼이주여성(가족 포함)과 이주노동자가 분리될 수밖에 없는 구조적 한계를 가지고 있다. 게다가, 한국 다문화 담론이 결혼이주여성(가족 포함)에 초점을 두고 있다는 것은 한국에서 다문화를 바라보는 관점이 다양성을 확보하는 다문화주의보다는 한국 주류 문화와 사회로 이주민들을 유입하려는 동화주의 측면이 강하다는 증거가 될 수 있다. 실제로, 한국에서 추진되고 있는 다문화 관련 정책과 제도를 살펴보면, 이주민의 다양한 문화적 배경을 고려하고 이들의 권리를 신장하는 측면보다는 다문화 가족에 대한 지원의 성격을 보이고 있다(양경은, 노법래, 2020). 이러한 정책적 방향성은 외국인 노동자를 비롯한 다수의 국내 체류 외국인들을 배제하는 결과를 낳고 있고, 결국 다문화주의와의 괴리감을 더욱 벌리고 있다. 또한 가족 이데올로기를 주입함으로써 결혼이주여성에게 한국의 가치와 사회 규범을 주입하는 '가부장적 동화정책'을 야기하고 있기도 하다(윤인진, 2008).

실제로, 2001년부터 2017년까지 다문화 관련 언론 기사의 토픽을 텍스트 마이닝 기법으로 연구한 양경은과 노법래(2020)의 연구결과는 한국 다문화 논의의 대부분이 다문화 가족이라는 협소한 범위에 국한되어 있음을 밝혀냈다. 이는 다문화 가족 이외의 이주민들이 논의의 대상에서 배제되어 있음을 의미하는 것으로 차별적 담론 환경이 구성되어 있음을 뜻한다. 또한 지난 십수 년간 다문화 담론의 지형 역시 크게 변화하지 않았음이 나타났다. 다문화의 본질적 문제에 대한 논의보다는 전시적, 일회성 성격의 이벤트 관련 소식이 큰 비중을 차지하고 있는데, 이는 보여 주기식 정책에 치중하고 있는 것이 아닌지 의구심이 드는 대목이기도 하다. 이주 노동자에 대한 인권이나 사회권 보장 등의 중요한 이슈에는 미온적 태도를 보이며, 문화행사에 많은 노력을 기울이는 모습은 정부가 다문화에 대한 어느 정도의 진정성을 가졌는지 생각하게끔 하는 대목이다.

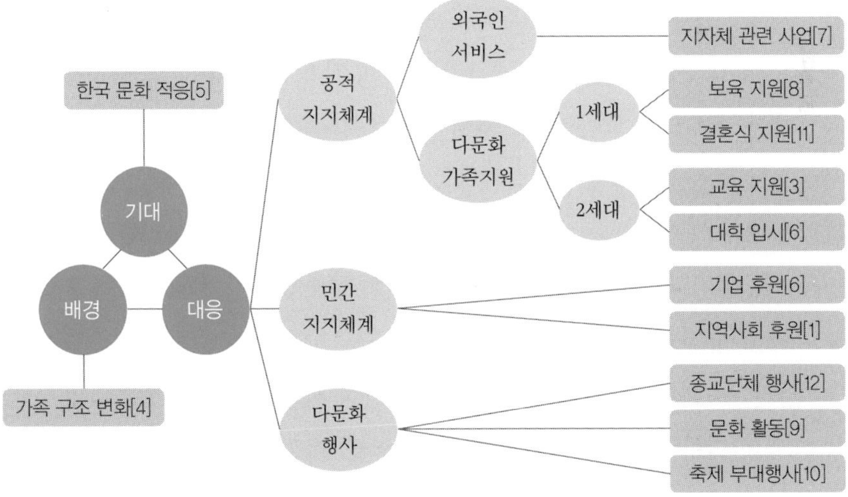

[그림 5-1] 국제 이민자 증가 추세

출처: De Hass et al. (2019).

3) 한국의 다문화주의 유형

(1) 배제주의

한국에서 다문화주의를 대하는 방식은 크게 배제주의와 동화주의에 해당하는 것으로 알려져 있다. 해외 유입 노동자들을 단순 노무 인력자로 설정하여 국내 노동 인력의 안정이라는 명분 아래 차별적인 대우를 정당화하고 있는 점(이종두, 백미연, 2010)은 한국 다문화주의의 배제주의적 속성을 잘 보여 준다. 이러한 배제주의는 이주 노동자들의 권리를 인정하지 않고, 정책적인 방향성 설정에서도 이주 노동자들을 소외시켜 이들의 한국 정착을 방해할 수 있다. 장기적인 정착이 어려워지는 이주노동자들은 한국 사회에서 조화로운 관계를 구축하기보다 단기적인 이익을 극대화하는 데 초점을 맞추게 되고, 이는 이들에 대한 한국인들의 반감을 불러일으키는 요소가 될 수 있다. 실제로 이주 노동자들끼리의 연합체를 구성하여 그들만의 사회 세력을 구축하고 한국 사회의 기존 구성원과의 반목을 초래하는 사례들이 최근 들어 자주 발생하고 있다. 예를 들어, 농촌 지역에서는 이주 노동자들이 같은 문화권의 이주 노동자들을 규합하여 불법 인력 알선업을 운영하는 현상이 일어나고 있다. 이는 국내 인력사무소의 존립에 위해를 가하는 한편, 일손이 필요한 농가를 대상으로 고가의 노임을 요구하는 문제를 야기하고 있다(고비룡, 2022. 1. 17.). 이러한 문제가 지속적으로 일어나게 되면, 외국 이주민에 대한 혐오감이 증가하고, 이는 사회적으로 큰 문제를 야기할 수 있다.

외국인 노동자들을 폄하하는 인식들이 한국 사회에서는 팽배하고 있지만, 사실 외국 이주민들의 노동력 없이 잘 운영될 수 있는 사업군은 거의 존재하지 않는다. 농어촌을 비롯하여 제조업, 서비스업의 분야에서도 외국인 노동력을 확보하기 위한 경쟁은 이미 구체화되고 있고 정책적 지원도 다양하게 이루어지고 있다. 「인구감소지역지원특별법」에서는 인구 감소지역에 체류하려는 외국인에 대해 「출입국관리법」상 특례를 허용하도록 정하고 있으며, 「농어

업고용인력지원특별법」에서는 외국 인력 도입 결정 시 농어업 분야에 대한 고려를 하도록 명시하고 있다. 더 많은 외국인 노동력 확보는 지역과 업종의 사활을 결정하는 핵심적인 요인이 되었다(최준영, 2023. 5. 29.). 덧붙여, 외국 인력 도입 경쟁은 한국 사회에 국한된 것이 아니다. 전 세계적인 현상이며 양질의 외국 노동력을 확보하지 못하는 국가는 경쟁력이 저하될 수밖에 없다. 실제로, 독일의 경우 외국 노동자들의 국적취득기간을 8년에서 5년으로 단축하고 독일 체류 외국인 부모 사이에 태어난 자녀에게도 국적을 취득할 수 있게 하는 등 친화적인 이민정책으로 전화하고 있다. 싱가포르의 경우, 숙련 외국인 노동자의 확보를 위해 해외 인력 도입 시 월 300~400 싱가포르 달러의 부담금을 부담하는 등의 노력을 하고 있다.

정부의 정책적인 노력 외에 이주 노동자들에 대한 인식 전환과 그들에 대한 배제주의 문화가 변화되지 않는다면, 정책적 효과가 어느 정도의 효과를 발휘할 수 있을지는 미지수이다.

[그림 5-3] 2030년에 2016년 수준의 경제활동인구를 유지하기 위해 필요한 외국인 노동력 비율
출처: 최준영(2023).

(2) 동화주의

한국 다문화 담론의 주류를 차지하고 있는 결혼이주민과 그 가족들에 대한 동화주의 역시 상당한 문제점을 가지고 있다. 비록 다른 이주민 계층에 비해 결혼이주민이 상대적으로 많은 관심과 지원을 받고 있지만, 그들의 고유의 문화를 인정하기보다 한국 주류 문화로의 동화와 흡수를 강요받는 식으로 진행되고 있기 때문에 이에 대한 반감이 형성되기 쉽다. 동화주의는 다문화주의와 반대되는 개념으로 소수문화 집단이 일방적으로 주류 문화에 흡수되는 것을 전제로 하는 개념이다. 동화주의는 소수문화의 독자적 문화 가치를 인정하지 않고 주류 문화만을 국가의 유일한 문화로 만드는 과정을 이행한다는 점에서 많은 비판을 받아오고 있다(Kymlicka, 2017).

김희정(2007)에 따르면, 한국의 다문화 정책이 결혼이민자에 대해 한국 문화 적응과 원활한 한국어 구사에 집중하고 있기 때문에 그들 고유의 문화적 정체성을 유지하는 것을 방해하고 있다고 밝히고 있다. 동화주의하에서 이주민들은 본인들의 정체성을 상실하고, 그들이 가지고 있던 긍정적 의미의 고유문화를 포기함으로써 주류 문화권의 사람들 대비 열등한 존재로서 스스로를 인식하는 부작용을 낳을 수 있다. 결혼이주민들에게 제공되는 프로그램이 표면적으로는 다양한 문화이해 등을 그 주제로 삼고 있지만, 실제적인 운영 비율에서는 '한국문화체험(16.7%)' '한국문화로의 동화(58.9%)' 등이 그 주를 이루고 있다는 점에서 우려하지 않을 수 없다(김영란, 2013). 이러한 문제점들은 결혼이주민의 자녀들, 즉 이주 배경 집단의 성장 과정에도 부정적인 영향을 미칠 수 있는데, 이들이 소수문화와 한국의 주류 문화를 연결하고 문화 다양성 측면에서 큰 역할을 할 수 있다는 점에서 쉽게 생각할 수 있는 문제는 아니다.

관련해서 다문화가정의 학생들에 관한 연구가 많이 진행되고 있는데, 사회 및 학교 부적응에 관한 주제에서 정체성에 대한 연구로 그 폭이 확대되고 있다. 예를 들어, 김자영(2017)은 다문화가정 자녀의 자아정체성은 사회와 문화적 환경 속에서 그들과 관계를 맺는 사람들에 의해 유동적으로 형성이 되며 언어가 큰 영향을 미치는 것을 확인했다. 또한 박진우(2015)는 다문화가정 청소년들의 자아정체성 형성에 있어 외국인 어머니의 역할이 중요하며 어머니의 모국어를 배우는 것이 긍정적인 영향을 줄 수 있음을 시사했다. 더불어, 다문화가정 청소년들이 자신이 다문화가정의 자녀라는 사실을 노출하는 것이 그들의 자아정체성 형성과정에서 매우 중요한 역할을 하며, 이중정체성을 수용하는 데 도움을 줄 수 있음을 밝혀 냈다. 이들의 정체성 형성에는 국민정체성(national identity)이 작용하는데, 이주배경 그룹은 본인의 정체성이 형성되기 전에 다문화가정에 대한 편견으로 인해 국민정체성과 갈등이 생기는 상황에 자주 노출되고, 이로 인해 많은 혼란을 겪는다고 한다(오성은, 2019). 전통적으로 외국인의 유입이 많지 않았던 한국에서는 국민정체성과 민족 정체성이 동일한 개념으로 사용이 되고 있고, 이는 한국의 동화주의 정책과 맞물려 이주민이 고유의 문화와 사회적 가치를 한국 사회에 투영하기가 쉽지 않은 환경을 조성하고 있다. 다양성이 중요시되는 지금의 현실에서 다양한 문화적 배경을 포용할 수 있는 국민정체성이 어떠한 것인지 고민할 시기가 도래하였다.

4) 한국의 국민정체성

(1) 국민정체성과 다문화주의

국민정체성(national identity)은 한 국가의 구성원들이 국가에 대해 느끼는 소속감으로 구성원 다수가 공유하고 있는 이미지 혹은 집단적 정체성으로 규정될 수 있다(Jones, 2000; Jones & Smith, 2001). 이는 일종의 사회 정체성으로 볼 수 있으며, 국가나 국민과 연계된 신념이나 감정과도 연결이 될 수 있다. 때문에 개인이 자신의 정의하는 자기인식으로 보는 경우도 있다(Brubaker, 1992). 국민정체성은 종족적-혈통적 모델(ethnic-genealogical model)과 시민적-영토적 모델(civic-territorial model)로 구분이 될 수 있는데(Habermans, 1994), 종족적-혈통적 모델에서는 강한 민족 개념하에서 전통과 문화적 유산의 공유 등이 정체성을 형성하는 데 강한 영향력을 미친다. 반면, 시민적–영토적 모델에서는 어느 곳에서 살고 있는지에 대한 공간적(영토적) 영향력의 중요성이 강조된다. 때문에 이 모델에서는 시민으로서의 권리와 의무와 같은 정치적 의지 그리고 자본주의적 이해가 중시된다(최현, 2007). 이러한 측면에서 시민적–영토적 모델에 기반한 국가일 경우 다문화주의를 보다 쉽게 수용하고, 인종적 · 문화적 배경이 다른 이주민에 대해 개방적 태도를 취하는 경우가 많은 반면, 종족적–혈통적 모델의 국가에서는 이주민에 대한 포용적 태도가 취약한 경우가 많다.

국민정체성과 다문화 수용 간의 관계에 관한 연구는 많이 진행되었다. 라이트(Wright, 2011)는 16개국의 자료를 이용하여 국민정체성과 인지된 위협, 그리고 다문화 정책 지지 간의 인과관계를 분석하였는데, 종족적 성향이 높은 사람일수록 반 이민정책을 지지하고, 문화, 경제적 위협이 종족적 정체성을 강화한다는 점을 밝혀냈다. 특히 경제적 위협 요소가 문화적 요소보다 더 큰 영향력을 발휘하고 있으며, 12개국의 국가 정체성 유형 변화 추이 분석에서는 영국을 제외한 11개국에서 종족적 성향이 증가하는 반면, 시민적 성향은 감소하는 추세라는 점을 알아냈다. 위핑, 로웨 및 멀터(Ueffing, Rowe, & Mulder, 2015)는 호주와 독일의 자료를 바탕으로 종족적 성향이 강한 독일보다, 다문화주의가 어느 정도 정착된 호주가 다문화 위협(경제적 · 노동 시장적 · 문화적)을 상대적으로 낮게 느낀다는 점을 밝혀냈다. 그들에 따르면, 다문화 정책의 적극성에 따라 국민정체성이 종족적–혈통적 모델에서 시민적–영토적 모델로 전환될 수 있고, 이러한 점이 다문화 수용과 정착에 도움이 될 수 있다고 제언하였다.

(2) 한국의 국민정체성 변화

국민정체성은 근대국가를 유지하는 데 큰 역할을 수행해 왔다. 사회통합과 갈등 완화 및 치유 등의 긍정적인 효과를 발휘하였고, 국가 위기 상황에서 강

[그림 5-4] 한국 국민정체성 예시: 금모으기 운동 및 붉은 악마

한 국민정체성은 국가의 위기 극복에 큰 원동력이 되었다. 1997년 IMF 외환위기 상황 시 전 국민이 참여했던 금 모으기 운동이나, 2002년 월드컵에서 전 국민이 동참했던 '붉은 악마' 응원전 같은 현상 등은 한국의 강한 국민정체성에 대한 이해 없이는 설명이 불가능하다. 전통적으로 한국 사회에서 국가 공동체의 핵심 요소가 민족이었고, '단군의 자손' '5000년 단일 민족' 등의 민족 개념적 용어들이 한국 국민임을 인지하는 데 큰 힘을 발휘해 왔다.

하지만 국제화의 흐름 속에서 다른 나라와의 상호 의존적 관계 형성과 유지가 일상이 되면서 국가의 발전이 국가 구성원의 민족적 단일성에 의존해서는 이루어질 수 없음을 깨닫게 되고, 다양성의 가치에 대한 관심이 높아지면서 한국의 국민정체성에서도 변화가 일어나고 있다. 하지만 서구 사회에 비해 여전히 다른 문화에 대한 경험이 부족하고, 이주민의 비율이 적은 한국 사회에서 이러한 변화의 속도는 여전히 더디게 이루어지고 있다. 실례로, 2015년 아세아문제연구소와 동아시아연구원이 공동으로 조사한 '한국인의 정체성에 대한 설문조사' 결과에서는 한국인 3명 중 1명은 국제결혼으로 한국 국적을 취득한 외국인을 한국인으로 인정하지 않는다는 점이 드러났다. 특히 결혼이주민과 다문화가정의 자녀들이 한국어 사용에 있어 부족함이 없고, 법적 · 제도적 상황에서 규범을 위배하지 않았음에도 불구하고 한국인의 1/4이 이들을 한국인으로 인정하지 않는다고 응답한 점은 한국의 뿌리 깊은 종족주의적 정체성을 엿볼 수 있는 부분이다. 또한 강한 민족적 정서와 더불어 경제 상황이 어려워지고, 각종 미디어를 통해 일부 이주민들의 범법적 행위가 부각되면서 이들에 대한 부정적 인식이 증가하고 있는 추세이기도 하다. 여러 영화와 콘텐츠에서 조선족을 폭력적이고 잔인한 집단으로 묘사하는 것을 쉽게 찾아볼 수 있다. 그 결과, 이주민에 대해 보다 엄격한 기준과 잣대를 들이대는 현상이 강화되고 있고, 여기에 종족적 국민정체성 인식이 가미되고 있다. 한국 문화와 관습, 제도 등에 대한 존중과 준수가 강조됨으로써 민족적 요소가 그들을 한국인으로 인정할 것인가에 대한 문제에서 중요한 준거로서 활용되고 있다(황창호, 윤창근, 2019).

국민정체성을 형성하는 데 있어 다양한 요인들이 영향을 미치고 있다. 국가의 사회문화적 환경과 그 맥락이 크게 영향을 줄 수 있음은 쉽게 예측할 수 있다. 구체적으로, 세계화와 같은 사회문화적 환경 변화가 이루어지면, 그로 인한 타 문화에 관한 관심과 존중 등은 증가하게 되고, 이는 국민정체성에도 영향을 줄 수밖에 없다. 개인의 특성 역시 국민정체성과 연결이 된다. 예를 들어, 정기선(2004)은 나이가 젊을수록 그리고 학력이 높을수록 개방적으로 포용적인 국민정체성을 가질 확률이 높아진다고 하였다. 소득이 높아질수록 이주민들과 연계된 인지된 경제적 위협이 감소하기 때문에 소득 역시 국민정체성에 영향을 줄 소지가 충분하다. 더불어, 개인의 다문화수용 의지 역시 국민정체성과 밀접하게 연결이 되어 있다. 시민적-영토적 요인에 더 비중을 두고 있는 사람일수록 이주자에게 더 긍정적이고 관용적인 태도를 보이며, 혈통이나 민족과 같은 요소보다 법 존중, 소속감 등을 국민정체성을 구성하는 주요 요소로 상정하는 모습을 보였다(손애리, 이내영, 2012). 개인의 경험 역시 중요한 요소로 나타나고 있다. 주변인들과의 상호작용, 지속적인 교육, 미디어 등이 국민정체성을 구성하는 데 영향을 주는 것으로 나타나고 있다. 정치, 사회 관련 이슈 등의 접촉이나 역사 교육, 현장 학습 등의 직간접적 경험이 국민정체성을 형성의 결정 요인임은 선행연구를 통해 밝혀지고 있다(곽미정, 서진형, 2015; 유혜자, 2006).

국민정체성의 변화 추이는 더디게 일어나고 있지만, 변화 양상은 관찰이 되고 있다. 2005년부터 2015년까지 5년 단위로 시행한 '한국인의 정체성에 대한

표 5-1 국민정체성에 대한 인식변화(2005~2015)

설문 항목		조사 연도	중요하다			중요하지 않다	
			매우 중요 (%)	대체로 중요(%)	합계(%)	별로 중요 하지 않음 (%)	전혀 중요 하지 않음 (%)
민족 정체성	대한민국 태생	2005	39.4	42.5	81.9	16.0	1.7
		2010	39.4	48.3	87.7	10.9	1.3
		2015	42.9	45.0	87.9	10.7	1.3
	생애 대부분 대한민국 거주	2005	25.4	39.3	64.7	30.3	4.4
		2010	31.5	46.8	78.3	20.0	1.5
		2015	35.9	39.4	75.3	22.5	2.3
	한국인 혈통	2005	36.7	44.2	80.9	16.0	2.3
		2010	33.3	50.8	84.1	14.8	0.5
		2015	37.6	45.0	82.6	15.7	1.7
시민 정체성	대한민국 국적 유지	2005	47.4	40.8	88.2	9.9	1.2
		2010	47.1	42.3	89.4	10.1	0.4
		2015	54.2	38.6	92.8	6.3	1.0
	한국어 사용	2005	42.9	44.1	87	11.8	0.8
		2010	42.2	45.5	87.7	11.3	0.9
		2015	43.5	42.7	86.2	12.8	0.9
	대한민국 정치 제도와 법 준수	2005	27.3	50.2	77.5	17.1	3.6
		2010	30.9	56.3	87.2	12.0	0.5
		2015	40.5	47.9	88.4	9.3	2.3
	한국의 역사 이해, 전통과 관습준수	2005	34.4	47.7	82.1	14.4	2.5
		2010	30.7	55.1	85.8	18.9	1.1
		2015	32.4	53.6	86.0	12.5	1.5

출처: 황창호, 윤창근(2019).

조사' 결과는 이러한 변화 양상을 확인해 주고 있다(황창호, 윤창근, 2019).

조사결과에 따르면, '생애 대부분을 대한민국에서 사는 것(25.4% → 35.9%)'과 '대한민국의 정치제도와 법을 따르는 것(27.3% → 40.5%)'이 가장 큰 폭으로 증가한 것을 볼 수 있다. 거주지에 대한 중요성과 제도와 법 준수가 시민적-영토적 모델의 주요 요소임을 감안할 때, 한국 국민정체성이 종족적-혈통적 모델에서 시민적-영토적 모델로 변화하고 있음을 유추할 수 있다. 좀 더 구체적으로, '한국인 혈통'의 중요성이 10년간 1.7%(80.9% → 82.6%) 증가한 반면, 한국 태생 및 거주의 중요성은 각 6%(81.9% → 87.9%)와 10.6%(64.7% → 75.3%)로 증가한 점은 이를 더 명확히 보여 주고 있다. 다시 말해, 시간이 흐름에 따라 민족과 혈통적 요소보다는 태생과 거주 등의 비혈연적 측면 그리고 제도와 법 준수 등의 이주민의 후천적 노력 요소들이 국민정체성에 더 큰 영향을 주고 있음을 보여 주고 있다. 이는 한국 사회에서 다문화 수용에 대해 좀 더 긍정적이고 포용적인 사회적 합의가 이루어지고 있음을 보여 주는 것이고, 다문화에 대한 중요성이 가중되고 있음을 시사하는 것이다. 이러한 시대적 변화 양상 속에서 다문화 수용에 대한 보다 적극적인 담론이 이루어져야 하는 시대적 당위성을 찾을 수 있다.

3. ESG 활동과 다문화

1. ESG: 사회(S)를 중심으로

ESG는 2004년 UNGC(UN global compact)가 발표한 보고서 「Who Cares Win」에서 처음 사용된 용어로 환경(Environment), 사회(Social), 지배구조(Governance)를 중심으로 기업의 사회적 책임을 기업 스스로 내재화하는 경영전략을 뜻한다(한종수, 강정윤, 강소현, 2021). ESG 개념을 통해 기업은 주주를 위한 이윤 추구 집단이 아닌, 보다 폭넓은 이해 당사자들의 가치를 대변하는 책임 있고 지속가능한 조직으로 변화하는 것이 필요하다. ESG의 중요성이 증대하면서 많은 기업이 이를 경영 활동에 포함하고 있는데, 현재까지는 환경(E)을 중심으로 활동이 이루어지고 있다. 지구 온난화나 폭염, 폭우 등의 기상 변화가 빈번히 발생하고 있기 때문에 대중의 관심이 환경에 자연스럽게 쏠리게 되고, 이를 해결하기 위한 노력을 하는 기업은 사회적 책임을 다하고 있다는 이미지를 획득하기 쉽기 때문이다. 그뿐만 아니라, 경영 활동에 있어서 저탄소 경영, 에너지 저감 등의 전략 목표가 수립되고, 이를 어느 정도 성취했는지를 기준으로 기업을 평가하기도 한다. 예를 들어, 삼성전자는 2022년 9월 기후위기 극복에 동참하고 2050년 탄소중립을 달성하기 위해 '親환경경영전략'을 발표하고, 지속가능성을 획득하기 위한 다양한 노력을 하고 있다. 관련하여, 삼성전자 유럽총괄 대외협력과 직원은 "글로벌 기업인 삼성전자의 공급망이 남기는 발자취와 영향력은 크다. … 삼성전자는 새로운 협력회사와 협업을 시작할 때는 투명한 평가 절차와 기준을 적용한다. 삼성전자 제품에 포함되는

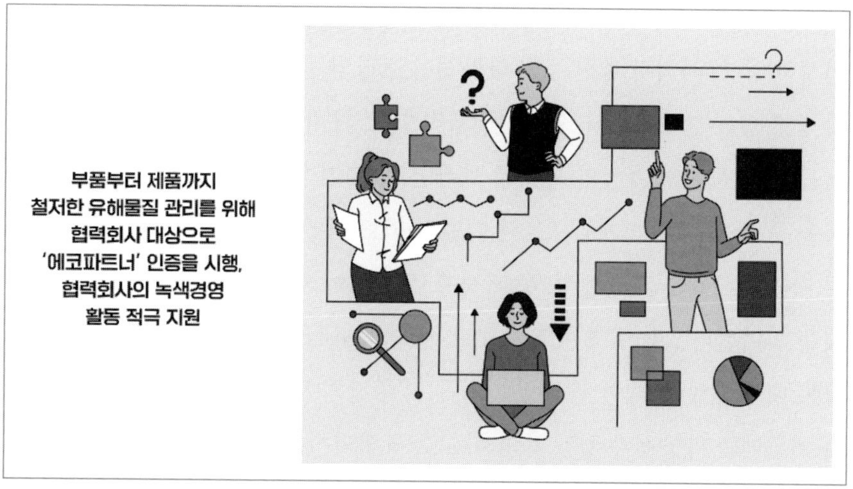

[그림 5-5] 삼성전자 ESG 활동: 지속가능 공급망 구축

출처: 삼성뉴스룸(2022).

부품, 소재에 대해 유해물질이 함유되지 않도록 협력사를 대상으로 에코파트너(Eco-Partner) 인증제도를 마련해, 환경품질 관련 기준을 충족할 것으로 요청하고 정기적으로 평가한다."(삼성뉴스룸, 2022. 11. 9.)고 삼성전자의 ESG 노력을 설명했다.

환경(E)에 비해 상대적으로 적은 관심을 받고 있는 분야이긴 하지만, 사회(S)는 최근 들어 다양성(diversity)과 인권에 대한 논의가 활발히 이루어지면서 그 중요성이 증대하고 있다. 실제로, EU에서는 지난 2022년 인권 및 이해관계자를 기반으로 하는 사회적 관점에서의 지속가능한 경제 활동에 주의를 기울여야 한다는 점을 골자로 하는 '소셜 택소노미(social taxonomy)'를 발표하였고, 세계적인 컨설팅 기업은 맥킨지(McKinsey)는 다양성, 포용성, 평등의 가치를 확보하는 것이 기업의 비재무적 · 재무적 성과에 긍정적 영향을 줄 수 있다는 점을 밝히기도 했다(조상미, 김아영, 박윤세, 2023). ESG 개념에서 S(사회)는 상대적으로 연구가 덜 진행된 분야이기 때문에 개념적 정립이 아직 확고하게 이루어지지 않았다. 하지만 기본적으로 사회정의와 인권을 중심으로 공정한 사회와 인종적 · 종교적 · 문화적 차별을 받지 않는 공동체의 구축을 중요 과제로 삼고 있다. UN 역시「세계인권선언문」을 통해 국적, 인종, 성별, 언어, 종교, 정치적 입장, 사회적 출신 등의 다양성이 보장되는 자유롭고 평등한 사회 구현의 중요성을 강조하였다. 좀 더 구체적으로, 사회정의는 사회의 모든 구성원이 공평한 사회적 자원의 분배를 보장받고, 심리적 · 신체적 안전을 보호받는 것을 주 골자로 하는 개념으로서 어떤 누구도 이민, 민족, 연령, 사회경제적 지위, 신체적 능력, 성 정체성, 종교 등으로 인하여 차별받거나 소외당하지 않는 것을 의미한다(Adams, Bell, & Griffin, 1997; Constantine et al., 2007). 기업 ESG 활동 내 사회(S)에 대한 관심은 기업과 직원 간의 관계를 중심으로 이루어졌으나 최근에는 다양성과 평등 등의 이슈로 확대되어 가고 있다. 우리나라의 ESG 평가기관인 기업지배구조원(KCGS)은 사회(S)에 관하여 기업과 직간접적인 이해관계를 가지고 있는 모든 이에게 사회책임경영 이슈를 적용하는 것으로 정의하며, 인권, 노동 관행, 공정 운영 관행, 지속가능한 소비, 정보 보호, 지역사회 참여 및 개발, 협력사와의 관계, 동반 성장 등의 이슈에 민감하게 반응해야 함을 제안하고 있다(조상미, 김아영, 박윤세, 2023).

1) 글로벌 브랜드 ESG 활동: 다양성을 중심으로 한 S

다양성은 인종, 종교, 성별 등의 서로 다른 고유 특성들이 하나의 사회와 문화를 구성하는 데 중요하다는 개념으로 서구 사회에서 중요한 사회적 이슈로 대두되고 있다. 그러므로 기업은 이를 중요한 전략적 차원으로 다루고 있다. 세계적으로 호평을 받았던 P&G의 '여자답게(like a girl)' 캠페인을 진행했던 크리에이티브 디렉터(creative director) 에이제이 하산(AJ Hassan)은 다양성이 브랜드와 소비자 사이의 진정성 있는 소통을 이루기 위해서는 필수적인 전략 요소임을 강조하면서, 다양성이 모든 진정성 마케팅의 출발점이며 인간성을 드러내는 핵심임을 강조하기도 하였다. 기업들은 다양성의 중요성을 인식하며 경영전략에 이를 활용하기도 한다. 다양성 경영(diversity management)은 하나의 조직이 구성원들의 차이점에 가치를 부여하는 것 외에, 개인이 근무 환경 속에서 인종, 성별, 성 정체성 등에 기인한 어떠한 차별도 받지 않도록 체계적인 시스템을 구축하는 것을 뜻한다(Cornelius, Gooch, & Todd, 2020). 성공적인 다양성 경영은 조직의 목표 달성에 도움을 줄 뿐 아니라, 조직 구성원들의 관계 및 능력 배양에도 긍정적인 영향을 주는 것으로 알려져 있기 때문에 다각도의 다양성을 보장하기 위한 노력이 계속되고 있다. 특히 기업 경영 측면에서 최근에는 여성 임원의 비율을 높이기 위한 활동이 많이 진행되고 있고, 관련한 다양한 연구가 이루어지고 있다. 선행 연구의 결과들은 이사회 내 여성 임원 비율이 높은 기업일수록, 그렇지 않은 기업에 비해 회계 투명성이 강화되고, 재무제표 신뢰성이 증가하여, 더 원활한 자본이 가능해진다고 밝히고 있다(Kim & Hong, 2015; Kim & Oh, 2017). 여성 임원의 비율과 기업의 사회적 책임 활동 간에는 정적인 관계가 있는 것으로 보고되기도 한다(Kim, 2020). OECD 주요 국가들에서는 여성 임원의 참여를 제도화하고 있고, 국내에서도 2013년 여성 임원 현황에 대한 공시를 의무화하고, 2021년 자산 2조 원 이상 기업은 이사회 내 여성 임원의 참여를 의무화하는 것을 골자로 하는 「자본시장과 금융투자업에 관한 법률(자본시장법) 일부개정법률안」이 가결되었다. 조직 내에서의 여성에 대한 차별화를 전방위적으로 차단하면서 더욱 건강한 사회로의 발전 방향성을 제시하고 있다고 볼 수 있다. 기업 차원에서뿐 아니라 여성의 사회적 지위나 차별당하지 않을 권리 등에 대한 관심은 증가하고 있다. 많은 글로벌 기업이 여성을 주제로 하는 다양한 캠페인을 진행하여, 자사의 브랜드 정체성을 공고히 하고 소비자와의 관계를 돈독히 하고 있다.

P&G의 생리대 브랜드인 '올웨이즈(always: 국내에서는 위스퍼로 알려져 있음)'는 여성에 대한 편견을 없애기 위한 '여자답게(like a girl)' 캠페인을 진행하여 많은 소비자의 호응을 불러일으켰다. 여자답다는 말은 흔히 소극적이고 얌전하다는 의미를 지니는데, 이와 같은 사회적 인식이 여성의 사회적 진출을 방해하고, 양성평등을 저해하는 요소로 작동하고 있다. 이를 타파하기 위해 올웨이즈는 여자답다는 것이 긍정적이고 주체적임을 역설적으로 보여 줌으로써 사회적 편견을 개선하는 데 도움을 주고자 하였다. 캠페인의 구조는 단순한데, 사회적 편견이 자리 잡지 않은 여자아이들에게 "여자답게 뛰어 보라." 혹은 "여자답게 공을 던져 보라."고 요청을 하면, 그들은 남자아이들과 다르지 않게 적극적이고 열정적으로 행동을 수행했다. '여자답게'라는 것이 사회적 인식의 산물, 즉 편견임을 실질적으로 보여 줌으로써 그 편견을 깨는 것이 양성평등에 가까워지는 길이고 올웨이즈 브랜드의 가치임을 천명한 것이다. 브랜드 정체성 확립뿐 아니라, 사회적인 변화를 유도한다는 점에서 주목할 만한 움직임이었다고 할 수 있다. 이와 더불어, P&G는 '우리는 같은 것을 본다(we see equal)' 캠페인을 통해 성 역할에 대한 인식 역시 개선하고자 하는 일련의 캠페인을 지속하였다. P&G는 양성평등에 대한 담론을 지속적으로 내보이며 보다 나은 사

[그림 5-6] 올웨이즈의 '여자답게(like a girl)' 캠페인

출처: 올웨이즈 '여자답게' 광고

회로의 개혁을 위한 노력을 지속하고 있다.

여성의 역량강화 및 리더십을 응원하는 캠페인으로 2017년 진행되었던 '두려움 없는 소녀(Fearless Girl)' 캠페인 역시 주목할 만하다. 뉴욕의 투자회사인 스테이트 스트리트 글로벌 어드바이저(State Street Global Advisors: SSGA)는 세계 여성의 날을 기념하여 뉴욕 월스트리트 가의 유명한 '황소상(the charging bull)' 앞에 '작은 소녀상'을 설치하였다. 남성 일색의 월스트리트에서 여성 리더십이 필요한 이유와 이를 위한 여성 펀드를 만들어 냈다는 것을 공표하며, 여성의 리더십과 여성 고위직의 당위성을 설득하였다. 이 자그마한 동상은 시민들의 공감을 끌어내며 뉴욕의 명물이 되었으며, 1개월 동안 전시되기로 한

[그림 5-7] SSGA의 'Fearless girl' 캠페인

출처: SSGA '두려움 없는 소녀' 광고

원래 기간을 연장하여 현재 뉴욕증권거래소 옆 루버트 공원에 전시되고 있다. 여성 인력의 가치를 널리 알릴 수 있는 이 캠페인은 사회 구성원의 다양성을 다시금 인식시키는 데 큰 일조하였다.

여성 인권을 중심으로 한 성(sex)에 관한 다양성(LGBT 포함)에 대한 담론 이외에, 서구 사회 다양성의 한 축을 담당하고 있는 것이 인종에 관한 문제이다. 한국에서의 다문화는 대부분 외국인 이주민을 지칭하지만, 미국이나 유럽에서는 인종과 종교 등의 문제와 연결된다. 인종에 대한 문제 제기에 가장 성공적인 캠페인은 아마도 나이키(nike)의 '드림크레이지(dream crazy)' 캠페인일 것이다. 프로미식축구 선수였던 콜린 캐퍼닉(Colin Kaepernick)은 미국의 인종차별주의에 항의하며 경기 전 국가제창을 거부하고, 무릎을 꿇는 퍼포먼스를 시행했다. 이 때문에 그는 반애국주의자로 지목되며, 미식축구에서 제명되는 불명예를 얻게 되었다. 하지만 나이키는 콜린 캐퍼닉을 자신의 캠페인의 메인 모델로 발탁하여 그가 신념을 위해 한 행동을 지지하고, 인종차별에 대한 사회적 담론에 불을 붙였다. 나이키의 많은 소비자가 이러한 나이키의 결정에 불복하며 브랜드 보이콧을 하기도 했지만, 나이키는 콜린 캐퍼닉이 나이키 브랜드 정수인 '저스트두잇(just do it)'을 대표하는 최적의 인물임을 공표하고, 나이키의 신념을 굽히기를 거부하였다. 결과적으로, 캠페인 초반의 나이키 부진은 상쇄되었고, 판매율이 31%나 증가하는 효과를 얻어 내었다. 특히 밀레니엄 세

[그림 5-8] 나이키의 '드림크레이지' 캠페인

출처: 나이키 '드림크레이지' 광고

대의 큰 호응을 얻어 내며, 나이키 소비자의 세대교체와 지속가능한 성장 동력을 마련했다는 호평을 받기도 하였다. 이후 나이키는 인종뿐 아니라, 장애, 성 정체성의 이슈들까지 '드림크레이지' 캠페인 소재로 활용하면서 더욱 강력한 브랜드로 자리매김하고 있다.

최근 성별과 인종과 더불어 글로벌 브랜드들의 관심을 받는 사회적 담론 주제 중의 하나는 장애인에 대한 사회적 배려이다. 특히 과학 기술의 발전으로 인해 장애인이 비장애인과 더불어 사는 것이 좀 더 편안해지는 환경이 조성됨에 따라 장애인을 사회적 호혜가 필요한 대상이 아닌 독립된 주체로 인식해야 한다는 사회적 목소리가 높아지고 있다. 이러한 움직임과 더불어 글로벌 브랜드들은 장애인의 자존감을 증진시키고, 그들이 다르지 않음을 인식할 수 있는 캠페인을 진행하고 있다. 마이크로소프트(Microsoft)는 장애를 가진 아이들도 사용할 수 있는 적응형 컨트롤러를 제공하는 캠페인을 진행하였다. 일반적인 게임 컨트롤러보다 키패드와 조이스틱이 큰 컨트롤러를 선보임으로써 장애인도 마음껏 게임을 즐길 수 있고, 게임이라는 가상의 현실 속에서는 차별 받지 않을 수 있음을 보여 주었다. 단순히 하나의 캠페인 소재로 이를 마무리하는 것이 아니라, 실제로 '적응형 액세서리(장치간 연결을 용이하게 하는 적응형 허브,

[그림 5-9] 마이크로소프트의 'we all win' 캠페인
출처: 마이크로소프트 '모두가 승자' 광고

장애나 마비가 있어도 편리하게 사용할 수 있는 적응형 마우스, 절단장애, 마비로 손을 사용할 수 없는 이용자를 위한 적응형 듀얼/조이스틱/D패드 등)'를 시판하여 마이크로소프트의 진정성을 널리 알리기도 하였다.

2) 국내 브랜드 ESG 활동: 소외계층을 위한 S

글로벌 브랜드들이 인종, 성별, 장애 등의 소재를 중심으로 사회적 다양성의 구현을 강조하는 캠페인을 진행하는 것과 유사하게, 국내의 많은 브랜드도 ESG 활동의 중요성을 통감하고, 이를 브랜드 커뮤니케이션에 활용하고 있다. 다만, 우리나라는 다양한 계층이나 집단의 정체성을 대변하는 다양성이란 개념이 아직 활성화되어 있지 않기 때문에 브랜드들은 우리 사회 내의 사회적 약자에 대한 관심과 이들을 지원하기 위한 활동에 초점을 맞추고 있다. 고령화로 인한 독거노인의 고독사 문제 혹은 장애인 편익 증대, 저소득층 아동 지원 등의 국가의 정책적 지원이 아직 미흡한 분야에 브랜드들의 사회적 책임 역할이 부여되고 있다.

매일유업은 우유라는 자사의 대표적인 제품을 통해, 독거노인을 사회적으로 보호할 수 있는 '우유안부' 캠페인을 진행하여 많은 호평을 받았다. 2016년부터 매일유업은 '우유안부' 캠페인의 후원사로 동참해 왔는데, 2022년 이를 자사 브랜드 커뮤니케이션의 소재로 활용하면서 사회적 책임을 다하는 기업 이미지 구축에 힘을 기울이고 있다. 독거노인은 돌보는 사람이 없기 때문에 건강상 혹은 다른 문제가 생겼을 경우에 누군가의 도움을 받기 힘들다. 노령화가 급속도로 진행되면서 노인복지에 대한 관심이 높아지고 있고, 최근 독거노인의 고독사가 많이 발생하고 있어서 독거노인에 대한 지속적인 관심이 절실히 필요해진 상황이다. 매일유업은 우유 제품의 속성을 이용하여 이 문제에 도움이 될 수 있는, 간단하지만 현명한 캠페인을 기획하였다. 우유가 매일 배달되는 제품이라는 점에 착안하여, 독거노인의 집에 배달된 우유를 확인함으로써 독거

[그림 5-10] 매일유업의 '우유안부' 캠페인
출처: 매일유업 '우유안부' 광고

노인의 위험도를 확인하는 방식이다. 예를 들어, 방치되는 우유가 하나면 주의를 기울이는 단계이고, 두 개 이상이 방치되고 있으면 위험신호로 인식하여 즉각적인 조치를 취해야 하는 것이다. 더불어 문자나 전화 등을 통해 독거노인의 안부를 확인하는 과정도 병행하기 때문에 그들이 겪고 있는 외로움을 상쇄하고, 고립감을 낮추는 긍정적인 효과도 기대할 수 있다.

현대자동차는 2019년 '세상에서 가장 조용한 택시' 캠페인을 통해서, 현대자동차의 기술력이 장애인의 사회 진출에 어떠한 도움을 줄 수 있는지를 보여주었다. 청각 장애인을 위한 주행 지원 시스템(Audio-Tactile Conversion: ATC) 기술이 실제 자동차에 어떻게 적용이 될 수 있는지, 그리고 이러한 기술이 청각 장애인에게 어떠한 도움을 줄 수 있는지를 실제 사례를 통해 소개하였다. 예를 들어, ATC 기술은 운전 상황에서 발생하는 여러 외부 소음(다른 차량의 경적, 엠뷸런스 소리 등)을 인식하고 알고리즘을 통해 분석한 이후, 운전대에 진동으로 전달하고, 전방표시장치에 이미지로 표시하여 준다. 이러한 기술을 통해 청각 장애인은 운전에 필요한 외부 정보를 다른 감각을 통해 전달받게 되고, 정상인과 같은 수준의 운전을 할 수 있게 된다. 단순히 운전에 국한되는 것이 아니라, 이러한 기술의 발전은 사회 전반으로 장애인이 진출할 수 있는 기회를 확대할 수 있다. 장기적인 관점에서 장애인의 적극적인 사회 진출은 사회 내의 다양성을 보장할 수 있을 뿐만 아니라, 장애인에 대한 사회적 편견을 감소시키

[그림 5-11] 현대자동차의 '세상에서 가장 조용한 택시'

출처: 현대자동차 '세상에서 가장 조용한 택시' 광고

고, 사회 구성원으로서의 가치를 증명할 수 있다. 결과적으로, 장애인이 사회의 보호를 받는 존재가 아닌, 자신의 역할을 수행하는 주체적 존재로 발전하는 토대가 될 수 있다.

이와 유사하게, 하나은행은 장애인이 보다 편하게 스포츠 경기를 관람할 수 있는 환경을 조성하는 것으로 목적으로 하는 '모두의 축구장, 모두의 K리그' 캠페인을 진행해 오고 있다. 2020년부터 진행 중인 이 캠페인은 K리그 구장의 이동 약자 접근 환경 개선에 집중하고 있다. 2022년에는 이러한 노력에 덧붙여 일반인이 장애인의 이동적 어려움을 직접 체험할 수 있는 기회를 제공함으로써 장애인의 어려움을 실감할 수 있도록 만들었다. 이벤트 참여자들에게 공을 드리블하여 가장 짧고 효율적으로 경기장으로 이동하는 미션을 부여했는

[그림 5-12] 하나은행의 '모두의 축구장, 모두의 K리그'

출처: 하나은행 '모두의 축구장, 모두의 K리그' 광고

데, 공을 공중으로 띄워서는 안 된다는 조건이 붙여졌다. 따라서 이 이벤트에 참여하는 사람들은 계단이나 턱 등 장애인의 이동을 방해하는 요소들을 피해서 경기장에 접근해야 했고, 어떠한 요소들이 이동적 어려움을 야기하는지를 실감할 수 있었다. 가장 효과적인 경로는 지도로 제작되어 장애인을 위한 이동 안내표로 사용되었는데, 단순히 이런 도움을 주는 것 외에 장애인의 상황을 비장애인이 체험함으로써 장애인의 이해하는 기회를 제공하는 것이 더욱 중요한 의미가 될 수 있다.

3) 다문화와 ESG 활동

우리나라에서 다문화 담론은 대부분 여성가족부와 같은 정부 부처와 지방자치단체를 중심으로 이루어지고 있다. 때문에 정책적인 지원에 집중하거나, 대국민 메시지를 통해 다문화가정에 대한 인식개선에 대해 노력을 하고 있다. 정부 차원의 노력이 지속되고는 있지만, 기업 차원에서 다문화에 관한 관심은 아직은 미흡한 편이다. ESG에 관한 관심이 증가하면서 기업의 사회적 책임과 지속가능 경영에 대한 중요성이 강조되고 있지만, 현재는 환경 분야에 관심이 많이 집중되어 있어, ESG 중 E에 편중된 활동들이 이루어지고 있는 것이 현실이다. 기업의 입장에서 현재의 소비자의 관심 정도에 따라 ESG 활동 주제를 잡는 것은 당연한 수순이지만, 인구 절감과 다문화가정의 증가와 같이 장기적인 관점에서 바라보아야 할 사회적 이슈에도 주목할 필요가 있다.

다문화 이슈에 관심을 가진 기업으로는 현대자동차를 들 수가 있다. 현대차 정몽구 재단에서는 소외계층 지원 사업의 일환으로 다문화 인식개선 캠페인 '다문화 열린 마음' 캠페인을 진행했다. 정부 차원의 캠페인과 좀 다르게, '다문화 열린 마음' 캠페인은 다문화가정의 아이들에 집중하여 그들이 느끼는 편견과 이러한 편견이 어떠한 부작용을 양산할 수 있는지를 먼저 살펴보았다는 차원에서 의미가 있다. 다문화가정의 아이들은 외국인 부모로부터 다른 문화의

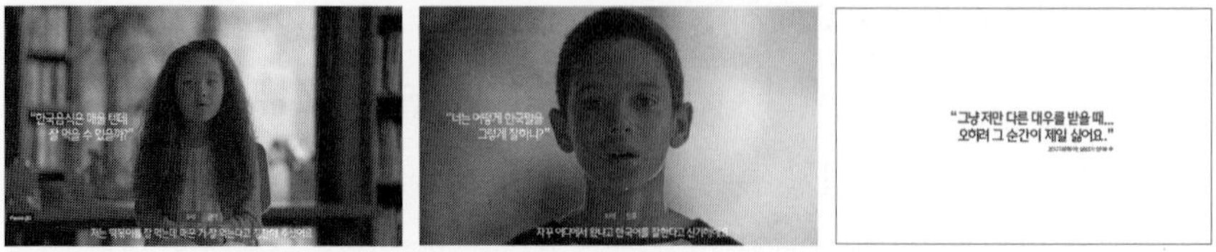

[그림 5-13] 현대차 정몽구 재단의 '다문화 열린 마음' 캠페인

출처: 현대차 정몽구 재단 '다문화 열린 마음' 광고

영향을 받았지만, 그들이 실제 생활하고 사회적 관계를 맺고 있는 것은 한국 사회와 문화라고 할 수 있다. 때문에 스스로를 한국인으로 자각하는 경우가 많은데, 그들을 바라보는 시각은 여전히 이주민인 경우가 많다. 이주민에게 친절을 베푼다고 하는 행위 자체가 그들에 대한 편견에 기반하고, 이로 인해 다문화가정의 아이들은 상처를 받을 수 있다. '다문화 열린 마음 캠페인'에서 나온 인터뷰에서는 이들에게 매운 한국 음식을 먹을 줄 아는지 묻는다거나, 한국말을 어떻게 그렇게 잘하느냐고 묻는 질문이 이상하고, 부정적으로 들린다는 것을 보여 준다. 배려와 친절함을 전달하기 위한 질문이지만, 그 자체가 편견이고, 이러한 편견들이 다문화가정 아이들을 한국 사회로부터 괴리시킬 수 있다. 과한 배려와 특별 대우 역시 하나의 편견임을 주지시키는 이러한 캠페인은 앞서 논의한 이주민들의 국가 정체성 형성과 사회 구성원으로서의 역할에 관한 부분에 시사점을 제공할 수 있다.

4. 맺음말

한국에서 다문화가정의 아이들은 외국인 부모로부터 다른 문화의 영향을 받았지만, 그들이 실제 생활하고 사회적 관계를 맺고 있는 것은 한국 사회와 문화라고 할 수 있다. 상존하는 다른 여러 사회적 문제에 비해 그 중요성이 덜 직접적이고 낮을 수도 있다. 하지만 다문화에 대한 문제는 단기적인 방편으로 해소될 수 있는 것이 아니고, 미래 세대와도 연결이 되어 있기 때문에, 조금씩 이라도 지속적인 관심과 노력이 이루어져야 한다. 더욱 관심을 가져야 하는 부분은, 지금까지의 다문화에 대한 논점이 한국 문화로의 동화주의적 측면에 지나치게 집중되어 있다는 점이다. 다른 문화에 대한 포용적 관점보다는 한국 주류 문화로의 동화에 집중하는 사회적 풍조가 강하다 보니, 다문화 배경을 가진 이주민들은 한국 사회로 스스로 유입되기보다는 주변인으로 남고, 거리감을 두게 된다. 혈통주의적 인식에서 탈피하도록 인식 개선을 하는 노력뿐만 아니라, 이주민들 스스로 한국인으로서 정체성을 가질 수 있는 계기를 마련해 주는 것이 중요하다.

예를 들어, 세계 최고의 군대로 인정을 받는 미군은 조직 내에 다양한 인종과 종교적 집단이 존재하고 있다. 하지만 미군이라는 정체성을 바탕으로 군대의 높은 사기와 효율성을 유지하고 있다. 이는 미군이 그간의 많은 연구결과를 바탕으로 비효율적 군 운용의 핵심이 차별에 있음을 발견하고(박안서, 2010), 이를 극복하기 위한 많은 노력을 해 왔기 때문이다. 1970년대 이후 미군은 '기회균등 프로그램'을 군에 정착시켰고, 법의 테두리 내에서 누구에게나 균등한 기회를 제공함으로써 조직에 대한 충성과 존중, 팀워크의 확립을 이루어 낼 수 있었다. 제복 앞에서는 누구에게나 동등한 기회를 보장함으로써 미군이라는 정체성을 확고히 정착시킬 수 있었다는 점은 많은 시사점을 제공한다. 이러한 노력은 여러 다른 다문화 군대에서도 발견이 되는데, 실제 6.7%가 소수 민족으로 이루어진 영국 군대에는 평등법을 적용하고, 다양성 정책을 시행하기 위한 다양성위원회(the diversity panel; 나태종, 노양규, 2012)을 운영하고 있다. 다양성위원회를 통해 장기적 계획하에서 평등 및 다양성 확립에 노력하고, 군대 내의 다양한 문화의 수용에 앞장서고 있다. 실제로, 영국 왕실 근위병 중에는 전통적인 불곰 모자 대신 이슬람의 터번을 쓴 근위병이 등장하기도 하였다. 고유의 문화적 전통성을 유지하면서 조직의 정체성을 수용하는 것이 건강한 조직 문화를 만드는 데 도움이 된다는 점을 보여 주는 좋은 사례라고 할 수 있다.

군대뿐 아니라 기업 안에서도 정체성을 통해 조직원들의 화합을 이루어 내는 경우는 많이 있다. 종합 석유화학 기업인 셸(Shell-Royal Dutch Shell)의 경우에는 '다양성과 포용(Diversity & Inclusion)'이라는 다양성 전략을 통해 인종, 성별 등의 표면적 다양성 외에 스타일, 종교, 교육 배경 등의 다양한 요소를 모두 포용하는 정책을 수립하였다. 그리고 '차이를 가치로 여기는 조직환경(work place where differences are valued)'를 구현함으로써 기업 경쟁력을 끌어올리고 있다(권소연, 강원석, 2019). 전 세계적인 소프트웨어 회사인 오라클(Oracle)은 한 단계 더 나아가서, 문화나 생각의 관점 차이 역시 포용해야 할 영역으로 간주하고, 조직 구성원 각각의 차이를 가치화하여 더 넓은 범위의 다양성 포용 정책을 펼치고 있다. 오라클 내에서는 이러한 다양성을 장려하기 위해 소수 그룹이나 인종, 종교단체 등의 행사나 기념일을 기업 차원에서 지원하고 있다. 이를 통해 오라클의 직원들은 자신들의 다름이 차별적 요소가 되지 않음을 인식할 수 있고, 그들이 속한 조직 내에서 더 적극적으로 활동할 수 있게 된다.

한국 사회의 다문화는 아직 걸음마 단계이기 때문에 무엇을 어떻게 해야 한다고 확언하기에는 어려운 시점이다. 하지만 장기적인 관점에서 동화주의적 속성을 덜어 내고, 다양성을 확립하고, 이주민들이 고유의 문화는 유지하되, 한국인으로서의 정체성을 확립할 수 있는 환경을 조성하는 것은 필요하다. 정부의 정책적인 노력과 더불어 기업들이 ESG 활동으로 조금씩이라도 이 문제의 해결을 위해 노력해 준다면 더 건강한 사회로서의 발전에 도움이 될 것이다.

참고문헌

고비룡(2022. 1. 17.). 농촌 외국인 불법 인력알선 뿌리 뽑아 달라. 경남신문. http://www.knnews.co.kr/news/articleView.php?idxno=1368095

곽미정, 서진형(2015). 대학생의 사회 정치에 대한 인식이 국가정체성에 미치는 영향. 대한부동산학회지, 33(1), 251-265.

권소영, 강원석(2019). 다문화 장병에 대한 인식 개선 방안 연구. 신산업경영저널, 37(1), 3-22.

김소연(2021. 3. 6.). "태극기 가르치지 말아주세요"…조선족 맘카페 논란. 한국경제. https://www.hankyung.com/life/article/202103056501H.

김영란(2013). 다문화사회 한국의 사회통합과 다문화주의 정책, 한국사회, 14(15), 3-30.

김자영(2017). 나는 누구인가?: 한 다문화가정 소년의 자아정체성에 관한 사례 연구. 다문화교육연구, 10(2), 125-145.

김중혁, 황기식, 송문석(2019). 한국의 단일민족주의와 다문화 수용방안. 사회과학연구, 35(4), 177-202.

김혜순(2008). 결혼이주여성과 한국의 다문화사회 실험: 최근 다문화담론의 사회학. 한국사회학, 42(2), 36-71.

김혜영(2014). 다문화주의와 다문화가족정책: 이념과 정책의 탈구. 여성연구, 87(2), 7-43.

김희정(2007). 한국의 관주도형 다문화주의: 다문화주의 이론과 한국적 적용. 한울.

나태종, 노양규(2014). 다문화군대에 대비한 한국군의 병영정책 발전방안. 다문화교육연구, 7(4), 55-80.

박진우(2015). 다문화가정 청소년의 자아정체성 형성 경험에 관한 연구. 중앙대학교 대학원 박사학위 논문.

박안서(2010). 다문화장병 입영에 따른 병영환경 조성방안. 국방정책연구, 90(1), 192-196.

삼성뉴스룸(2022. 11. 9). [글로벌 ESG현장 누비는 직원들] "ESG는 라이프스타일" 삼성전자유럽총괄의 ESG 담당자 이야기. https://news.samsung.com/kr/%EA%B8%80%EB%A1%9C%EB%B2%8C-esg%ED% 98%84%EC%9E%A5-%EB%88%84%EB%B9%84%EB%8A%94-%EC%A7%81%EC%9B%90%EB%93%A4-%E2%91%A1-esg%EB%8A%94-%EB%9D%BC%EC%9D%B4%ED%94%84%EC%8A%A4%ED%83%80%EC%9D%BC-2

손애리, 이내영(2012). 탈북자에 대한 한국인의 태도 연구, 국가정체성과 다문화수용성을 중심으로. 아태연구, 19(3), 5-34.

양경은, 노법래(2020). 한국 다문화 담론 구조와 그 시계열적 변동–언론 기사문 텍스트 마이닝 분석을 중심으로. 한국사회복지학, 72(3), 33-58.
양경은, 함승환(2020). 다문화정책은 이주아동의 사회통합에 늘 효과적인가?: 사회복지지출 규모를 고려한 비교사회정책적 재분석. 한국사회정책, 27(2), 71-92.
오성은(2019). 다문화가정 학생들의 정체성 구성 경험에 대한 이해. 교육인류학연구, 22(1), 27-47.
오정은(2021). 프랑스 가족이민 제도 연구: 한국 이민정책에 주는 시사점. 유럽연구, 39(2), 85-109.
유혜자(2006). 역사교육활동이 유아의 국가 정체성 형성과 역사적 사고력에 미치는 영향. 중앙대학교 교육대학원 석사학위논문.
윤경훈, 강정인(2019). 한국 다문화주의 연구의 다문화 정책 인식에 대한 비판적 검토: 맥락 없는 다문화주의?. 한국정치연구, 28(2), 89-116.
윤인진(2008). 한국적 다문화주의의 전개와 특성: 국가와 시민사회의 관계를 중심으로. 한국사회학, 42(2), 72-103.
이인희, 황경아(2013). 다문화 관련 미디어 보도 프레임 연구에 대한 메타분석. 다문화사회연구, 6(2), 83-108.
이종두, 백미연(2010). 한국의 특수성과 다문화 정책. 국제관계연구, 17(1), 335-361.
이화용(2022). 다문화주의에서 민주주의로: 다문화사회의 공존을 위한 하나의 단상. 한국과 국제사회, 6(6), 189-213.
이희창(2016). 국가 정체성 유형별 다문화 인식에 미치는 영향 비교: 한, 미, 일 3국을 중심으로. 국가정책연구, 30(1), 1-28.
정기선(2004). 한국인의 국가정체성 비교연구: 자격요건 평가를 중심으로. 제1차 한국종합사회조사(KGSS) 심포지움 발표자료집, 81-94. 서울: 성균관대학교, 삼성경제연구소.
조상미, 김아영, 박윤세(2023). 국내기업의 ESG 실천 현황: 'S(Social)' 중심으로. 인문사회 21, 14(2), 1795-1810.
지속가능 발전 포털(December 1, 2015). 「지속가능발전기본법」 제1장 제2조. https://www.ncsd.go.kr/law
최준영(2023. 5. 29.). [르포대한민국] 치열해지는 외국인 노동력 확보 경쟁…더 이상 머뭇거릴 시간이 없다. 조선일보. https://www.chosun.com/opinion/specialist_column/2023/05/29/F76VCSMFDRHMTHW64TEPAIXWW4/?utm_

source=naver&utm_medium=referral&utm_campaign=naver-news/

최현(2007). 한국인의 다문화 시티즌십(multicultural citizenship): 다문화 의식을 중심으로. **시민사회와 NGO, 5**(2), 147-227.

한건수(2016). 이민과 사회통합. **이민정책론**. 박영사.

한종수, 강정윤, 강소현(2021). 기업의 지속가능성과 관련한 회계실무 및 정책시사점 중심 문헌연구. **한국회계학회 학술발표 논문집**. 2021. 1-78.

황창호, 윤창근(2019). 국가정체성에 대한 국민의 인식변화와 결정요인에 관한 연구. **지역발전연구, 28**(1), 109-140.

Adams, M., Bell, L. A., & Griffin, P. (1997). *Teaching for diversity and social justice: A sourcebook*. Routledge.

Brubaker, R. (1992). *Citizenship and nationhood in France and Germany*. Harvard University Press.

Constantine, M. G., Hage, S. M., Kindaichi, M. M., & Bryant, R. M. (2007). Social justice and multicultural issues: Implications for the practice and training of counselors and counseling psychologists. *Journal of Counseling & Development*, *85*(1), 24-29.

Cornelius, N., Gooch, L., & Todd, S. (2020). Managers leading difersity for business excellence, *Journal of General management*, *25*, 67-78.

De Hass, H., Crzika, M., Flhaux, M. L., Mahendra, E., Natter, K., Vezzoli, S., & Villares-Varela, M. (2019). International Migration: Trends, determinants, and policy effects. *Population and Development review*, *45*(4), 885-922.

Habermans, J. (1994). Citizenship and national identity. In B.van steenbergen(ed.), *The condition of citizenship*(pp. 20-35).

Jones, F. L. (2000). Diversities of national identity in a multicultural society: The Australian case. *National Identities*, *2*(2), 175-176.

Jones, F. L., & Smith F. (2001). Individual and societal bases of national identity: A comparative multilevel analysis. *European Sociological Review*, *17*(2), 103-118.

Kim, Y. H. (2020). The effects of role of female executives on corporate social responsibility activities. *Tax Accounting Research*, *64*(0), 1985-210.

Kim, S. I., & Hong, J. I. (2015). The effects of the number of female directors on the board to corporate transparency. *Korean International Accounting Review*, *59*, 69-100.

Kim, Y. S., & Oh, O. (2017). The effects of the ratio of female executives and staff members and female employee's tenure on the relevance of stock price. *Journal of taxation and Accounting*, *18*(4), 173-193.

Kymlicka, W. (2017). **다문화오디세이** (이유혁, 진주영 역). 소명출판.

Ueffing, P., Rowe, R., & Mulder, C. H. (2015). Differences in attitudes towards immigration between Australia and Germany: The role of immigration policy. *Comparative Population Studies*, *40*(4), 437-464.

Wright, M. (2011). Diversity and the imagined community: Immigrant diversity and conceptions of national identity. *Political Psychology*, *32*(5), 837-862.

제 2 부

실무 관점

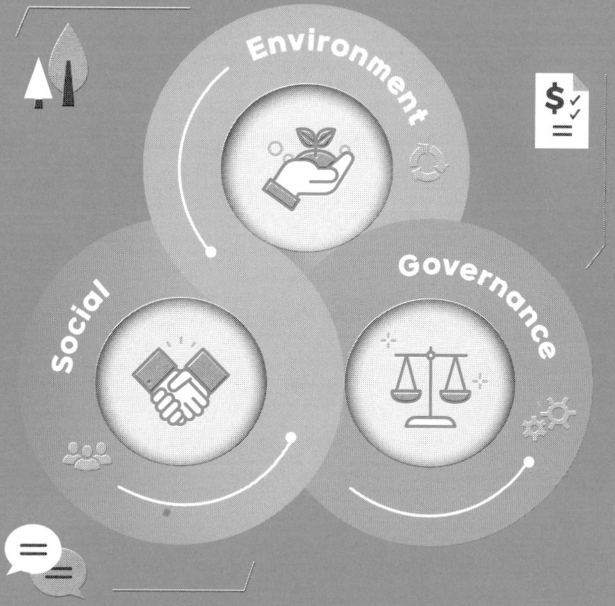

Environment · Social · Governance

제6장

누구를 위한 환경인가:

그린워싱과 광고의 역할, 그리고 ESG

1. 그린워싱

1) 정의

그린워싱(green washing: 위장 환경주의)은 기업이 환경을 보호한다는 이름으로, 실제의 효과보다 더욱 부풀려서 대중에게 과장 또는 허위로 알리는 시도를 의미한다. 기업이 환경에 대한 투자와 노력 등을 실제보다 과장 또는 왜곡한다. 그린워싱은 이처럼 보여 주기식으로 일반 소비자와 이해관계자들의 긍정적인 반응을 꾀하려는 움직임을 말한다. 한국어로는 '위장 환경주의'로 표현되며, 이를 통해 기업은 자금 조달 및 제품 판매, 기업의 이미지 개선 등의 부수적인 효과를 얻는다. 다음은 대표적인 그린워싱으로 지적되는 기업의 사례이다.

(1) 사례 1: 코카콜라, 총량은 몰라요

코카콜라는 플라스틱을 줄이기 위해서 해양 플라스틱을 재활용하여 용기를 제조한다고 밝혔다. 코카콜라는 'World Without Waste'라는 프로젝트의 하나로, 바다에 버려진 용기를 재활용한다고 대대적으로 홍보하였다. 그런데 영국 일간지 『가디언』에 따르면, 코카콜라가 배출한 플라스틱 규모가 얼마인지는 공개하지 않고 있다. 이처럼 전체 총량을 밝히지 않은 채 회사에 유리한 작은 수치만을 대대적으로 홍보하고 알림으로써 전 세계에서 가장 많은 플라스틱을 배출하는 기업이라는 정보를 숨기려 한다고 강조한다. 환경단체인 플라스틱 추방연대(Break Free From Plastic)는 코카콜라를 2018년부터 2021년까지 4년 연속 지구상에서 가장 플라스틱을 많이 방출하는 기업으로 선정하였다.

(2) 사례 2: 친환경 패션스타트업, 알고 보니 비슷해요

실리콘밸리의 친환경 패션스타트업 회사인 볼트 스레즈(Bolt Threads) 스텔라 매카트니와 함께 비건(Vegan)가죽을 출시하였다. 이 가방은 3,500달러로, 원화로 460만 원이 넘는 비싼 가격이었다. 이들은 자사의 가죽 브랜드인 마일로(Mylo)는 버섯 뿌리를 배양해서 만들었다고 밝혔다. 다른 가죽과는 기술적으로 큰 차이가 있다고 소개하였다. 그런데 이들의 주장과는 달리 폴리우레탄이나 폴리염화비닐을 섞어서 만든다는 사실이 뒤늦게 드러났다. 친환경이지만 일반 동물가죽과 이렇다 할 차이가 없다고 한다. 이처럼 비난이 거세지자 이 회사는 해당 브랜드 생산을 포기하였다.

(3) 친환경이면 무조건 통과?

환경에 대한 사회적인 책임의 목소리가 커지자, 기업들은 이를 마케팅에 적극적으로 활용하기 시작하였다. 환경에 대한 투자나 노력이 부족한 기업은 경쟁력 없는 기업 또는 사회적인 책임을 다하지 못하는 부정적인 기업처럼 여겨졌다. 소비자 단체의 적극적인 불매 운동 역시 친환경에 대한 기업의 노력을 강조한 측면이 있다. 그러자 기업들은 적극적으로 자신들의 회사 제품과 서비스가 친환경이라고 거듭 강조하기 시작하였다. 이러한 과정에서 기업들은 사실이 아니거나 과장된 내용, 기준 또는 구체적인 조건이 명시되지 않은 내용을 전달하였다. 즉, 과학적으로 근거가 없거나, 불리한 수치를 일절 밝히지 않은 채 여론을 호도했다. 일부의 사실만을 가지고 엄청난 친환경의 노선을 걷는 것처럼 포장하기도 했다. 이러한 그들의 목소리는 별다른 검증이나 점검 없이 사람들에게 그대로 노출되었다. 기업이 환경을 위해 노력한다고 이야기하니 사람들은 별 거부감 없이 해당 제품과 브랜드를 소비하기도 했다. 그만큼 친환경에 대한 강조는 사회적인 행동 강령이자 대유행이었다. 이러한 움직임을 선도하는 기업에 대하여 긍정적인 찬사가 이어졌다.

그런데 최근 몇 년 사이에 소비자 단체와 정부 관련 기관에서 이러한 기업들의 그린워싱 행위를 색출하고, 엄격한 규제의 필요성을 언급하기 시작하였다. 일부 기업들이 말하는 내용을 확인해 보니 사실이 아닌 부분도 많으며, 수치를 왜곡하거나 근거가 없는 부분도 상당한 것으로 밝혀졌다. 무엇보다 너무나 많은 기업이 환경을 언급하고 달콤한 말을 계속 내뱉으니 사람들의 피로도가 쌓이기 시작하였다. 이제 정부 관련 기관과 소비자 단체는 이들의 목소리를 곧이곧대로 듣지 않고, 하나씩 검증해 보면서 따지기 시작하였다. 친환경이라고 하면 무조건 덥석 구매하는 것이 아니라, 정말 그 브랜드와 제품이 친환경에 해당하는지 검증하기에 이른 것이다. 이러한 변화는 설문조사에서도 확인할 수 있다. 2022년 영국의 컨설팅회사인 센수인사이트는 1682명을 대상으로 설문조사를 진행하였다. 응답자의 71%가 기업의 친환경 주장이 제대로 검증을 받았지 않았다고 답하였다. 기업의 친환경 행보에 대한 일반 대중의 낮은 신뢰도를 보여 주는 대목이다. 또한 같은 조사에 따르면, 그린워싱 제품을 보고 나서 전체의 51%에 달하는 사람들이 지출 금액을 줄이거나 완전히 관심을 끊었다고 답하는 등 회의적인 의견을 드러냈다. 친환경이면 무조건 관대하게 넘어갔던 과거와 달리, 사람들은 예민하게 정말 친환경이 맞는지, 혹은 친환경을 빙자한 기업의 얕은 술수가 아닌지 자세히 확인하길 원한다.

2) 그린워싱의 7가지 유형

그린워싱의 개념은 환경 마케팅 회사인 테라초이스(Terra Choice)의 보고서에서 등장하였다. 주로 환경을 뜻하는 색상인 녹색(Green)에 책임을 은폐, 표백하려는(whitewashing)의 합성어이다. 환경을 포장대로, 기업들이 책임을 회피하고, 사람들을 호도하는 구체적인 방식을 제시한다. 테라초이스의 보고서는 다음과 같이 그린워싱에 해당하는 대표적인 7가지 유형을 소개하고 있다.

- 부정적인 효과 숨기기(Sin of the Hidden Trade-Off): 친환경적 일부 속성에만 초점을 맞추어 전체적으로 미치는 효과를 축소하고, 긍정적인 측면만을 언급하려는 의도
- 증거 없음(Sin of No Proof): 증거와 근거 없이 친환경이라는 대목만을 강조하는 의도
- 애매모호한 주장(Sin of Vagueness): 해당 문구의 구체적인 내용과 의미가 없고, 정확한 의미파악이 어려운 경우. 될 수 있으면 포괄적인 표현을 써서 환경에 긍정적인 것처럼 평가받으려는 의도
- 가짜 라벨로 면피 시도(Sin of Worshiping False Labels): 세상에는 전혀 존재하지 않은, 신뢰성이 검증되지 않은 라벨을 통해서 친환경 제품과 브랜드라는 인식을 심어주려고 하는 경우
- 관련성 전무(Sin of Irrelevance): 관련성 없는 내용을 언급하여, 부정적인 영향을 축소하려는 의도
- 유해상품 정당화(Sin of Lesser of Two Evils): 친환경적 요소는 일부 포함하고 있지만, 환경에 해로운 상품에 적용하여 본질을 왜곡하려는 시도.
- 거짓말(Sin of Fibbing): 일방적인 거짓된 주장으로 사람들의 인식 왜곡

출처: Terrachoice.

이러한 유형은 기업의 그린워싱을 판별하는 데 중요한 기준으로 활용되고 있다. 예를 들어, 글로벌 화장품 기업인 로레알은 자사 브랜드 샴푸 용기에 '100% 재활용 플라스틱'이라고 표기했다. 그런데 이는 용기 몸체에만 해당하며, 전체 용기에 적용되는 내용은 아니었다. 결과적으로 제품에 명시된 '100%'라는 표현은 오해를 불러일으킬 수 있다. 이는 앞서 언급한 애매모호한 주장에 해당하며, 사람들에게 용기 전체가 친환경적인 물체인 것처럼 인식할 수 있다. 범위에 대한 구체적인 표시가 없고 기업의 일방적인 표현에 소비자들은 영향을 받는다. 한 환경단체는 이러한 점에 의하여 2022년에 로레알을 고발하였다.[1)]

[그림 6-1] 문제가 된 로레알 샴푸 용기

3) 왜 사람들은 그린워싱에 주목하는가

이처럼 최근 그린워싱에 대한 비판적인 여론은 어떻게 형성되었을까? 전문가들은 이러한 그린워싱에 대한 부정적인 여론의 득세를 세 가지 근거로 요약한다.

1) https://cosmeticsbusiness.com/news/article_page/LOreal_P_and_G_and_LOccitane_accused_of_greenwashing_in_new_findings/201904

첫째, 친환경에 대한 사람들의 반발 심리이다. 최근 몇 년간 친환경 또는 환경을 의식하는 소비가 바람직한 소비로 자리 잡았다. 사람들은 더 많은 금액을 기꺼이 지급하면서, 친환경을 추종하는 라이프스타일을 선택하였다. 그런데 알고 보니 그러한 환경에 대한 노력이나 강조가 기업의 잇속 챙기기라는 의식이 고개를 들기 시작한 것이다. 일반적인 대중의 시각도 유사하다. 예를 들어, 27세 대학원생 K 씨는 "그동안 친환경이라고 하면 좀 더 비싼 가격을 요구해도 별로 거부감이 없었다. 그런데 알고 보니 그런 친환경이 과장, 허구라고 생각하니 매우 불편하다."라고 말했다. 43세 주부 L 씨의 의견도 비슷하다. "가족이 먹는다고 하면, 될 수 있는 대로 친환경 제품을 비싼 값 주고 구매했다."라고 말했다. 즉, 비싼 가격이라는 '프리미엄'을 감수하고, 친환경 제품과 브랜드를 소비했는데, 알고 보니 가짜였다는 배신감에 직면한다고 하였다. 이러한 배신감과 회의감을 수차례 경험하면, 기업이 이야기하는 친환경이 과연 누구를 위한 환경인지 물어볼 수밖에 없다고 하였다. 또한 기업이 이야기하는 환경이 소비자와 대중을 위한 것이 아닌 기업의 이익을 위한 포장지는 아니었는지 의구심에 휩싸인다고 하였다.

둘째, 시장 경쟁에서 추락하는 많은 친환경 그룹의 행보이다. 많은 소비재 기업이 친환경을 강조하며 많은 주목을 받았지만, 최근 급격히 추락하고 있다. 이러한 빠른 몰락이 그동안 그린워싱으로 가려진 실체가 아니냐는 의혹이 힘을 얻고 있다. 대표적으로, 식물성 대체 브랜드들의 빠른 퇴출인데, 대체 육류 시장의 선두주자로 일컬어지던 비욘드미트는 최근 암울한 실적을 보였다. 거의 전직 수준으로 환경 운동가를 자처하는 두 인물인 빌 게이츠와 레오나르도 디카프리오의 낙점을 받아 투자를 받기도 했다. 당시만 해도 대체 육류는 환경을 지키는 의식 있는 행동으로 일컬어지며 많은 미디어의 주목과 호응을 끌어 냈다. 그런데 2023년 9월 현재, 이 회사는 최근 주식시장에서 대폭락을 경험하고 있다. 현재 비욘드미트의 주가는 12달러 내외로 최고가인 235달러의 5% 수준을 기록하며 어마어마한 낙폭을 갱신 중이다. 대중은 이러한 낙폭이 그린워싱과 같은 인식의 편향에서 비롯되지 않았나 지적한다. 『워싱턴포스트』는 보도를 통해, "식물성 대체 육류는 진짜 고기보다 온실가스 배출량은 적을 수 있으나, 온갖 식품첨가물이 들어간 초가공식품"이라고 설명한다. 즉, 외형상 친환경이라고 불릴 수 있으나, 실제로 소비자가 체감하는 제품 경험에는 큰 차이가 존재할 수 있다고 강조한다. 이처럼 친환경이라고 해서 무조건 소비자가 준수해야 하는 당위성이 있는 것은 아니다. 신발계의 애플, 실리콘밸리에서 일하는 사람들에게 가장 사랑받는 신발 브랜드라고 주목받던 올버즈도 초고속 몰락의 페달을 밟고 있다. 올버즈는 친환경 소재로 제작된다고 연신 강조하였다. 소비자들은 일반적인 신발에 비해서 올버즈가 쉽게 구멍이 나고 닳는다는 불만을 제기했었다. 신발이라는 제품의 특성상 치명적인 단점이 아닐 수 없다. 그러자 이러한 불만을 막기 위해서 친환경 소재로 제작했기 때문에 그러하다는 식의 설명으로 궁색하게 대응한 것 아니냐는 비판에 직면하였다. 현재 올버즈의 주가는 1.3달러이며, 가장 최고가였던 시절, 26달러에 거래되었던 것과 극명한 차이를 보여 주고 있다. 제품이 가지고 있는 본원적인 경쟁력의 미약함을 친환경 카드로 가리는 데 급급한 것 아니냐는 설명이 힘을 얻는다. 이러한 친환경 카드가 그린워싱으로 사람들에게 자리 잡으면 시장에서 빠른 도태는 자연스러운 수순이 된다.

셋째, 정부와 관련 기관의 대응과 규제 신설이다. 이러한 정부 차원의 노력은 환경에 대한 인식이 높은 서유럽과 미국 등과 같은 선진국에서 두드러진다. 2023년 3월 22일, 유럽연합 집행위원회는 기업의 그린워싱을 방지하기 위한 친환경 표시지침(Green Claim Directive)를 공시했다.[2)]

이 표시지침은 유럽연합 국가에서 사업을 하는 기업들의 제품과 서비스에 적용되며, 기업들은 이러한 지침을 의무적으로 따라야 한다. 또한 과거와 달

2) https://environment.ec.europa.eu/publications/proposal-directive-green-claims_en

리 친환경 제품이라고 자사의 제품을 소개하고 싶다면 유럽연합에서 도입하는 인증제도를 통해서 입증해야 한다. 과거 자사 내부에서 토대로 난무하던 '친환경'인증을 일원화하겠다는 시도이다. 덧붙여 그에 부합하는 처벌 기준을 제시함으로써 기업들이 쉽게 그린워싱을 감행하지 못하도록 규제하겠다는 의도이다. 미국에서도 적극적으로 대응하기 시작하였다. 미국 연방거래위원회(FTC)는 유통 기업인 월마트를 상대로 허위 친환경 행위를 적발하여 그린워싱 사건으로는 전례 없는 300만 달러라는 벌금을 명령하였다. 월마트는 합성 레이온으로 만든 베개, 욕실 매트, 침대 시트를 깨끗한 '친환경 대나무'로 만들었다고 허위 표시했었다. 이 사건을 계기로 미국 연방거래위원회는 그린워싱에 대한 가이드라인을 재검토한다고 밝혔다. 이는 더욱 엄격하게 그린워싱을 저지르는 기업에 대한 엄격한 대응을 마련하겠다는 움직임으로 해석된다. 우리나라에서도 공정거래위원회에서 그린워싱에 대해서 본격적으로 규제를 시작하였다. 앞으로 기업의 마케팅 활동에 친환경 용어를 명시적으로 쓰지 않아도, 숲이나 나무 또는 녹색 글씨로 친환경을 위장할 경우, 불공정 행위로 단속될 수 있다. 또한, 제품 일부만을 친환경 인증만 받은 채, 제품 전체가 친환경 제품인 것처럼 소개하는 것도 문제가 된다. 이러한 그린워싱이 적발되면 과징금 등 처벌을 받을 수도 있다.[3] 이제 겉보기만 그럴싸한 그린워싱의 시대는 끝이 난 셈이다.

2. 광고에서 살펴본 그린워싱

이 절에서는 실제 광고의 문구와 내용으로, 그린워싱의 의혹을 받는 브랜드

3) https://www.chosun.com/economy/weeklybiz/2023/08/24/CUHW76M75FF7ZDI57ICPVENJIY/

의 사례를 살펴보고자 한다. 광고 문구의 내용이 불명확하거나 포괄적인 경우, 소비자들은 이러한 문구에 영향을 받는다. 즉, 친환경적 특성이 과도하게 마케팅의 하나로 소비되는 경우에 과장 및 허위 광고의 의혹을 받는다. 광고 문구와 이미지 등에 대한 신중한 선택과 주의가 필요한 대목이다. 현재 활발하게 논의가 진행 중인 해외 및 세계적 기업의 사례를 소개하고, 우리나라에서도 진행 중인 다양한 논의를 정리한다.

1) 사례

(1) 탄소 중립하겠다는 델타항공, 집단소송 위기

미국의 가장 큰 항공사인 델타항공은 최근 집단소송에 직면하였다. 영국 일간지인『가디언』의 2023년 5월 보도에 따르면, 델타항공은 광고 문구에 '탄소 중립(carbon-neutral)'이라는 사용하며, 탄소 중립을 달성한 항공사라고 대대적으로 홍보하였다.[4)]

집단소송을 제기한 측에서는 이러한 문구가 거짓이며, 소비자를 오해하게 만든다는 이유로 집단소송을 준비 중이라고 밝혔다. 델타항공은 10억 달러 규모의 탄소 중립 계획을 발표했었다. 델타항공에 따르면, 델타항공사는 향후 10년 동안 온실가스 배출을 완화하기 위해서 10억 달러를 투자하겠다고 밝혔다. 여기엔 제트 연료 사용을 줄이고, 비행기의 효율성을 높이는 방안도 포함되어 있다. 또한 열대우림과 습지, 초원을 보존하여 탄소 배출권을 구매하려는 계획도 포함되었다.

문제가 된 문구는 '세계 최초의 탄소 중립 항공사'라는 내용이다. 이 문구가 과연 실효성이 있으며, 지구 온난화를 해결하는 데 구체적인 대안까지 제시할

4) https://www.theguardian.com/environment/2023/may/30/delta-air-lines-lawsuit-carbon-neutrality-aoe

수 있을지는 알 수 없다는 반응이다. 소송을 제기한 측에서는 이러한 문구가 사람들을 현혹하고, 마치 문제가 모두 해결되었다는 식의 인식을 줄 수 있다고 지적한다. 말 그대로 말뿐이지, '탄소중립'이라는 미사여구를 동원했다고 주장한다. 특히 델타항공은 다른 미국 항공사보다 가격이 좀 더 비싼데, 이러한 광고 문구가 사람들에게 비싼 가격을 거부감 없이 낼 것이라고 덧붙인다. 특히 탄소 중립이라는 문구 자체가 매우 도발적이며 사람들에게 오해를 불러일으킨다고 강조한다.

그에 비해 항공사의 설명은 다르다. 델타항공은 이미 과거부터 지속가능한 항공을 위해서 노력하였으며, 2050년까지 탄소 배출을 하지 않는 수준까지 노력할 예정이라고 덧붙였다. 지속가능한 항공 연료를 위해 투자하며, 운영 효율성을 구현할 것이라고 설명한다. 즉, 델타항공 측은 앞으로도 계속 이러한 노력을 기울일 것이며, '탄소중립'이라는 표현은 이러한 과정을 보여 주는 표현이라고 강조한다.

델타항공의 사례는 이제는 그린워싱이 단순히 환경의 측면에만 국한된 내용이 아님을 말해 준다. 앞으로 광고 영역에서 발생할 수 있는 사업적인 문제에 가깝다고 해석할 수 있다. 구체적인 광고 문구의 표시가 소비자에게 어떻게 영향을 미칠지 헤아려야 함을 보여 준다. 또한 광고 문구가 일회성으로 사라지는 것이 아닌, 회사에서 얼마나 적극적으로 이러한 노력을 기울일 것인지, 그만큼 진정성을 담보하고 있는지를 밝혀 주는 중요한 사례이다. 실제로, 전문가들은 기업이 전하는 메시지 중에 무엇이 그린워싱인지, 아니면 진짜인지를 구분하려는 시도가 많아질 것이라고 예상한다. 정말 회사가 진정성 있게 의지와 노력을 반영하는지, 아니면 그냥 일회성 사탕발림 광고 문구인지를 판단할 것이라는 의견이다.

(2) 탄소제로 도전하겠다는 에티하드 항공사, 고소당한 사연

광고 문구의 표현상 이유로 고소를 당한 항공사는 델타항공만이 아니다. 호주의 환경단체는 에티하드 항공사의 광고 문구가 현실성이 없으며 소비자를 현혹한다고 고소하였다. 에티하드는 축구 경기 중 디지털 광고 배너에 '2050년까지 탄소 배출 제로'라는 문구를 사용하였다. 또한 "비행이 지구에 대가를 치르게 할 수는 없다(Flying shouldn't cost the Earth)."라는 표현을 사용했다. 환경단체는 이 표현을 문제 삼아 에티하드 항공사를 고소한 것이다. 환경단체 주장에 따르면, 이러한 주장은 현실성이 없다. 즉, 현실성이 없는데 이러한 주장을 남발하는 것은 그린워싱에 가깝다는 것이다. 구체적인 계획이나 합리적인 근거 없이 이러한 문구를 사용함으로써 사람들에게 거짓 또는 오해의 소지를 준다고 지적한다. 기술적 · 현실적 · 경제적으로 실현이 어려운 내용을 마케팅 관점에서 너무 쉽게 이야기한다는 설명이다.

에티하드 항공사의 사례 역시 광고 문구가 단순히 쉽게 잊히는 일회성 발언이 아닌, 기업의 진정성과 노력을 반영한 대상이어야 함을 시사한다.

(3) 그들은 이미 기후변화를 해결했다?

앞서 언급한 델타 항공사와 에티하드 항공사의 사례처럼, 기업은 미래에 완료 예정인 시점을 현재 이야기함으로써 고객의 신뢰를 얻고자 한다. 비단 항공사만이 아닌 다양한 산업의 많은 회사는 앞다퉈서 기후변화에 대한 자신들의 노력을 먼저 언급함으로써 자신들은 환경에 대해서 매우 준비된 자세로 임하고 있다고 강조한다. 냉정히 말하면, 아직 일어나지 않은 일을 미리 이야기함으로써 사람들의 신뢰를 얻고자 하는 선언에 가깝다. 기업은 자신들의 노력으로 인해 지구가 직면한 기후변화에 진전을 이루었다고 설명한다. 어떤 기업의 경우, 마치 기후변화의 문제를 해결한 것처럼 말하는 사례도 있다. 블룸버그는 미래 완료 시점의 이야기를 앞서서 이야기하면서 사람들에게 신뢰를 얻으려는 기업들의 사례를 소개하였다.[5] 예를 들어, Procter & Gamble(P&G)는 2030년까지 열 배출량을 절반으로 줄이겠다고 약속하였다. 그리고 10년 일찍 목표를 초과했다고 발표했다. IT회사인 Cisco Systems은 최근 15년 동안 기후 오염을 60%

줄이겠다는 목표를 초과 달성했다고 밝혔다. 독일의 타이어와 자동차 부품 거대 기업인 Continental AG는 2020년에 온실가스를 무려 70%나 줄였다고 주장하였다. 하지만 이러한 수치는 정확히 설명되지 않았거나, 근거와 구체적인 수치를 제시하지 않은 일방적인 선언에 가까워서 사람들에게 혼란을 준다. 이를 측정한 방식에도 자세한 설명을 생략하는 경우가 많다. 해당 문구와 내용을 접한 사람들은 마치 기후변화를 종식되었다고 믿을 가능성도 제기된다.

(4) 캐나다 구스의 동물 털 전면 중단 사연

우리나라에도 널리 알려진 패딩 브랜드 캐나다 구스 역시 이러한 그린워싱 논란의 중심에 있었다. 이 브랜드는 "윤리적이고, 책임 있는 지속가능한 천연 모피 조달에 우리의 약속, 우리의 모든 천연 모피는 인증된 포획 업체에서만 구매합니다."라고 밝혔다. 한 미국인 남성(원고)은 이러한 설명에 문제가 있다고 판단하고 허위 내용으로 「소비자 보호법」을 위반했다고 미국 법원에 소송을 제기하였다. 원고는 특히 패딩 모자 테두리에 붙어 있는 문구인 '100% 코요테 털'이라는 표현에 문제를 제기하였는데, 코요테 털을 얻는 과정에서 문제가 있을 것이라고 주장하였다. 법원은 이를 가리켜, '윤리적이고 지속가능하며 인도적인 방법'을 통해 모피를 얻었다고 주장하는 캐나다 구스의 설명이 오해의 여지가 있다고 판단하였다. 코요테 털을 얻는 과정에서 덫과 올가미를 사용하는 사냥꾼으로부터 모피를 얻은 사실이 드러났기 때문이다. 법원은 원고의 주장 일부를 인정했다. 2022년, 캐나다 구스는 동물 털 사용을 전면 중단했다.

(5) 가격 프리미엄을 위한 외장재? 나이키 사례

글로벌 브랜드 나이키도 그린워싱 논란에 휩싸였다. 2023년 5월 미국 미주

5) https://www.bloomberg.com/news/features/2022-11-01/intel-p-g-cisco-among-major-companies-exaggerating-climate-progress#xj4y7vzkg

리주에 사는 한 여성이 나이키를 상대로 소송을 제기하였다. 그녀는 나이키가 환경친화적이고 지속가능한 제품이라고 소비자에게 알리면서, '허위 및 오해의 소지가 있는 마케팅'을 하고 있다고 주장했다. 그녀는 미국 연방거래위원회의 가이드라인을 인용하여 나이키가 제품과 서비스의 환경적 특징을 정확하게 표현해야 했다고 강조하였다.

소송을 제기한 측에 따르면, 나이키의 제품 중 일부만 재활용 소재가 사용되었으며, 나이키가 소재를 '지속가능하며, 환경을 의식하는 소재'로 오해를 불러일으키고 있다고 주장했다. 즉, 앞서 살펴본 많은 기업의 사례처럼, 나이키 역시 일부에만 적용되는 친환경적 특성을 전체 제품에 해당하는 것처럼 광고하고 있다는 의혹을 받는다. 소송을 제기한 측은 나이키의 '지속가능한 컬렉션'에 포함된 2,452개 제품 중 실제로 재활용 소재로 만들어진 제품은 239개에 불과하며, 이는 약 10%에 해당한다고 하였다. 즉, 일부의 친환경적 특성을 전체인 것처럼 포장했다고 주장하였다.

이러한 소송은 나이키의 사례만이 아닌 많은 브랜드에서 쉽게 확인할 수 있는 그린워싱의 대표적인 사례라고 할 수 있다. 일부를 전체인 것처럼 이야기하는 부분에 대한 지적과 함께 가격 프리미엄에 대한 문제 제기 역시 시사하는 바가 크다. 소송을 제기한 측은 환경친화적인 제품들이 높은 가격을 요구한다고 설명한다. 그런데 이러한 높은 가격에 대한 근거가 명확하지 않으며, 과장된 채 높은 가격을 요구하는 부분을 지적하고 있다. 이는 소송을 제기한 당사자만이 아닌 불특정 다수의 소비자가 친환경 제품을 선호하며 더 큰 비용을 지급하고 있는데, 나이키를 비롯한 많은 브랜드가 이러한 믿음을 이용하여 소비를 부추기고 있다고 주장하였다. 소송을 제기한 여성은 역시 나이키의 지속가능한 마케팅 문구에 믿음을 가지고 제품을 구매했다고 말하였다. 그런데 만약 제품이 실제로 지속가능한 환경적 장점이 있지 않으며, 실제로 친환경적인 재료로 만들어지지 않았다면, 자신의 태도는 달랐을 것이라고 주장하였다. 즉, 해당 제품을 구매하지 않거나 더 낮은 가격으로 구매할 의향이 있었을 것이라 강조하였다. 가격 프리미엄에 대한 근거가 과장 또는 허위에 가깝다는 의견이다. 많은 브랜드가 친환경적 특성을 앞세워'가격 프리미엄'을 요구하는 마케팅의 진정성을 지적하는 대목이기도 하다.

(6) 알고 보니 더 해롭고, 비싼데 친환경? H&M 사례

글로벌 패션 브랜드도 H&M도 그린워싱 논란이 있었다. H&M은 지속가능한 소재로 만든 컨셔스(conscious) 컬렉션을 출시했다. 이 컬렉션 제품에는 기존의 제품과는 다르게 환경에 대해서 의식한다는 'Conscious' 문구를 녹색 꼬리표를 부착했다. 노르웨이 소비자 위원회는 이를 가리켜 소비자에게 불분명한 정보를 제공한 채 친환경적인 이미지를 전달해 혼란을 줬다고 지적하였다. 소비자가 녹색 꼬리표와 문구만을 보고 친환경 제품일 것 같다는 인상을 받는다는 것이다. 그런데 한 환경단체의 보고서에 따르면, H&M의 컨셔스 컬렉션은 기존 의류보다 유해 합성소재가 더 많이 포함하고 있었다. 또한 일반 제품보다도 물을 20% 더 사용했다는 점도 비판받았다. 이처럼 H&M은 제품에 대한 구체적인 정보를 제공하지 않고 친환경성을 언급하며, 경제적 이익을 추구했다고 비판받았다.

2) 허위, 과장 광고로 처벌받을 수도

미국 및 유럽 등에서는 광고 문구의 표현상의 문제를 들어 소비자 단체 또는 환경 단체가 기업을 고소하는 일들이 빈번해지고 있다. 비단 항공 산업만이 아닌, 패션과 화장품 산업, 조리기구, 패스트푸드 업계까지 다양한 산업에서 그린워싱을 둘러싼 법적 갈등은 더욱 증가할 것이라고 예상한다. 특히 광고의 문구에서 표현된 내용이 얼마나 실효성이 있는지, 달성 가능한 내용인지를 시시비비를 가리겠다는 의도로 파악된다. 이러한 소송 대부분은 광고 문구에 근거하여 기업이 허위 광고를 한다고 주장한다. 이처럼 법적인 문제를 제기하는 측

은 제품에 사용된 특정한 제품, 성분 등이 실제로 광고에서 언급하는 것만큼 효력이 없는데 있다고 과장하고 있다고 주장한다. 이는 광고 문구상에서 사실이 아닌 허위에 해당하며, 고의적 또는 악의적으로 제기된 것으로 밝혀지는 경우에는 사기로 추정될 수도 있다. 즉, 이러한 소송들은 환경에 대한 사람들의 관심과 믿음을 이용하여 과장 또는 허위의 주장을 하고 있는지를 다룬다. 또한 기업이 얼마나 이러한 주장을 통해서 경제적인 이익을 얻었는지를 검토한다. 특히 집단소송의 문화에 익숙한 미국과 유럽 등 선진국에서 이러한 양상들이 일어나고 있으며, 이는 앞으로도 더욱 많아질 것이다. 기업으로서는 이러한 소송을 피하고자 더욱 광고의 상세 문구와 마케팅 표현에 주의를 기울일 것이며, 다르게 해석될 수 있는 여지가 있는지, 기업의 진정성을 반영하고 있는지 세심한 주의가 필요하다.

3) 그린워싱 멈춰!

광고를 둘러싼 그린워싱의 문제를 방지하기 위해서는 무엇을 해야 할까? 무엇보다도 투명하고 구체적인 커뮤니케이션이 필요하다. 과학적 근거를 제시해야 하며, 환경적 이익을 과장하려는 자세는 지양해야 할 것이다. 소비자의 눈높이에서 해당 내용일 얼마나 정확하고, 진실한 이야기인지 다시 한번 검토해야 할 것이다. 기업의 내부의 의견만을 듣는 것이 아니라, 제품의 장점을 뒷받침하기 위한 제3자의 의견을 듣는 것도 필요하다. 또한 의도적으로 작은 글씨로 인쇄하여 식별이 어렵게 하거나, 불충분한 정보를 제공하는 행위 역시 피해야 할 것이다. 탄소의 배출량, 제품의 분해에 대한 구체적인 정보를 제공하면서, 환경에 대한 해당 기업의 진지한 대책과 고민을 피력하는 노력도 필요하다. 다음은 그린워싱에서 가장 거리가 먼, 성공 사례로 언급되는 실제 광고 캠페인 사례이다.

(1) '이 재킷을 사지 마세요' 파타고니아 사례

파타고니아의 '이 재킷을 사지 마세요(Don't Buy This Jacket)' 캠페인은 2011년 블랙프라이데이에 『뉴욕타임스』에 게재된 유명한 지면 광고다. 일반적인 광고와 달리, 제품을 사지 말라고 당부한다는 점에서 세상의 시선을 끌었다. 일반적인 그린워싱 광고와 달리, 어려운 표현이나 기술적인 용어를 배제하고, 소비자에게 제품의 필요성을 직접 묻고 있다. 이를 통해, 파타고니아는 지속가능한 소비자 행동을 장려한다.

광고의 메시지는 고객이 구매가 환경에 미치는 영향에 대해 생각하라고 당부한다. 그리고 정말로 새 재킷을 구매할 필요가 있는지도 묻는다. 즉, 재킷의 생산과 유통에 필요한 다양한 제반 요소와 여건을 설명한다. 더 나아가, 이 파타고니아 광고는 탄소 배출량과 환경 자원을 설명하였다. 이처럼 과소비에 대한 인식과 더욱 책임 있는 구매 습관의 필요성을 높이는 것을 목표로 삼았기에, 성공적인 캠페인으로 세간의 관심을 얻었다. 어려운 표현과 과장된 표현, 쉽게 알 수 없는 메시지로 자사의 제품을 소개하고 자랑하는 데 여념이 없는 그린워싱 브랜드와는 차원이 다르다.

'이 재킷을 사지 마세요' 캠페인은 지속가능성을 장려하고 폐기물을 줄이기

[그림 6-2] '이 재킷을 사지 마세요' 캠페인

출처: 파타고니아 코리아(https://www.patagonia.co.kr/).

위한 파타고니아의 노력이라고 할 수 있다. 고객이 덜 구매하고 소비 습관을 염두에 두도록 장려하려는 회사의 의지는 환경적 책임에 대한 의지를 보여 준다. 외관상 광고이지만, 환경친화적인 쇼핑 접근 방식을 홍보하는 데 있어 기업의 역할에 화두를 제시하고, 결과적으로 사회에 큰 영향을 미쳤다.

3. 국내 사례 및 전망

1) 인스타그램에 번지는 그린워싱 광고

그린워싱 의혹을 받는 우리나라 기업의 사례가 증가하고 있다. 다른 나라의 일이 아닌, 우리나라에서도 적지 않은 기업이 그린워싱 의혹을 받으며, 비난의 목소리가 점점 커지고 있다. 한 보도에 따르면,[6] 인스타그램을 운영하는 우리나라 대기업 10곳 중 4곳은 최근 1년간 가짜 친환경으로 불리는 '그린워싱'광

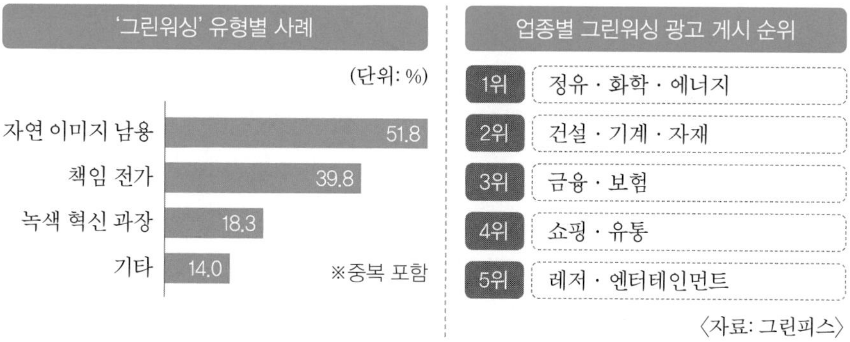

[그림 6-2] 그린워싱 광고

출처: 서울신문(2023.08.29).

6) https://n.news.naver.com/mnews/article/081/0003388402?sid=102

고 게시물을 올렸다고 보도하였다. 기사에 따르면, 해당 기업의 제품의 특성이 환경과 무관한데, 소셜미디어(눈)에 관련 문구를 홍보하였다. 우리나라 소비자들은 녹색환경으로 포장된 제품이나 기업 광고에 그만큼 무차별적으로 노출된 채, 속을 수 있다고 주장한다. 해당 기사는 환경단체 그린피스가 진행한 조사 결과를 언급하며, 자사 인스타그램을 운영하는 우리나라 대기업(공정거래위원회 공시 대상 기업집단 기준) 399곳을 조사한 결과를 밝혔다. 분석 결과, 2022년 4월부터 2023년 3월까지 그린워싱 게시물을 1건 이상 게재한 기업은 모두 165곳(41.4%)으로 집계되었다. 그린피스의 조사 결과는 그만큼 우리나라 소비자들도 그린워싱 광고에 쉽게 노출되어 있으며, 문제가 심각하다는 것을 여실히 보여 준다. 그린피스의 조사는 인스타그램만 조사 대상으로 삼았는데, 이러한 광고가 다른 SNS 미디어로 확장할 경우 더욱 그린워싱 광고가 만면한 상황임을 짐작할 수 있다.

이 기사는 국내에서도 친환경으로 위장한 채 사람들에게 제품과 서비스를 소개하는 광고가 많다는 것을 강조한다. 그린피스는 기업이 가장 많이 활용하는 그린워싱 방식을 자연 이미지 남용이라고 언급한다. 즉, 제품과 상관없는 동물과 자연 이미지를 남발하면서 '환경 친화적'이라고 주장한다고 설명한다(서울신문, 2023. 8. 29). 이번 조사 결과는 국내 역시 그린워싱의 무풍지대가 아니며, 오히려 많은 소비자가 이러한 광고에 쉽게 노출되고 있음을 강하게 시사한다.

2) '인체에 안전한' 문구는 그린워싱

지난번 모 침대 브랜드는 환경부로부터 그린워싱 관련 행정지도를 받았다고 알려졌다(세계일보, 2023. 2. 9). 모 브랜드가 사용한 마케팅 문구가 문제가 되었다. '인체에 안전한'이라는 문구는 「생활화학제품 및 살생물제의 안전관리에 관한 법률」 제34조를 위반한다. '인체에 안전한'이라는 표현은 매우 포괄적이므로, 환경에 미치는 부정적 영향이 없다는 표현을 섣불리 사용할 수 없기 때문이다.

뉴스 보도에 따르면(한스경제, 2023), 환경부 관계자는 "환경부에서 관리하는 화학제품 모두는 인체에 안전하다 볼 수 없고, 유해하지만 필요하므로 방법과 용도에 맞게 쓰도록 관리하는 것"이라고 밝혔다. 즉, 소비자가 무작정 인체에 안전하다고 믿고 오남용할 수 있기 때문이라는 해석이다. 이처럼 다양한 소비재가 그린워싱의 의혹을 받는다. 기업이 자사의 제품에서 일부 친환경적인 기능만을 강조해 다른 부분에서 발생하는 환경 영향을 가리는 방식을 차용한다.

3) 정말 종이 빨대가 친환경 맞나요?

시장에 유통되고 있는 종이 빨대가 대표적 예이다. 커피 음료 프랜차이즈들은 친환경 흐름에 발맞추고자 종이 빨대를 도입했다. 종이 빨대는 자연 분해되어 플라스틱처럼 환경에 영향을 주지 않는다는 장점을 적극적으로 언급하였다. 그러나 종이 빨대는 재활용할 수 없다. 자원순환사회경제연구소에 따르면, 종이 빨대 대부분은 일반 쓰레기와 마찬가지로 매립지나 소각장으로 향한다. 자연 분해가 가능한 종이 빨대의 최대 장점이 사라진 것이다. 즉, 종이 빨대가 자연 분해가 아닌 다른 쓰레기와 마찬가지로 처리되기 때문에 기존의 플라스틱 빨대와 다른 커다란 차이를 기대할 수 없다. 종이 빨대의 구성 성분은 목재이며, 벌목 및 생산과정에서 탄소가 배출된다. 이러한 수치는 플라스틱 빨대보다 더 많은 이산화탄소를 배출한다고 덧붙인다. 즉, 환경이라는 이름으로, 종이 빨대를 이야기하지만, 결국 이것이 환경에 도움이 되는지는 이견이 있다고 해석할 수 있다(한스경제, 2023).

4) 종이로 플라스틱을 감춰라? 모 화장품 브랜드의 황당한 그린워싱

모 화장품 브랜드가 플라스틱을 기피하는 사회 트렌드를 반영, 플라스틱 대신 종이 몸체라고 제품을 출시하였다. 그런데 알고 보니, 이 제품의 경우 플라스틱 병의 외관을 종이로 감싼 형태에 지나지 않았다는 사실이 밝혀졌고, 해당 기업은 어마어마한 질타를 받았다. 겉만 종이이고 속은 그대로 플라스틱인데, 소비자를 기만하는 황당한 사례가 발생한 것이다.[7)]

2021년 4월, 페이스북 '플라스틱 없어도 잘 산다' 페이지에 이 브랜드의 페이퍼보틀(종이 몸체)라고 구매했는데, 알고 보니 속은 플라스틱이라는 사연이 올라왔다. 작성자는 커다란 배신감을 느끼고, 소비자고발센터에 접수했다고 밝혔다. 이 제품의 겉면에는 보란 듯이, "Hello, I'm Paper Bottle(안녕, 나는 종이 용기야)."이라고 적혀 있다. 사람들은 이처럼 겉과 속이 다른 방식으로 소비자를 기만한다고 해당 브랜드에 대한 불편한 감정을 쏟아냈다. 이에 대해 해당 화장품 제조사는 '플라스틱 저감 제품'이라며 밝히며, 해당 제품이 친환경에 이바지하는 측면이 있다고 해명하였다. 하지만 '페이퍼 보틀'이라는 표현은 마치 종이로만 용기를 만들었다는 오해를 줄 수 있다. 차라리 종이 함량을 높이고 플라스틱을 줄였다고 이야기했으면, 사람들은 크게 분노하지 않았을지도 모른다.

5) 매의 눈으로 검증하겠다!

이처럼 우리나라에서도 그린워싱이라고 의혹을 받는 제품이 증가 추세이며, 이에 대한 국민적 인식도 높아지고 있다. 과거 제품의 설명과 광고의 내용을 있는 그대로 믿고 넘기던 사람들이 이제는 '매의 눈'으로 해당 내용을 검증하려 한다. 이는 앞서 소개한 글로벌 추세와 유사한 양상이며, 그만큼 친환경을 표방하는 기업에 대해서 엄격하게 바라보겠다는 의지로 읽힌다.

7) https://www.newsian.co.kr/news/articleView.html?idxno=48158

그에 비해 이러한 기업에 대한 규제는 미온적이다는 평가가 지배적이다. 환경부는 2020년부터 2022년까지 총 4,940건의 그린워싱을 적발했지만, 강제력이나 불이익이 없는 행정지도에 그쳤다고 한다.[8] 즉, 솜방망이 처벌에 지나지 않기 때문에 기업의 측면에서도 별 경각심을 느끼지 않을 수 있다고 지적한다. 앞서 언급한 집단 소송이나 과장, 허위광고에 대한 엄격한 처벌을 부과하는 해외와 판이하게 다른 양상이다. 최근 공정거래위원회서는 그린워싱에 대한 구체적인 위반 사례를 명시한 '환경 관련 표시 및 광고 심사지침' 시행을 예고하고 있다. 이 지침의 가장 큰 핵심은 소비자를 오해시킬 우려가 없어야 하며, 구매와 선택에 영향을 미칠 수 있는 사실을 빠뜨리거나 은폐 또는 축소해서는 안 된다는 원칙을 신설했다는 점이다. 이를 가리켜 각각 명확성의 원칙과 완전성의 원칙이라고 규정하였다. 덧붙여, 기업 또는 사업자가 환경과 관련한 목표나 계획을 광고할 때는 구체적으로 측정 가능 기한과 계획을 언급해야 한다고 주문하고 있다. 공정거래위원회 관계자는 "사업자의 안전책임을 강화하기 위해, 표시 및 광고 제도를 개선할 계획"이라고 밝혔다. 또한 그린워싱 여부를 구체적으로 판단하는 세부 기준을 마련하겠다고 덧붙였다.

이처럼 친환경을 표방하는 기업을 바라는 소비자의 엄격한 기준과 관계 당국의 변화를 보여 준다. 과거 기업이 친환경을 한다고 하면 무조건 관대하게 넘어간 과거와 달리, 이제 '진짜 친환경'을 구분하겠다는 의도로 해석된다. ESG와 광고의 측면에서도 이러한 변화를 반영하고, 기업 역시 좀 더 구체적이고 분명한 메시지를 제공하기 위해서 노력해야 할 것이다. 정치권에서도 이러한 그린워싱에 대한 비판적 조치가 언급되고 있다.

8) https://me.go.kr/home/web/board/read.do;jsessionid=5Rffg3LW9Lcu-2dhMegdQbIG.mehome2?pagerOffset=220&maxPageItems=10&maxIndexPages=10&searchKey=&searchValue=&menuId=10525&orgCd=&boardId=1596650&boardMasterId=1&boardCategoryId=&decorator=

더불어민주당 이소영 의원은 2023년 8월 22일 화석연료 기업의 가짜 친환경 홍보를 막기 위한 '그린워싱 금지법'을 발의했다. 이소영 의원은 "기후위기 주범인 기업들이 '친환경'으로 불리는 것은 어불성설"이라 지적하며, "개정안은 소비자가 기후위기 대응에 실질적으로 이바지하는 '진짜 친환경' 기업들을 구분할 수 있도록 돕고 지원하기 위한 취지"라고 설명하였다. 이소영 의원 측은 이러한 그린워싱의 규제의 대상이 제품에만 한정되어 있어 에너지 생산 등의 사업 활동에 대해서는 규제가 어렵다고 덧붙였다. 즉, 그린워싱에 대한 정의가 협소하다는 해석이다.

6) 앞으로의 전망

환경에 대한 사회적 인식이 높은 유럽과 미국의 관계 당국은 기업 측에 대하여 그린워싱에 대한 더욱 엄격한 기준을 요구하고 있다. 예를 들어, EU의 경우 '자연친화적, 100% 재활용'과 같은 친환경 문구의 활용에 대해서 과학적 입증 의무를 부과하는 위원회를 추진하는 등, 엄격한 기준을 예고하고 있다. 즉, 자의적으로 용어를 써서 소비자를 오해를 불러일으키는 측면을 사전에 막겠다는 취지로 해석된다. 국내도 환경부, 공정거래위원회 등에서 중심으로, 이러한 기업의 그린워싱에 대해서 더욱 높은 기준을 제시할 것으로 전망된다. 또한 소비자 역시 과거보다 높은 기준으로 제품과 서비스를 분별할 것이다. 특히 젊은 층은 이러한 그린워싱 광고에 대해서 강한 배신감과 부정적인 감정을 품고 있으며, 비판적인 목소리를 낼 것으로 보인다. 기업의 광고 담당자 역시 이러한 점을 고려하여, 더욱 투명하고 정확한 커뮤니케이션에 매진해야 할 것이다.

7) 결론

(1) 기업은 어떻게 그린워싱을 피할 수 있는가

기업의 입장에서 그린워싱은 달콤한 유혹과 같다. 이러한 유혹을 떨쳐 내기 위해서는 다양한 노력이 필요하다. 광고의 영역만이 아니라 좀 더 넓은 범위에서 ESG 활동을 지속하기 위해서 기업이 그린워싱을 극복할 수 있는 내용을 살펴보았다.

① 무조건 투명하고 정직하라

회사의 현재 진행 상황 및 과제에 대해 공개적으로 소통해야 한다. 숨기려는 순간, 그린워싱에 가까워질 수 있다. 회사의 전사적인 노력을 보다 정확하게 표현하기 위해 과장하지 말아야 한다. 있는 그대로의 내용을 전달하는 데 집중해야 한다.

② 명확한 목표와 지표를 설정하라

구체적인 지속가능성 목표와 측정가능한 지표를 정의하여 진행 상황을 추적해야 한다. 명확한 프레임워크를 제공하고 실제 변화에 대한 회사의 의지를 일관되게 보여 줘야 한다.

③ 증거 및 데이터를 제공하라

신뢰할 수 있는 증거, 데이터 및 제3자 인증을 통해 회사의 입장을 지지해야 한다. 중립적이고, 객관적인 외부 기관을 통해서 투명하게 접근한다면, 그만큼 그린워싱은 멀어진다.

④ 모호한 언어는 무조건 사절

회사의 제품이나 서비스의 장점을 구체적인 맥락과 함께 설명해야 한다. 포괄적이고 모호한 단어, 예를 들어 '친환경' '천연' 또는 '친환경'과 같은 용어는 피해야 한다.

⑤ 세상엔 다양한 지속가능성이 존재한다

소비자에 대한 언어만이 아닌 공급망, 운영, 제품 설계 등 비즈니스의 다양한 측면에 지속가능성을 고려해야 한다. 그들과의 소통에서도 그린워싱이 아닌 있는 그대로의 진실한 자세로 대화에 임해야 한다.

⑥ 다양한 이해관계자와 함께하라

내부 직원만이 아닌 고객, 전문가를 함께하여, 편중된 시각이 아닌 균형 잡힌 의견이 외부로 전달될 수 있도록 노력해야 한다.

⑦ 장기적 영향에 집중하라

현혹하는 단어로 단기적인 이익을 추구할 수 있으나, 그만큼 손실이 크다. 광고 역시 일회성 그린워싱이 아닌 장기적인 지속가능성에 집중해야 한다. 지속적이고 긍정적인 영향력 행사를 더욱 중요한 과제로 여겨야 한다.

⑧ 듣기 좋은 데이터만 믿지 마라

너무 듣기 좋은 데이터만 집중하면, 그린워싱을 아무렇지 않게 감행할 수 있다. 달콤한 일부 데이터만 보지 말고, 데이터 전반에 집중할 필요가 있다.

⑨ 결국, 장기적인 책임감이 이긴다

처음부터 잘하는 사람은 많지 않다. 그린워싱을 피하기 위해서는 일부 시행착오도 필요하다. 시행착오를 통해서 배우고, 발전하는 모습이 필요하다. 이를 위해서는 장기적인 마인드의 책임감을 느끼고 임해야 할 것이다. 이러한 시간이 축적될 때, 기업은 그린워싱의 함정을 피하고 장기적으로 사회에 기여할 수 있다.

(2) 광고의 긍정적인 측면에 주목하라

기업의 활동에 있어서 광고는 큰 영향력을 행사한다. 이 장의 그린워싱의 사례에서는 주로 기업의 활동에 미치는 부정적인 측면을 살펴봤다. 그린워싱은 일시적으로는 기업의 매출에 도움이 될 수 있지만, 장기적으로 기업의 경영 활동에 부정적인 영향을 미친다는 사실을 고려해야 한다. 또한 기업의 광고 담당자는 이러한 긍정적인 측면에 집중하여, 기업의 긍정적인 내용을 외부에 어떻게 전달할 것인지를 고민해야 할 것이다.

다음은 이러한 광고의 긍정적인 측면이다. 광고는 기업의 활동을 대외적으로 전달하는 중요한 '스피커'를 담당한다. 제품과 서비스, 브랜드에 대한 전반적인 인식을 전달하는 데 광고의 역할은 매우 중요하다. 그린워싱과 같이 부정적인 측면만이 아닌, 기업의 긍정적인 측면을 전달하는 데 광고의 역할에 주목해야 한다. ESG 활동과 광고의 관계를 좀 더 연결하여 기업의 긍정적인 측면이 드러날 수 있도록 노력을 기울여야 한다. ESG 활동에 미치는 광고의 긍정적인 역할은 다음과 같다.

① ESG 가능성 홍보

기업은 광고를 사용하여 ESG 가능성을 강조하고 환경 지속가능성(S), 사회적 영향(E) 및 책임 있는 지배구조(G)에 대한 노력을 드러낼 수 있다. 앞서 살펴본 파타고니아의 캠페인처럼, 기업의 가능성과 방향성을 담은 광고는 ESG 문제를 해결하려는 회사의 노력과 그것이 사회와 환경에 미치는 긍정적인 영향을 알릴 수 있다.

② 소비자 교육

광고는 소비자에게 ESG의 중요성과 구매 결정이 어떻게 긍정적인 변화에 기여할 수 있는지 교육하는 도구로 사용될 수 있다. 기업은 친환경 제품과 브랜드를 소개함으로써 환경적 · 사회적 이점을 소비자에게 알릴 수 있다.

③ 브랜드 평판 제고

기업은 광고를 ESG 가치에 맞춰 조정하여 사회적 책임과 환경을 고려하는 브랜드 평판을 강화할 수 있다. 이러한 과정에서 지속가능성을 중요하게 생각하는 소비자와 투자자를 좀 더 기업의 편으로 끌어들일 수 있다.

④ 투명성 확대

기업은 광고를 사용하여 ESG 정보의 투명성 및 공개에 대한 약속을 전달할 수 있다. 이러한 개방성은 ESG 측면에서 회사가 기꺼이 책임을 지겠다는 의지를 보여 준다. 이를 통해 이해관계자와의 신뢰를 구축할 수 있다.

⑤ 논쟁 해결

회사가 과거에 ESG 관련 논란에 직면한 경우, 광고는 이러한 문제를 인정하고 관행을 바로잡고 개선하기 위해 취한 조치를 전달하는 플랫폼으로 사용될 수 있다.

⑥ 책임 있는 소비 장려

기업은 광고를 통해 책임 있는 소비 패턴을 장려하고 ESG 가치에 부합하는 선택의 중요성을 홍보할 수 있다. 이는 더욱 지속가능한 소비자 행동으로 이어질 수 있으며 사회와 환경에 긍정적인 영향을 미칠 수 있다.

이처럼 광고가 ESG 활동을 지지하고 외부에 열심히 이를 알리기 위해서는 진정성, 투명성 및 구체적인 조치가 필수적이다. 그린워싱의 사례에서 볼 수 있듯이, 진정성이 없는, 모호하고 불명확한 커뮤니케이션은 기업에 커다란 손해를 입힐 수 있다. 이러한 측면을 고려하여 더욱 적극적으로 기업의 발전적·긍정적 방향성에 부합하도록 광고의 역할을 깊이 있게 고민해야 한다.

참고문헌

박은정(2021.04.14.) [초점n] 화장품 '위장술'에 속다… 이니스프리 '페이퍼 보틀' 논란. (https://www.newsian.co.kr/news/articleView.html?idxno=48158)

백서연, 박상연(2023.08.29.) 인스타그램 운영 대기업 10곳 중 4곳 '그린워싱'. (https://www.seoul.co.kr/news/newsView.php?id=20230829002004)

정라진(2023.08.29.). [1.5℃ HOW] '가짜 친환경 광고'에 무방비 노출… "기업 SNS 계정 40%가 그린워싱"(https://www.hansbiz.co.kr/news/articleView.html?idxno=661965)

이상현(2023.06.25.). [1.5°C HOW] 환경의 날 ⑦ 친환경 뒤에 숨은 유통가… 그린워싱 역풍. (https://www.hansbiz.co.kr/news/articleView.html?idxno=652739)

한경진(2023.08.27.). 친환경 가면 쓴 '그린워싱' 기업들, 응징이 시작됐다. (https://www.chosun.com/economy/weeklybiz/2023/08/24/CUHW76M75FF7ZDI57ICPVENJIY/)

환경부(2023.4.24.).

https://cosmeticsbusiness.com/news/article_page/LOreal_P_and_G_and_LOccitane_accused_of_greenwashing_in_new_findings/201904

"L'Oréal USES RECYCLED PLASTIC"

https://greenwash.com/recyclable-with-clauses/

Delta Air Lines faces lawsuit over $1bn carbon neutrality claim (2023.05.30.)

https://www.theguardian.com/environment/2023/may/30/delta-air-lines-lawsuit-carbon-neutrality-aoe

What Really Happens When Emissions Vanish (2022.11.01.)

https://www.bloomberg.com/news/features/2022-11-01/intel-p-g-cisco-among-major-companies-exaggerating-climate-progress#xj4y7vzkg

제7장

기업행사 시 ESG 활용 방안 및 성과 도출

ESG 경영 전략을 세우고 실천 계획을 세우며 수많은 생각이 머릿속을 교차한다. 누굴 위한 ESG일까, 무엇을 위한 '일'일까, 어떻게 하면 잘하는 것일까? ESG 경영의 목표는 어떻게 세우고, 어떻게 측정할 수 있을까? 이러한 고민들은 기업뿐만 아니라 공공의 영역까지 퍼지며 ESG에 대한 연구와 시스템 구축이 한창이다. 이제 ESG에 대한 개념과 당위성에 대해서는 대부분 인지하게 되었고, 일부 빠른 기업들은 ESG 내부 지표를 개발하거나 외부 지표를 활용하여 ESG 경영 성과를 관리하고 있다. 이 시점에서 앞으로 화두가 될 포인트는 바로 ESG 성과를 측정하는 기술력과 이를 유지하는 관리능력일 것이다. 기업은 지속가능한 성장을 위해 이제 ESG를 필수적으로 도입해야 하고, 이를 활용하여 성과를 내는 데 집중해야 한다. 또한 이를 잘 실천하고 있음을 효과적으로 알릴 필요가 있다. 정부규제 및 신용평가와 무관하게 소비자들에게 기업이 ESG를 잘 실천하고 있다는 것을 알리고, ESG를 활용한 브랜딩에 신경 써야 한다. 소비자는 ESG에 대해 민감해졌고, 부정적인 기사 한 줄에 흔들리는 기업의 사례는 많이 보았을 것이다. 역으로, ESG를 잘 실천하고 있음을 알리고 긍정적인 이미지를 심어 줄 수 있는 절호의 기회이기도 하므로 ESG 실천 메시지를 잘 전달하여 커뮤니케이션할 수 있는 세련된 전략을 세워야 할 때이다.

1. ESG 경영은 규제 아닌 브랜딩 전략, 발상의 전환이 필요하다

코로나19 다음으로 전 세계를 공포에 빠뜨릴 위기는 무엇일까? 많은 전문가는 '기후변화'라 이미 예언하고 있다. 유럽연합(EU)의 각국 정상들은 2030년까지 온실가스 배출량을 1990년 대비 55% 감축하는 데 합의했지만, 유럽연합(EU) 집행위원회는 60% 감축을 권고하였다. 탄소중립은 더 이상 피할 수 없는 '선택'이 되었다. 환경을 필두로 지속가능성에 대한 이슈가 전 세계적으로 급격하게 확산되고 있다. 국내외 기업경영은 ESG를 고려하여 조직 전체를 탈바꿈하는 추세이며, 글로벌 산업 생태계 내 기업 경쟁력 및 지속가능성 확보를 위해 구체적 ESG 전략을 내놓고 있다. ESG는 지속가능한 기업경영을 위한 비재무적 성과이며, 지속가능발전목표(UNSDGs) 실천을 위한 방향으로 나아가고 있다. 우리나라를 비롯한 아시아 국가들도 RE100에 관심을 높이고 있는데, 이는 글로벌 클라이언트들이 이에 적극적으로 동참하고 있기 때문이다. RE100(Renewable Energy 100: 재생에너지를 100% 사용함) 캠페인은 2050년 이전에 필요 전력 100%를 재생에너지로 대체하겠다는 기업의 약속이다. 또한 협력 업체에도 탄소중립에 동참할 것을 독려하고 있는데, 탄소 절감 효과를 높이려면 협력업체 전체가 전사적으로 협동하여 노력해야 가능하기 때문이다.

한편, '지속가능성'이란 용어에 대한 사람들의 오해가 깊다는 사실을 관련 연구를 통해 인지하게 되었다. 이러한 오해(규제, 비용 증가, 환경 포커스) 때문에 지금까지 큰 변화를 기대하기 어려웠을 것이란 추측도 조심스럽게 본다. 대부분 지속가능한 발전이라 함은 '친환경'라는 인식이 있어 중요하지만 시급하지 않다고 여기고 있었다. 코로나 펜데믹 이후 기업의 회생에 전사적으로 집중하는 데 에너지를 모두 쏟고 있는 상황에서 친환경을 강조하는 것은 기업들에게는 다소 부담스럽고 버거운 일인지도 모른다. 사실 지속가능성에는 아주 중요한 3개의 축이 존재하는데, 경제, 사회, 환경 등 세 가지 요소들이 교집합을 이루어야만 진정한 지속가능한 가치를 창출한다고 볼 수 있다. 경제적인 부분을 고려하지 않고 어떻게 지속가능성을 논할 수 있을까. 성과 창출, 이익 실현, 재정적 회복, ROI 등의 요소들 또한 지속가능성을 실현하는 데 있어 매우 중요한 요소인 것이다.

경제적 성장 및 환경 회복뿐만 아니라 형평성과 다양성의 실현, 지역 커뮤니티의 발전, 건강하고 안전한 사회를 만드는 것 또한 지속가능한 발전을 꾀할 수 있는 좋은 전략인 것이다. 물론 비중으로 보았을 때 환경 관련 이슈가 매우 큰 것은 사실이며, 경제적 · 사회적 가치 실현과 더불어 매우 중요하게 지켜야 하는 것 또한 환경인 것은 맞다. 그렇기 때문에 많은 기업과 산업에서 '친환경' 요소를 가장 앞세워 전략화하며, 기후변화 등 지구에 닥칠 위기를 대비한

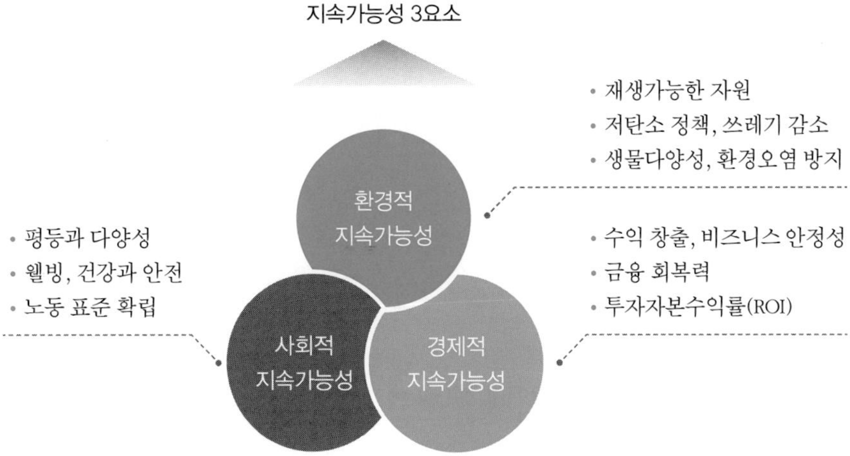

[그림 7-1] 경제, 사회, 환경 지속가능성과 3요소

출처: Evans et al. (2017).

노력들을 실천하고 있는 것이다. 다시 한번 강조하지만, 진정한 지속가능성이라 함은 세 가지(경제, 사회, 환경) 요소를 모두 담고 있다는 것이며, 기업은 이에 대한 함의를 반드시 인지하고 실천할 자세와 방법을 고민해야 한다는 것이다. 이러한 맥락에서 조금 틀어 보면, ESG 경영 체계 변화와 실천도 그 함의를 이해할 수 있으며, 제대로 실천하려면 이러한 각각의 분야를 골고루 고려하며 진행해야 한다는 점이 매우 중요할 것이다. 지속가능성이 친환경의 대명사처럼 쓰이고 있지만 그렇지 않다는 점을 반드시 인지해야 하고, 지속가능성 개념이든 ESG 개념이든 각각의 분야를 골고루 다루어야 하고, 또한 소비자들에게 각각을 잘 어필해야한다는 점을 강조하고 싶다. 지금은 친환경 이슈가 대부분인 것 같지만 곧 S 영역에 해당하는 DE&I(Deversity, Equity & Inclusion: 다양성, 형평성, 포용성)과 기업의 투명경영에 대한 이슈들이 떠오를 것이기 때문이다. 미리 준비하는 기업은 그만큼 앞서 나갈 수 있는 것이다.

그렇다면 과연 ESG 경영을 기업에서 어떻게 이해하면 좋을까? 인류와 지구의 지속가능성을 위해 꼭 해야 하는 일이니 무조건 실천해야 하는 것일까? 아니면 국가에서 조만간 규제로 정책화할 예정이니 벌금이나 경고를 받지 않기 위해 해야 하는 의무 같은 것일까? 사실 ESG를 제대로 이해하고 한 발 앞선 커뮤니케이션 전략을 구현한다면 기업은 브랜딩에 큰 도움을 받을 수 있다. 어떤 원리로 이러한 주장이 가능한지 다음 내용을 살펴보며 설명해 보고자 한다.

2. ESG 경영을 통해 실제로 기업이 성과를 창출할 수 있을까

1) ESG 경영을 통해 실제 성과를 검증한 연구들

기업 가치를 비재무적 성과로도 판단하겠다는 투자자들의 결심이 선 이후로, 많은 기업이 ESG 경영을 도입하고 그 성과를 내기 위해 고군분투하고 있다. 지금까지 '지속가능성 보고서'를 통해 일부 시행하고 있었던 ESG 사업들이 있었겠지만 'ESG 경영' 체계와 시스템을 갖추어 이를 실천한다는 것은 기업의 새로운 과제로 급부상하기 시작하였다.

ESG에 대해서는 아직도 오해가 많고 제대로 이해하지 못하는 기업이 많다. 의무감으로 해야 하는지, 법에 저촉될 것을 염려하여 시행해야 하는지, 소비자에게 좋은 이미지를 심어 주기 위해서 해야 하는지 방향과 목표를 잡기 못하고 고민하는 기업이 많다. 이를 좀 간단히 정리해 보면 다음 그림으로 표현할 수 있겠다. 결론은, 기업이 'ESG 경영을 하지 않으면 매우 불리해질 수밖에 없다.'는 명제로 귀결된다.

그렇다면 ESG 경영을 하면 과연 기업은 성장할 수 있을 것인가? 이에 대해서는 아직도 연구가 한창 진행 중이며, 여러 조건과 변수를 투입하며 검증되고 있다. 여기에서는 최근 연구 중 가장 눈에 띄는 연구를 소개하며, ESG 경영을 시행할 경우 기업 가치가 높아지고, 실제 금전적 효과도 있음을 강조하고자 한다.

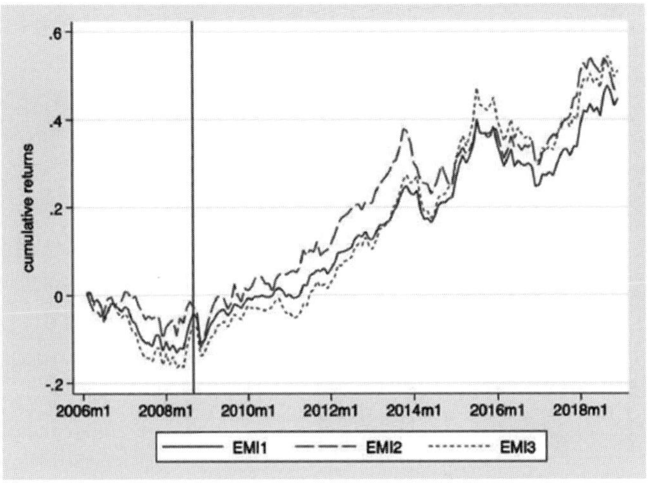

[그림 7-2] EMI 포트폴리오의 월평균 수익률 및 누적 수익률

출처: Park, S. Y. (2019).

한 예로, 인소영 스탠포드 글로벌프로젝트센터 연구센터장이 최근 실시한 검증에서 EMI(Efficient-Minus-Inefficient) 포트폴리오의 누적 수익은 2009년부터 증가하였고, EMI 포트폴리오의 샤프 비율은 2009년 이후 가장 높은 것을 알 수 있다. 이는 ESG 경영 실천이 투자 수익으로 이어짐을 밝힌 연구인데, 통제변수 조건이 까다로워 연구의 신빙성이 높은 편으로 알려져 있다. 또한 국민연금의 ESG 투자 전략이 실제 수익률 성과로 이어졌다는 연구결과가 나와 시장의 관심을 받고 있다. 국민연금공단은 최근 "'ESG 요인을 고려한 포트폴리오 운용전략에 대한 연구'라는 보고서를 통해 'ESG등급이 좋은 기업을 매수(Long)하고 낮은 기업을 매도(Short)하는 전략을 분석한 결과 유의미한 양(+)의 수익률을 얻어 냈다."고 밝혔다.

또한 [그림 7-3]은 국내 대표적 ESG 관련 평가 기관인 서스틴베스트의 연구결과인데, ESG 관련 리스크관리 실패 시 기업가치는 감소하며, ESG 기반 혁신을 일으키거나 ESG 반영 성장스토리를 제시하면 장기 관점의 투자가 늘어난

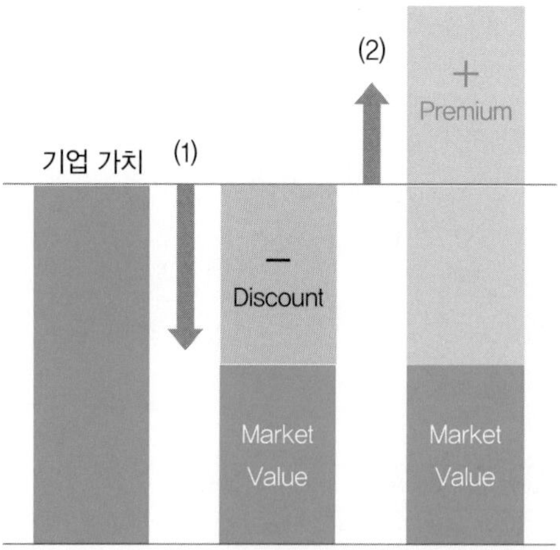

(1) Minimize Discount
- 투자자들이 요구하는 ESG지표 관리 필요성 증대

➡ Risk 관리 실패 시, 즉각적인 Devaluation 발생

(2) Maximize Premium
- ESG 기반 혁신 분야 & 섹터 발굴 (예: 탄소저감, 바이오, 교육, 재생에너지, 플랫폼 사업 등)

➡ 투자자들에게 시대정신을 반영한 성장 스토리를 제시할 경우, 장기 관점의 Premium 창출

[그림 7-3] ESG 성과에 따른 기업가치

출처: 서스틴베스트(2022).

다는 것을 밝혔다.

소비자들은 기업 혹은 제품을 판단할 때 단순히 가격의 합리성과 상품가치에 대한 평가를 넘어 기업이 가진 고유 이미지나 비전, 평판을 보고 구매를 결정하는 트렌드 변화가 나타나고 있다. ESG가 성행하기 이전에는 'CSR'이라는 명칭으로 기업의 사회적 책임 부분만 강조되었다면, 이제는 친환경, 사회공헌, 투명윤리경영 등의 다양한 분야로 그 범위가 넓어진 것이 차이라 볼 수 있다.

최근 많은 연구를 통해 기업의 ESG 경영이 브랜드 이미지에 긍정적인 영향을 미치고, 소비자의 행동의도까지 영향을 미치는 것을 검증하고 있다. 이러한 소비자행동의 변화가 감지되기 시작하며 기업은 예전보다 더욱 강하게 광고와 홍보를 통해 '착하고 정직한 기업'이라는 이미지를 보여 주기 시작하였다.

2) 소비자에게 제대로 ESG를 알려 주고 리딩할 수 있는 이니셔티브 타이밍

우선 한 가지 짚고 넘어가야 할 팩트가 있다. 이상기온 현상에 대해 '지구 온난화'로 표현하고 있는데, 지구의 온도가 오르는 것이 이상한 일일까? 우리가 수억 년 지구 역사를 되짚어 보았을 때 지금은 빙하기일까 간빙기일까? 남극 빙하 추이를 살펴보면 지난 45만 년 동안 지구의 기후는 10만 년 주기로 빙하기와 간빙기를 반복하였는데, 지금은 '간빙기'에 해당한다고 보는 과학자들의 주장이 많은 편이다. '그렇다면 지구의 온도가 오르는 것은 당연한 일이 아닌가?' 하고 생각할 수 있지만, 아니다. 천천히 오랜 시간에 걸쳐 서서히 올라야 할 지구 온도가 산업혁명의 영향으로 가파르게 오르는 것이 가장 핵심적인 이슈라 볼 수 있다. 다시 한번 정리하지만, 지금은 지구 역사상 간빙기의 시기이다. 지구에 도달하는 태양 빛이 주기적으로 줄었다 늘었다 하기 때문에 일어나는 현상으로 빙하기와 간빙기가 반복되고 있다. 온도가 오르는 것은 자연스러운 일이지만 온도가 '급상승'하여 오르는 것이 문제란 점을 강조하자 한다. 기업에서 커뮤니케이션을 통해 이러한 점을 소비자에게 잘 알리고 함께 실천할 수 있는 이니셔티브를 가져가는 것도 중요하다. 기업에서 내부적으로 ESG 경영전략을 수립하고 실천하는 것도 중요하지만, 소비자와의 커뮤니케이션을 통해 ESG에 관한 팩트를 잘 전달하고, 함께 ESG 실천을 유도하는 일 또한 기업이 잘할 수 있는 일이며, 큰 기여를 하는 것이 볼 수 있다. 이를 통해 기업의 브랜딩 또한 좋아질 수 있다. ESG를 무겁게 여기며 규제로만 본다면 절대 일어나지 않을 일이다. ESG는 규제가 아닌, 브랜딩을 위한 새로운 기업 전략이 될 수 있으며, 지금이 그 이니셔티브를 가져갈 수 있는 골든타임이란 점을 강조하고 싶다.

3) 중소기업에서도 ESG 경영 실천이 중요해졌다

[그림 7-4]는 세계자원연구소(WRI)에서 제시한 GHG Protocol(온실가스 회계처리 및 보고 기준)이며, 우리는 Scope 1, 2, 3을 잘 이해해야 한다. Scope 1은 기업 직접 발생, Scope 2는 기업 간접 발생, Scope 3은 기업이 통제하지 않

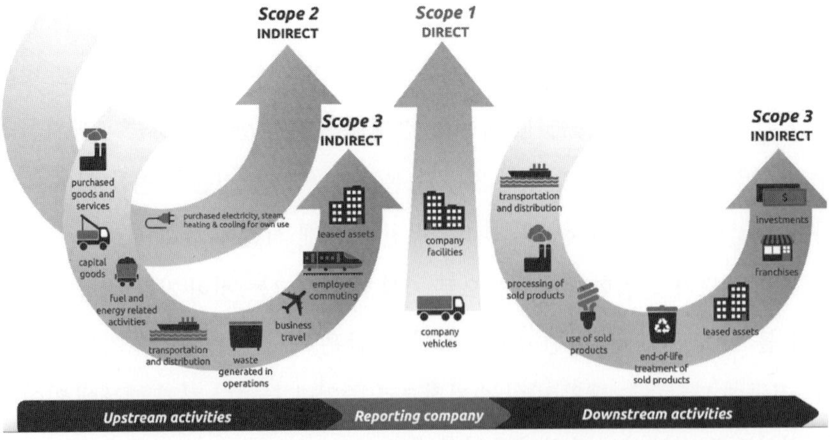

[그림 7-4] GHG Protocol

출처: ghgprotocol.org

는 가치사슬에서 발생한 온실가스 배출을 의미한다. 이 중 Scope 3이 요즘 화두인 '공급망'에 해당되는 부분이며, 우리는 공급망 실사에서 자유로울 수 없다. 자, 그럼 어떤 이슈가 발생할지 예측해 보자. 강조하건대, 소를 잃고 외양간을 고치는 일은 없어야 할 것이다. 보통 ESG규제는 상장기업을 중심으로 이루어지고 있기 때문에 중소기업에서는 자신들의 일이 아니라고 오해하기 쉽다. 하지만 다음 온실가스 배출량 산정 범주의 범위가 확대되면 중소기업도 자유로울 수 없는 몸이 되는 것이다. 사례를 든다면, 삼성전자에서 핸드폰을 만들 때 들어가는 부품은 대부분 협력업체를 통해 공급받는데, 온실가스 배출 실사를 할 때 완제품 기준이 아닌, 협력업체에서 납품하는 부품까지 규제를 적용한다는 것이다. 그렇다면 삼성전자 입장에서는 ESG 규정을 지키는 제품을 납품하는 협력업체를 고를 수밖에 없고, 준비가 되지 않은 중소기업은 함께 일할 수 없는 상황이 된 것이다. 독일에서 열리는 산업전시에 참여하는 한국 제품도 ESG 기준을 맞추지 못하면 통관 자체가 되지 않을 수도 있다. 이제 ESG 실천 없이는 판매도, 협력사업도 어려워지는 수준까지 올라온 것이다. 이에 대한 규제는 점차 강화될 것이며, 미리 ESG 체제로 체질 변화를 하지 못하면 결국 도태될 수밖에 없을 것이다.

3. 기업이 ESG 경영을 잘하고 있다는 것을 어떻게 홍보할 수 있을까

1) BTL을 활용하여 ESG 실천을 강력하게 알리기

이러한 분위기 속에서 기업은 발 빠르게 ESG 경영 체계를 마련하였고, 리포트를 발간하며 실천사항을 알리고 있다. ESG 위원회를 구성하여 실천가능한 매뉴얼을 만들고 하나하나 실천을 거듭하고 있으나, 중요한 것은 이를 어떻게 효과적으로 알리고, 또 잘하고 있다는 것을 효과적으로 보여 주는가이다. 우리나라는 2025년부터 전사적으로 정부규제가 도입될 예정이라 지금은 준비 기간과 같기 때문에 기업들이 점차 체질 변화를 시도하며 ESG 경영 체계를 갖추고 있는 것을 소비자에게 지금부터 강력하게 알리는 일은 매우 중요하다. 이미 ESG 경영에 대한 인식이 널리 퍼졌고, 소비자와 투자자들은 어떤 기업이 ESG를 잘하고 있는지 지켜보고 있으며, 기업들은 앞다퉈 어떻게 하면 이를 효과적으로 알릴지 고민하는 상황이다. 기업에서 ESG 경영을 잘 실천하고 있음을 바깥으로 알려 마케팅 포인트로 활용할 수 있는 절호의 기회이며, 소비자와의 효과적인 커뮤니케이션을 통해 기업의 이미지를 긍정적으로 바꾸어 매출 증대에 큰 힘을 쏟을 수 있는 골든타임일 수 있다. 이미 발 빠른 기업들은 보도자료와 ESG 보고서를 통해 이러한 의지를 알리고 기업브랜딩에 돌입하고 있지만, 이 또한 모든 기업이 비슷한 커뮤니케이션 형태를 보이고 있어 '차별화'가 필요한 시점이다.

독일 뮌헨 메세에서 열린 'IAA(Internationale Automobil-Ausstellung) 모빌리티 2021'에서는 현대차와 벤츠가 탄소중립을 선포하며 20년 이내로 전기차만 판매하겠다고 선언하였다. 이처럼 최근에는 기업이 ESG 경영을 잘 실천하겠다는 의지를 표명함에 있어 다양한 커뮤니케이션 채널을 활용하고 있다. 특히 직접적으로 보도자료나 ESG 보고서를 내는 것보다 좀 더 우아하고 고급스럽게, 은근하며 강력하게 이를 표현하는 방법으로 MICE 플랫폼을 활용하는 사례가 늘어나고 있다. 전통 미디어든 뉴미디어든 직접 광고를 통해 메시지를 전달하는 ATL(Above The Live) 방식도 활용하고 있지만, 이보다 더 타깃 고객을 세분화하여 이벤트, 전시 등의 BTL(Below The Live) 형태로 ESG 경영 전환을 알리는 방법으로 차별화를 꾀하는 기업이 늘고 있다. 인위적이지 않고 자연스럽게 기업 ESG 실천 메시지를 녹여 낼 수 있는 방법인 마이스(MICE) 플랫폼을 활용하여 커뮤니케이션 성과를 높이고 있는 기업의 사례를 몇 가지 살펴보고자 한다.

요즘 기업이 행사를 진행할 때 ESG 실천을 행사 참가자가 체험하게 함으로써 기업의 ESG 실천을 알리고, 사후 보도자료를 통해 ESG 실천을 알리는 일이 많아지고 있다. 그 내용을 분석해 보면 종이 사용을 줄여 대부분의 자료 디지털화, 일회용품 사용을 줄이고 텀블러 사용 권장, 철저한 재활용품 분리수거 실천, 친환경 소재 부스 활용, 지역사회 발전 위한 지역 주민 채용, 업사이클링 체험 행사 및 친환경 작품 전시회 등을 많이 활용하고 있다. 현장 참가자들에게 친환경 실천요소를 눈으로 보게 하고 몸소 실천하게 함으로써 해당 기업이 ESG를 잘 실천하고 있음을 느끼게 한다. 곳곳에 친환경 캠페인 문구와 해당 행사의 ESG 실천 내용을 가시화하여 보여 줌으로서써 소비자에게 ESG 잘하는 기업으로 인식되게 하는 것이다.

점차 이렇게 BTL적 요소를 활용하여 기업행사를 통해 기업의 ESG 실천을 알리는 것이 고도화되며, 이제는 이를 계량화하고 실질적인 성과로 보여 줄 수 있는 방법론이 개발되고 있다. 실제 행사에서 탄소가 얼마나 배출되는지 예상하여 이를 줄이는 작업, 혹은 실제 배출된 탄소만큼 이를 상쇄하는 방법까지 고도화되어 발달하고 있다. 단순히 일회용품 사용을 줄이거나 텀블러를 사용하는 수준의 전략은 소비자에게 긍정적인 임팩트를 주기 어려워졌다. 기업 행사를 기획할 때부터 ESG 전략을 곳곳에 넣어 실제 행사를 운영하고 사후까지 이를 관리할 수 있는 방법들이 시행되고 있다. 장애인 등 사회적 약자를 배려한 기획, DE&I 실천, 배출한 탄소만큼 상쇄시킬 프로그램 가동(예: 맹그로브숲 나무 심기 등), 지역사회 연계 프로그램 개발을 포함하여 어떤 기술을 활용하여 성과를 측정하고 최대 어필이 가능한지 계량화하는 정도로 고도화되고 있다.

2) ESG 성과를 숫자로 보여 주며 효과 알리기

'Oracle OpenWorld'는 미국의 소프트웨어 회사 오라클(Oracle)이 제품 기능과 뉴스 등을 소개하는 연례 이벤트로서 2009년부터 이벤트의 지속가능성

Oracle OpenWorld 2019 BY THE NUMBERS

91,932: Total square feet of carpet reduced from 2018.

1,352: Five-gallon reusable water station refills consumed by attendees at Moscone Center, eliminating more than 54,159 sixteen ounce single-use plastic bottles.

24,280: Pounds of overall event waste reduced at Moscone Center when compared to 2018.

60: Green Angels hired over the course of the event to help attendees sort their waste.

199,601: Square feet of carpet was saved for reuse after the event.

2,603: Weight in pounds of event material donations generated by Oracle OpenWorld.

38: Weight in metric tons of compost diverted from landfill at Moscone Center during Oracle OpenWorld, enough to fill more than 3 garbage trucks.

55,115: Pounds of CO2 reduced in 2019 by the elimination of portable generators on Howard Street and CloudFest.

10%: Estimated percentage of total Moscone Center energy generated onsite by roof-top solar panels. Based on energy usage, this would be approximately 70,916 kWh of solar energy produced during Oracle OpenWorld.

3,500: Weight in pounds of Oracle OpenWorld banner fabric collected for upcycling by TekTailor in Santa Rosa, CA.

709,169: Kilowatt hours of renewable energy generated by hydropower from Hetch Hetchy Power, making Oracle OpenWorld's energy consumption 100% greenhouse gas-free.

1,621: Number of meals donated event-wide to organizations serving those in need in the San Francisco area.

144,632,635: Pounds CO2 offset by Oracle OpenWorld over the past 9 years. This is equivalent to the the CO2 emissions from 7,570 homes' energy use for one year or the greenhouse gas emissions from 162,789,726 miles driven by an average passenger vehicle.

100%: Percent of onsite carbon emissions offset by Oracle OpenWorld.

[그림 7-5] 폐기물 최소화를 통한 지속가능성을 추구하는 'Oracle OpenWorld 2019'

출처: Oracle (2019).

성과가 보고되고 있다. 이벤트의 총 탄소 배출량은 2012년 대비 50% 수준으로 줄었으며, 이전 이벤트 대비 총 폐기물 양도 대폭적으로 줄었다고 한다. 이벤트를 위해 필요한 카펫의 양을 파악하여 폐기물을 최소화하였고, 행사장에서 사용되는 카펫의 95%를 재사용하였다. 행사장에서 사용되는 배너, 기둥 안내 표지 등을 비닐 재료가 아닌 패브릭 소재로 사용하고, 1.5톤이 넘는 패브릭은 이벤트 종료 후 캘리포니아 인근 디자인 인쇄업체인 Tek Tailor에 기부되어 핸드백과 노트북 케이스 등의 제품으로 업사이클링하고 있다. 점심식사 후 남겨진 음식 폐기물은 지역표준에 따라 100% 퇴비화할 수 있도록 분류하였고, 매일 오전 11시부터 오후 2시까지 참석자들을 교육하고 안내하는 자원봉사자(Green Angels)를 두어 이 과정을 지원하였다.

3) 디테일한 기획으로 회사 ESG 경영을 브랜딩하기

'CleanMed Kansas City 2022'는 Practice Greenhealth 및 Health Care Without Harm에서 주최한 행사로, 주요 참가자는 네트워크 및 의료 시스템에 있는 1,000개 이상의 병원, 임상의, 지지자 및 지역사회 지도자, 공급망 회사 및 의료 구매자, 전국의 주요 전문가와 건강 관리 및 환경 보호 분야의 국내 및 국제 지도자 등이었다. 83명의 하이브리드 참가자, 355명의 현장 참가자 등이 참여하여 진행된 행사였다.

(1) 지속가능한 장소 선정

호텔과 회의 장소의 구조와 프로세스에 지속가능성이 점점 더 내재하여 있는 CleanMed는 장소 선정 과정에서 친환경적인 장소를 선택하는 것에 우선순위를 두었다. Loews Kansas City는 에너지 관리 시스템의 글로벌 표준인 ISO 50001 인증 시설로, 에너지 효율적인 조명과 HVAC, 물 절약 배관 설비 및 모범 사례를 갖추고 있다. 재활용에 참여하는 행사장에서 행사를 개최함으로써 7,061ℓ의 물과 1,344kg의 폐기물을 절약할 수 있었다.

(2) 기본적으로 식물 기반 식사

CleanMed는 계약 요청을 포함하고 케이터링 부서와의 초기 계획을 수립함으로써 식물 기반 식품을 기본으로 하고 제공하는 DefaultVeg 이니셔티브를 구현하였다. 참석자들에게 고기 없는 식사를 먹는 것이 얼마나 쉽고 맛있을 수 있는지 보여 주었다. 이러한 노력은 온실가스를 상당히 감소시켰다. 393kg 이상의 온실가스(GHG)를 절약하였는데, 이는 거의 50,000대의 스마트폰을 완전히 충전하는 것과 맞먹는다. 게다가 식물 기반의 식사를 제공함으로써 186,505갤런(약 705,998L)의 물을 절약하였는데, 이는 9,300번 이상의 샤워를 하는 것과 맞먹는 양이다.

(3) 재사용할 수 있는 서비스 웨어

CleanMed의 음식과 음료는 거의 100% 재사용할 수 있는 서비스 제품을 사용하여 제공되었으며, 일반적인 행사에서 버려지는 수천 개의 일회용품을 제거하였다. 이 선택은 일회용 서비스 제품을 제조하고 운송하는 데 사용되었을 92,655리터의 물을 절약할 수 있었다.

(4) 재사용할 수 있는 물병

약 2,130개의 일회용 플라스틱 물병이 현장에서 주전자와 재사용할 수 있는 컵의 사용을 통해 절약하였다. 참석자들은 또한 폐기물을 줄이면서 수분을 유지하기 위해 몇 년 동안 지속되고 집에 도착하면 수천 번 사용될 수 있는 재사용 가능한 병을 제공받았다. CleanMed는 Fill it Forward와의 파트너십을 통해 도움이 필요한 가정에 깨끗한 물을 제공하는 것을 도왔다. 병을 재사용하고 그 위의 QR 코드를 스캔할 때마다 'DigDeep Navajo Running Water & Solar Power'에 대한 기부금이 축적되었다.

(5) 탄소 배출 상쇄

CleanMed는 모든 CleanMed 직원과 참석자의 항공료를 상쇄하기 위해 Carbonfund.org을 탄소 상쇄 파트너로 선택하였다. 그 결과, 약 210톤의 이산화탄소(CO_2)가 'Capricorn Ridge 4 Wind Farm' 프로젝트의 지원을 통해 중화되었다. 이 프로젝트는 전통적인 화석 연료 에너지원을 대체하고 온실가스 배출을 줄이는 깨끗하고 재생할 수 있는 에너지를 생산할 것이다.

(6) 배출 감소를 위한 가상 참여

CleanMed는 이벤트의 탄소 배출량에 가장 크게 이바지하는 것은 평균 이벤트에서 발생하는 탄소 배출량의 90% 이상을 차지하는 여행이라는 점을 인식하고 있다. CleanMed 참석자들에게 가상으로 참석할 수 있는 능력을 제공함으로써 이 행사는 18,206kg의 이산화탄소 환산량(CO_{2e})를 줄일 수 있었다. 그것은 1,794갤런의 디젤 연료를 태우는 것과 맞먹는 양이다.

4) 주주총회도 BTL이 될 수 있으며, ESG 브랜딩에 활용할 수 있다

삼성전자는 RE100 가입을 고심하다 결국 뒤늦게 가입하게 되었다. 우리나라는 제조업 중심 국가이기에 ESG 실천이 매우 어려운 국가 중 하나이다. 하지만 시대의 흐름과 요구에 삼성도 RE100 가입을 더 이상 미룰 수 없어 가입하였지만 대신 달성 기한을 좀 늘려 가입한 것으로 알고 있다. 이는 ESG 규제나 벌금 이슈가 아니라 브랜딩을 위한 전략이라 판단된다. 독일과 유럽 일부 특정 국가에서 매우 강력하게 이를 법제화하고 있는 단계이지, 우리 정부에서는 ESG 관련 규제를 명확히 시행하지 않는 단계이기 때문이다. 640만 주주를 보유한 삼성전자가 최근 정기 주주총회를 열며 주주와의 소통과 더불어 ESG 활동을 강조한 사례가 있다. 삼성전자는 주주들을 위해 주주총회 장소 내에 다양한 ESG 체험 공간을 마련해 ESG 실천에 대한 긍정적 이미지를 만들었다. 주주총회 장소 입구에 'Everyday Sustainability(지속가능한 일상)'라는 테마로 꾸며진 포토존을 설치하였고, 친환경 소재를 적용한 액세서리 '삼성 에코 프렌즈' 팝업스토어도 선보였다. 이 밖에도 제품을 포장하는 박스를 활용하여 선반이나 의자 같은 생활용품을 만들 수 있는 업사이클링 체험행사를 준비하여 참석

[그림 7-6] 제54기 삼성전자 정기 주주총회에서 준비한 에코패키지 체험공간
출처: 삼성전자(2023).

자들이 직접 해 볼 수 있는 에코패키지 체험공간도 운영하여 ESG 실천을 알렸다. 또한 삼성전자 주주총회 현장에서 사용되는 대부분의 물품을 친환경 소재를 활용하였다. 주주총회 안내장 등의 인쇄물에 재생용지를 이용했고, 주주총회 의안을 기존 사용하던 서류 봉투 대신 재사용 가능한 무표백지 종이 가방에 담아서 제공했다. 또한 주주총회 장소에서 사용된 음료 컵도 일회용 컵이 아닌 다회용기를 사용하며 일회용품 사용을 최소화하고자 노력하였다.

주총 행사에 앞서 삼성전자는 주주총회 참석장 안내, 소집통지서, 주주안내문으로 구성된 우편물을 발송하는 대신 전자공시시스템(DART)과 삼성전자 홈페이지 전자공고를 활용하였다. 삼성전자 측에서는 이를 통해 약 3,500만 장의 종이를 절감할 수 있었으며, 30년산 원목 약 3,000그루를 보호하는 효과 창출을 기대했다고 밝혔다.

이 사례에서 우리가 얻을 수 있는 인사이트는 무엇인가? 삼성전자는 주총 하나를 진행하며 왜 이렇게 ESG 실천 항목을 곳곳에 집어넣어 계획한 것인가? 이러한 노력의 결과는 무엇인가? 주주총회에 다녀간 주주들과 그 장소를 지나가며 목도한 많은 소비자는 생각할 것이다. '삼성전자는 환경과 지구를 생각하는 착한 기업이구나.', '내가 투자하는 회사가 이렇게 친환경적인 경영전략을 통해 지속적일 수 있겠구나.' ESG로 바로 연결되지 않을지라도 이미지나 잔상 속에 환경과 지역을 생각하는, 투자할 만한 기업임을 그리며 집으로 돌아갔을 것이다. 그 후로도 생활하며 그 잔상과 긍정적 이미지가 머릿속에 남아 있다가 투자금을 높이고, 삼성전자 제품을 구매할 것이다. 이것이 바로 기업 행사 시 ESG 실천을 통해 얻을 수 있는 성과이자 기업 브랜딩일 것이다.

5) 기업행사에서 ESG 실천을 어떻게 효과적으로 잘 표현할 수 있는가

2022 IMEX는 주최기관이 Regent Exhibitions Ltd이고, 주요 참가자는 3,800명 이상의 회의 기획자와 전 세계 2,900개 공급업체를 갖고 있다. 행사 참가 총 인원은 9,303명으로 이루어졌는데, 150개국 2,373개의 전시기획사 등이 참석한다.

- 베뉴에서 재생가능 에너지 전력 100% 사용
- 모든 폐기물 중 0.5% 미만이 쓰레기 매립지로 보내짐
- 모든 폐기물의 95.5%가 재활용 및 기부 또는 에너지로 전환
- 바이오-메탄 포획을 통해 에너지 생산을 위해 2,630kg의 유기농 식품 준비 폐기물 회수
- 이벤트 서비스 제품의 95%는 일회용 플라스틱 사용 없음
- IMEX 공급업체 또는 파트너가 이벤트 배출량을 줄이기 위해 심은 1,500그루의 나무
- IMEX 참가자들이 이벤트 배출량을 줄이기 위해 심은 1,400그루의 나무
- 635kg의 이벤트 자료가 회수되어 프랑크푸르트 커뮤니티에 기부됨
- TERRA CYCLE Europe에서 재활용을 위해 수집한 2,311개의 이름표

[그림 7-7] 2022 IMEX 지속가능성 실천 결과

출처: IMEX FRANKFURT 2022 SUSTAINABLE EVENT REPORT(2022).

– 성과(보도자료, 결과보고서 등) 내용(탄소 감축 비율, 재활용 성과, 기부 성과, 등등)

(1) 에너지와 물

베뉴 보고서에 따르면, IMEX 2022년 동안 총 167,609kWh의 장소 전기와 33,756kWh의 부스 전기가 소비되었다. 이것이 100% 재생가능한 자원에서 나온 것임을 감안할 때, 화석 연료 등가물과 비교했을 때 87톤의 이산화탄소 배출이 제거된 것으로 추정된다. 이 수치를 상황에 맞게 표현하자면, 430대의 표준 휘발유 차량을 주행할 때 발생하는 배기가스의 대략적인 감소를 나타낸다. 영국 브라이턴에 있는 IMEX 사무실에서 메세 프랑크푸르트까지! 또한 8번 홀의 천장 스카이라이트를 통한 풍부한 자연광을 활용하여 전시장의 조명 강도를 낮췄다. IMEX 전시장에는 배관된 물이 없다. 8번 홀과 9번 홀의 주요 물 공급원은 화장실, 싱크대 사용 및 구내 상업용 주방에서의 음식 준비한다. Messe Frankfurt와 협력하여 향후 이벤트 사이클에서 비교를 위한 기준을 설정하기 위해 현장 물 사용을 측정하였다. 2022년에 IMEX 쇼는 약 882,830ℓ의 물을 사용하였.

(2) 탄소 배출

IMEX의 운송 공급업체인 Hanse Mondial GmbH와 계약할 때의 기준으로 Hanse Mondial은 IMEX 2022 운송 서비스의 일환으로 Travel & Tree 프로그램을 통해 1,000그루의 나무를 심었다. 나무 심기가 종과 위치에 따라 다양한 양의 탄소를 흡수하는 반면, 전형적인 경목 나무는 수명의 첫 40~50년 이내에 약 1톤의 탄소를 격리할 수 있다. 이는 이 기간에 이러한 플랜테이션이 약 1,000메가톤(MT)의 CO_{2e}를 배출할 수 있다는 것을 의미한다. 이것은 Hanse Mondial의 7,406km의 셔틀 배출에서 발생하는 현장 배출이 1Mt 미만의 이산화탄소를 의미한다는 것을 고려할 때 인상적이다.

(3) 식음료 관련

지속가능한 이벤트 메뉴 항목의 생산과 제조가 상류 환경에 미치는 영향에 대한 인식과 참석자들의 식사 요구와 선호의 균형을 맞추려고 노력하였다. Messe Frankfurt의 활동을 위해 다음 범주로 음식을 준비하였다.

- 저탄소: 더 낮은 온실가스 배출량을 증가, 생산 또는 제조하는 데 필요한 메뉴 항목
- 워터와이즈: 최소한의 물을 사용하여 사육, 생산 또는 제조하는 메뉴 항목
- 채소: 식물 기반 및 비육류 메뉴 옵션

- 비건: 육류, 동물 부산물, 계란 또는 유제품이 포함되지 않은 메뉴 항목
- 지역: 이벤트 장소에서 402km(250마일) 이내에서 상승, 생산 또는 제조된 메뉴 항목

이벤트의 공급망 및 조달 선택은 특히 3일 동안 9,000명 이상의 참석자가 참여하는 것이 중요하다. 장소 음식 서비스와의 긴밀한 소통을 통해 거의 포장이 필요 없는 수많은 샌드위치, 프레첼, 그리고 빵 옵션과 같이 가능한 한 최소한으로 그리고 지속가능하게 포장하였다. 나머지 품목은 일회용 플라스틱이 95% 이상 사용되지 않았다.

(4) 환경 디자인

IMEX|EIC People & Planet Village 간판 배너, 빌드 구축 및 전체적인 'Vis ID'는 여러 이벤트 주기에 걸쳐 재사용할 수 있도록 설계되었다. Hosted Buyer Lounge의 대규모 디지털 투영 벽은 큰 배너를 인쇄, 운송 또는 폐기할 필요를 없앴다. 프로젝터를 대여하여 재고로 되돌리고, 100% 재생할 수 있는 전력으로 구동되는 모든 전기를 사용하였다. 목재는 종종 더 환경적으로 선호되는 재료이다. 사용자 지정 제작과 관련된 경우, 데프라 배출 기준 아래 그림의 나무 틀은 약 80% 더 낮다. 알루미늄과 비교했을 때 생산의 배출물, 반면 나무 팔레트는 플라스틱 팔레트보다 제조 집약적인 배출량이 85% 적다. 홀 푸드 코트에 사용된 120m^2의 천연 잔디는 카펫 대신 설치되어 개인 거주지에 기부되었다. 프랑크푸르트에서 이 지역에 대한 표준 카펫을 '생산하지 않음'으로 계산 모델은 브랜드 및 유형을 보류하는 동안 2,040kg/CO_{2e} 배출량을 절약했을 수 있다고 추정한다.

(5) 형평성, 복지, 사회적 영향

192명의 참석자가 'She Means Business' 교육 세션에 참여했고, 59% 여성,

41% 남성 교육 프로그램의 연사들이었다. 200명의 참석자가 IMEX 런에 참여했고, 100명의 참석자가 Be Well 라운지에서 마음 챙김 세션에 참여하였다.

(6) 지속할 수 있는 전시

힐튼 인터내셔널, 헤센 숲에 1,400그루의 나무를 심어 IMEX 개최지마다 한 그루씩 심었다. 헤카 헬스가 후원하는 마리츠 글로벌 이벤트 지속가능성 챌린지(Maritz Global Events Sustainability Challenge)에서는 참석자들에게 디지털 포털을 제공하여 지속가능성 이니셔티브에 대해 자세히 알아볼 기회를 제공하였다. 챌린지 참가자들은 단체로 이틀 동안 1,246,900보 이상을 걸었다. 이 활동만으로도 약 188.9kg의 이산화탄소 배출량을 줄였으며, 이는 22,000대 이상의 휴대전화를 충전할 때 발생하는 이산화탄소 배출량을 절감한 것과 같은 효과이다. IMEX는 피클스와 협력하여 피플 앤 플래닛 빌리지에서 나무를 심기 위해 나무를 그리는 활동을 진행했다. 참가자들은 웹 기반 시각적 참여 도구를 사용하여 나무를 그릴 수 있었고, 한 그루가 그려질 때마다 IMEX가 나무 한 그루를 심는데 비용을 냈다. 한 그루의 나무 심기를 통해 500그루의 나무가 심어졌다.

4. PR을 잘못하면 오히려 기업이미지를 망칠 수 있는 그린워싱을 조심하자

한 비영리단체가 SK E&S를 「표시 · 광고의 공정화에 관한 법률」(약칭 「표시광고법」) 위반으로 고소한 사건이 유명하다. 해당 단체는 SK E&S가 생산하고 있는 LNG에서 온실가스를 동반 배출함에도 불구하고 '친환경가스'라 홍보하는 것은 명백한 그린워싱이라 짚어 냈다. 하지만 반전은 공정거래위원회의 결론인데, 이에 대해 무혐의 결정을 내렸다는 점이다. 이는 아직 ESG 도입 시기이기 때문에 그린워싱에 대한 이슈를 논하기 어렵고, 일부 배출은 있었으나 친환경가스로 전환하기 위한 노력과 시도를 인정하여 내린 결론이었을 것이다. GMO 식용유를 100% 천연 식용유인 것처럼 광고하여 소비자들이 소송을 제기한 사례도 있다. 이러한 분쟁이 시작되면 기업 신뢰에 큰 타격을 입고, 또한 장기간 지속되어 악영향이 될 수 있다. 한편, 원재료 공급업체가 아동 착취 등을 통해 원재료를 생산했을 가능성이 있음에도 불구하고 이를 제품에 표시하지 않았다는 이유로 소송을 당한 사례도 있다. 기업의 원재료 공급업체의 ESG 준수 여부까지 영향을 미칠 수 있다. 최근 이러한 고소 · 고발 건이 늘고 있으며, 국제적으로도 NGO와 로펌이 손을 잡고 그린워싱 소송을 거는 사례가 많아질 전망이다. 또한 환경부를 비롯한 관련 기관에서는 국내 정유, 철강 등의 업체에 대해 그린워싱 조사에 나섰고, 환경성 표시 및 광고 위반을 모니터링하고 있으며, 문제가 있을 시 시정명령을 내리겠다고 발표하였다. 그렇다면 그린워싱하지 않고 어떻게 홍보해야 그 효과를 법적 테두리 안에서 잘 알릴 수 있을까?

주로 규제에 걸릴 수 있는 부분은 「표시광고법」과 「환경기술 및 환경산업 지원법」(약칭 「환경기술산업법」) 및 공정거래위원회예규에 나와 있는 환경 관련 표시 및 광고에 관한 심사지침 등이다. 이러한 기준을 잘 살펴 소비자를 속이거나 소비자로 하여금 잘못 알게 하는 사례인지 검토해야 하고, 특정용어 및 표현의 사용(주성분, 오염물질 배출량, 재활용 등)에 주의해야 한다. 한마디로, "우리회사는 넷제로 회사입니다."라고 하면 고소고발 당할 수 있기 때문에 "우리 회사는 넷제로를 지향하는 회사입니다."라고 해야 명확한 메시지 전달이 될 수 있는 것이다.

좀 더 정확한 커뮤니케이션이 결국 소비자 오해를 불러일으킬 염려가 없는 것이다. 친환경이든 DE&I이든 실제로 기업이 하고 있는 바를 구체적으로 명확하게 알릴 때 효과가 있는 것이지, 분위기에 휩쓸려 ESG 하는 척하다가 큰코 다칠 수 있는 상황이 온 것이다. 기업에서는 ESG 부서뿐만 아니라 전사적으로 전부서 전 직원이 ESG 교육을 받아야 하며, 기획부터 제조, 판매까지 전

표 7-1 ESG 커뮤니케이션의 나쁜 사례와 좋은 사례

나쁜 사례(그린워싱)		좋은 사례
우리 회사에서 개최되는 모든 회의는 탄소제로 컨퍼런스입니다.	X	우리 회사에서 개최되는 모든 회의는 탄소제로를 지향하는 컨퍼런스입니다.
그린워싱 사례, 법적 분쟁 소지 있음. 주의 요망	○	ESG 실천 캠페인으로 사용 가능

과정에서 ESG 실천을 고려하여 전략을 짜야 할 것이다. 이러한 기업의 ESG 경영 실천을 바깥으로 알릴 때 좀 더 구체적으로, 사실적으로, 과장하지 않고 표현한다면 긍정적 이미지로의 브랜딩도 성공할 것이고 이는 곧 투자자와 소비자의 사랑을 받게되는 지름길일 것이다. 괜히 잘하려고 부풀리다가는 NGO와 로펌의 철퇴에 휘청할 수 있다는 점을 꼭 강조하고 있다. 다시 강조하지만, '탄소 배출 없는 ○○기업'이란 커뮤니케이션 메시지는 그린워싱에 해당한다. 어떤 제품이든 서비스이든 탄소 배출이 없을 수 없다. 숨만 쉬어도 이산화탄소가 나오는데 절대 성립할 수 없는 문구이다. 이를 대신하여 '넷제로를 향하는' '탄소 배출을 감축하는'이라는 안전한 표현으로 그린워싱을 피하여 효과적인 커뮤니케이션을 해야 한다. 메시지를 내보내기 전에 고민이 되는 부분이 있다면 ESG 전문가 혹은 로펌 자문을 통해 확인하고 내보내는 것을 권장한다. 그린워싱을 노리는 시민단체와 그 시민단체와 결탁한 일부 로펌들이 성행하고 있기 때문이다. 또한 그린워싱 빌미를 찾아 고발하여 상대 회사를 흠집 내려는 경쟁사들도 많다는 사실을 인지해야 할 것이다. 이렇게 기사라도 한 줄 나면, 소비자를 기만한 회사라는 낙인이 찍힐 수 있고, 그렇다면 결론적으로 ESG 메시지를 내보내지 않는 것보다 더 큰 손실이 있을 수 있기 때문에 그린워싱 이슈는 항상 조심해야 하는 상황이 되었다.

5. 기업행사를 통해 ESG 경영 실천을 소비자와 커뮤니케이션하라

"자폐라고 차별하지 마세요. 저는 더 받지 않고 정가로 팔겠습니다."

자폐를 가졌지만 미적 감각이 뛰어나 작가로 활동하고 있는 작가로부터 일침을 쏘였다. 무거운 쇠망치로 앞통수를 세게 한 대 맞은 느낌이었다. '아, 나야말로 이렇게 차별하고 있었구나. 오히려 배려가 차별일 수 있겠구나.' 자폐를 가진 예술가에게 상품 가격을 더 높여 팔아 드리겠다는 말도 안 되는 배려(?)로 생긴 해프닝이다. 뼈에 새길 만한 교훈을 얻은 날이었다.

〈이상한 변호사 우영우〉가 한창 인기리에 방영되었다. 자폐스펙트럼을 가진 변호사, 혹자는 드라마이니까 가능한 일이라며 발달장애인의 가능성에 대한 논쟁이 벌어지고 있는데, 필자는 2015년에 직접 몸소 체험했기 때문에 자신 있게 말할 수 있다. "자폐도 가능하다. 아니 더 뛰어날 수 있다!"

2015년 5월, 발달장애를 가졌지만 예술적 감각이 뛰어난 작가들과 함께 세상에 그 빛남을 알리는 행사를 맡아 기획할 때였다. 대행용역이 아닌, 실제 기획행사라는 점에서 PCO(Professional Convention Organizer) PM에겐 획기적인 일이었다. 서울특별시와 서울산업진흥원이 '창조아카데미'라는 사업을 운영하며, MICE 전문가를 기르는 과정에 1년에 4억 7천만 원씩 3년간 지원금을 주던 마지막 차 해였다. 사업 총괄이자, CPMP(Convention Planning and Management Practicum)라는, 직접 행사를 기획하고 실행해 보는 과정의 PM을 맡아 MICE 행사를 진행하였다.

정말 놀라운 일이 아닐 수 없었다. 어려운 기획이기도 했다. 발달장애를 가진 분들의 행사명은 또 어떻게 정해야 할지, 각고의 노력 끝에 정한 행사명은 'Special Artist Festival'이었다. 그야말로 상상을 뛰어넘는 실력의 예술가들이었고, 장애를 가진 것만 빼면 일반 예술가보다 더 천재적으로 뛰어난 작가들이 많았다. 교육, 스포츠와 관련된 분야에서는 발달장애에 대해 'Special'라는 수식어가 많이 사용되고 있었기에 아이디어를 얻어 행사명을 선정하였다.

장애를 가진 예술가들은 문화콘텐츠의 제공자로서, 일반인이 생각하지 못하는 소재나 예술적 기법을 통해 새로운 예술 영역을 창조해 나가고 있다. 이들은 디자인과 미술, 음악, 무용, 문학 등의 다양한 예술 분야에서 무한한 가능성을 보이고 있다. 하나의 작품, 하나의 공연을 만들기 위해 흘리는 땀과 노력, 그리고 그들이 보여 줄 수 있는 새로운 시선은 더 큰 감동을 준다. 그러나 현실적으로 그들의 재능을 펼칠 장(場)과 이들의 창작활동을 예술시장으로 매개해 주는 지원과 마케팅이 부족한 실정임을 인지하면서 이 행사를 기획하게 되었다.

목표는 분명했다. MICE(여기서는 기업행사 등을 지칭)는 무언가의 성장을 돕는 플랫폼 역할을 한다. 컨퍼런스, 전시, 이벤트 등의 다양한 포맷을 통해 장애인예술의 가치 대한 재평가와 신진작가의 발굴, 장애인 예술에 대한 실질적인 지원 및 활동 영역의 확장 모색, 장애를 가진 예술인의 육성방안 논의, 장애인예술 가치 제고 및 대중화를 꾀했다. 또한 특별한, 유니크한 디자인/예술에 대한 관심이 높아지던 시기였고, 소비자들은 이미 벌써 ESG 관점에서 착한 소비, 나누는 소비의 관점으로 구매행동이 바뀌고 있던 시점이었다.

가장 어려웠던 점은 행사의 연사, 특히 소위 말하는 'Big Shot'을 초빙하는 일이었다. 교통사고로 전신 3도의 중화상을 입고 40번 넘는 수술을 겪고도『지선아 사랑해』로 희망과 감동을 선사한 이지선 씨를 꼭 초빙하고 싶었다. 당시 이지선 씨는 미국 UCLA에서 사회복지학 박사과정 중에 있었는데, 정성이 통한 것일까. 그녀는 흔쾌히 비행기를 타고 날아와 특별강연을 맡아 주었다. 지금 다시 생각해 봐도 쉽지 않은 결정이었을 텐데, 참 대단하고도 고귀하다.

그리고 양팔 없는 화가 '수묵 크로키'의 대가 석창우 화백도 초빙하여 큰 메시지와 감동을 선사하고 싶었다. 석 화백도 흔쾌히 수락하여 강연을 해 주었다.

가수 강원래 씨도 섭외하였다. 무모한 연사섭외 도전이었는데도, 어느 한

분 대차게 거절하지 않고(가끔 일반유명 연사 중에서는 가격이 맞지 않는다며 대차게 거절하기도 한다) 수락해 주었다. 행사 전 VIP 식사가 있었는데, 우리 행사가 그저 그렇고 그런 장애인들을 앞세워 돈벌이하는 행사일까 봐 노파심에 언성을 높이는 해프닝이 있긴 했지만 진정성이 담긴 말씀이라 모두 숙연해질 수밖에 없었다. 차별을 당해 본 사람들은 이용당하는 아픔, 괜한 기대로 인한 실망을 또 겪고 싶지 않을 것이다. 정말 행사를 진행하는 내내 반성, 또 반성의 시간들로 가득 찼다. 또 하나의 특별한 세션을 마련했다. 네 손가락의 피아니스트 이희아 씨, 그리고 그녀를 아름답게, 세상의 빛으로 잘 키워 낸 어머니 우갑선 여사를 동시에 초빙하여 토크쇼를 진행하였다. 이희아 씨는 그 누구보다도 당당하게, 자신 있게 본인의 피아노 연주를 들려주었고, 어머니와 함께 무대를 꽉 채워 주었다.

전체 행사는 컨퍼런스, 전시회, CSV 아이디어 옥션, 필름토크, Fun-Market, Artist Atelier 등으로 진행되었다. CSV 아이디어 옥션은 장애와 관련된 사회적 기업 및 단체와 기업 간의 자연스러운 네트워킹 장을 마련하고자 진행되는 아이디어 옥션 이벤트였다. 실제 옥션처럼 구현하기 위해 시스템을 구하고 여러 번 시뮬레이션을 시행하였다. 행사 내 특별공연에는 지적 발달장애를 가졌지만 첼로로 무한 감동을 주는 밀알첼로앙상블 날개단원 차지우 첼리스트도 초빙하였다. 발달장애인과 함께 만드는 도시텃밭놀이터 동구밭, 발달장애인 도시 프로젝트를 수행한 스위치랩, 자폐인의 재능재활을 추구하며 자폐인이 디자인한 소품을 제작하는 오티스타 등의 기업을 섭외하여 이들에게 투자할 만한 대기업, 기관, 협회를 초청하였다. 결코 쉬운 일은 아니었지만, 누군가는 해야 했고, 세금으로 하는 일이었기 때문에 허투루 할 수 없었다.

아무리 좋은 콘텐츠와 아이템이라도 흥행하지 않으면 MICE 행사는 실패라 생각한다. 하지만 또 단순 흥행을 위해 관련되지 않은 사람이나 기관과의 협업은 감동을 자아내지 못한다. 이 결을 맞추기 위해 찾고, 또 찾고, 섭외하고 또 섭외하였다. 필름토크도 발달장애와 관련된 영화를 상영하고(영화 1편 상영에 그렇게 큰 돈이 드는지 몰랐다. 영화관은 매우 저렴한 것이다. 1편을 한 번 상영하는데 500만 원 가까이 들었다. 저작권이란……), 이에 대해 토론해 줄 관련 있는 유명 배우와 작가를 초청하였다.

자폐를 가진 천재적인 작가에게 혼난 사연으로 이 절을 시작하며 행사 전체를 요약하게 되었다. ESG는 멀리 있는 것이 아니다. 좀 더 나은 세상을 향한 외침이자 실천 덕목이다. MICE에 ESG를 접목하려 카이스트 ESG 최고경영자 과정을 수료하였다. 허나 지금은 'MICE로 ESG하자.'라는 생각으로 180도 바뀌었다. 국가가, 기업이, 공공기관이 ESG 정책을 수립하여 어떻게 보여 줄 것인가? 그 실천과 노력을 어떻게 효과적으로 보여 줄 것인가? 단순히 기사로, 카드뉴스로 보여 주는 것은 임팩트가 적고, 그린워싱할 수 있으며, 소비자에게 직접적으로 닿기가 매우 어렵다. 경험할 수 있게 하고, 직접 보여 주고, 오감으로 느끼고 가게 하는 것! 그것이 바로 기업행사의 힘이자, MICE(기업행사 등)로 세상에 기여할 수 있는 일일 것이다.

만족도 등의 조사를 통해 행사의 성과는 다음과 같이 표현할 수 있다. 우선, 포럼을 통해 발달장애인을 비롯한 장애인을 바라보는 사람들의 시선이 '함께' 그리고 '동등하다'로 바뀌었다는 점, 예술적 능력이 일반인보다 더 뛰어날 수 있다는 것을 알게 된 점이 사회적 임팩트가 큰 포인트였다. 전시회를 통해 발달장애를 가진 작가들이 디자인하고 만든 작품을 세상에 선보이고, 판매를 통해 수익을 물론 자존감을 높일 수 있었던 점도 성과였다. 기업CSV 옥션을 통해 실제로 대기업이 사회적기업에 투자 의사를 밝히고 향후 미팅을 진행하는 등의 성과도 큰 의미가 있었다. 필자 또한 장애인을 배려하는 마음이 오히려 장애인을 더 차별하고 아프게 할 수도 있다는 큰 깨달음을 얻었다. 향후 이 행사가 지속된다면 더 비즈니스화하여 장애 예술가들에게 정당한 수익을 창출하게 하고, 개인들의 엔젤투자나 대기업의 CSV 투자로 이어지게 할 수 있다.

몸은 좀 고되었지만 기업행사로 기업의 가치와 진가를 알릴 수 있는, MICE(기업행사 등)로 ESG를 실천하는 선에서 이런 행사는 기업에서 실행이 가능하리라 본다. ESG가 환경쪽으로만 많이 치우쳐지긴 했으나 S와 G 영역으로도 풀어낼 것이 많다. 특히 ESG는 통합전문가가 있을 수 없다. 각 영역에서, 또 그 영역의 세분 영역에서의 전문가들이 존재할 뿐이다. 이를 엮어 ESG를 세상에 알리고, 비즈니스화하며, 브랜딩할 수 있게 하는 것이 바로 MICE(기업행사 등)라는 플랫폼일 것이다.

점은 그 하나로는 의미 없어 보이지만, 수많은 점이 모이면 선을 이루게 된다. 지속가능한 MICE(기업행사 등)도 마찬가지이다. 지속가능성을 위한 개개인의 노력이 모이고 모여 결국 옳은 방향으로 나아갈 수 있는 것이다. '나 하나쯤이야' 혹은 '나 하나 실천한다고 달라지는 것이 있겠어?'라는 가벼운 마음 혹은 의심보다는 '나 하나의 노력이 결국 지속가능성이란 선을 만드는 데 도움이 될 것이다.'라는 굳건한 믿음으로 지속가능한 기업의 발전을 위해 노력할 필요가 있다.

유럽연합 세대평등포럼 사무총장인 델핀 오(Delphinge O)도 무언가의 변화는 30% 선이라 하였고, 펜실베니아대학교의 네트워크 과학자 데이먼 센톨라도 '뉴노멀'이라 하는 새로운 시작의 출발점을 25~30%라고 수학적으로 정리하였다. 모두가 지속가능한 경영을 위해 동시에 시작하지 않아도, 지속가능성에 대한 함의를 정확히 파악하고 실천하려는 30%만 움직여도 티핑포인트에 도달하여 모든 사람에게 영향을 미칠 수 있다. 그 티핑포인트는 결국 조직과 사회에서 자신의 행동을 바꾸지 않고서는 서로 협동할 수 없는 지점이 될 수 있다는 뜻이다. 그 단단한 네트워크를 구성할 30%를 위해 지속가능성의 함의(경제, 사회, 환경의 세 가지 축)에 대해 더 많이 알리고, 그 성과가 실질적으로 가시화될 수 있게 하는 다양한 시도는 계속되어야 할 것이다.

제8장

지속가능경영을 위한 기업의 9가지 과제

지속가능경영은 이제 거스를 수 없는 큰 흐름이 되었다. 최근 소비자들의 환경, 사회, 지배구조 등 ESG와 관련된 정보에 대한 관심이 높아지면서 기업들은 이를 경영의 중요한 전략으로 인식하고 있다. ESG 경영 전략의 중요성은 기업의 지속가능성과 경쟁력에 큰 영향을 미치기 때문이다. 선진기업들은 ESG 경영 전략을 적극적으로 활용하면서 환경, 사회, 지배구조 관련 실행과제를 수립하고 이를 실천해 나가고 있다. 기업에서 발표하는 '지속경영보고서'를 바탕으로 기업들이 행해 온 실행과제들을 도출하였다. 지구를 지키는 아이디어와 참여(environment), 사회와 공존하는 포용적 성장(social), 변화 대응 체계 구축(governance) 등 세 가지 관점을 분류하여 기업들의 '지속가능경영' 실행과제 9가지를 도출해 보았다.

Environment: 지구를 지키는 아이디어와 참여
- 실행과제 ①: 경영의 필수요소 친환경(Eco)과 탄소중립
- 실행과제 ②: 리사이클링, 새활용으로 틈새시장 구축
- 실행과제 ③: 대세 트렌드가 된 환경행동주의

Social: 사회와 공존하는 포용적 성장
- 실행과제 ④: 미래세대와 신뢰관계 구축하기
- 실행과제 ⑤: 사회 구성원과 합력하여 성장하기
- 실행과제 ⑥: 사회적경제 강화로 지역경제 활성화

Governance: 합력하여 변화 대응 체계 구축
- 실행과제 ⑦: ESG 위원회와 프로세스 내재화
- 실행과제 ⑧: 행동주의와 이해관계자자본주의
- 실행과제 ⑨: 동반성장을 위한 커뮤니케이션

1. 지속가능함에 대한 꾸준한 관심

"엔터사들아 지구 혼자 쓰냐."

케이팝포플래닛(@kpop4planet)은 '지구의 날'을 맞아 하이브, JYP, 큐브 등 기획사에 8천여 장의 아이돌 음반을 보내며 박스에 '지구 혼자 쓰냐'라는 메시지를 붙였다. 분노한 팬들은 BTS 소속사인 하이브 앞에서 모여 시위를 했다. 스마트폰으로 음악을 듣는 시대에 CD를 만들어 배포하는데 이러한 플라스틱은 분해되는 데 백만 년이 걸린다고 한다. 하이브는 이러한 상황에서 지속가능한 경영을 위해 2023년 첫 지속가능 경영 보고서를 내놓았으며, '엔터테인먼트 산업이 지속가능한 산업임을 증명해 나갈 것'이라고 밝혔다. 하이브는 친환경

[그림 8-1] 케이팝포플래닛이 지구의 날에 하이브로 보낸 음반 상자
출처: 케이팝포플래닛(kpop4planet.com).

공식 상품 및 환경을 위해 투자하고 있으며, 케이팝 기업들이 지속가능한 경영을 위해 친환경 공식 상품 및 프로젝트를 통해 지속가능성을 추구하고 있다고 밝혔다.

지속가능함이란 환경, 경제, 사회 측면에서 지속가능한 발전과 운영을 의미한다. 이를 소셜미디어 데이터로 분석해 보았다. 최근 3년간 '지속가능성'이라는 키워드로 트위터, 인스타그램, 블로그, 커뮤니티, 언론에서 언급된 횟수는 20만 건 이상이었다. 이는 2만 건에서 3배 이상 급증하여, 6만 5천 건에서 7만 건 가량까지 꾸준히 '지속가능성'에 대해 언급하는 추세이다. 이때 '환경' 기업, 사회, 친환경, 미래, 글로벌, 목표, 탄소, 기후, 전략, 구조 등이 함께 언급되는 것으로 나타났다. 케이팝포플래닛과 같은 단체들은 재활용 운동과 함께, 지속가능한 팬 문화를 만들어 가고 있다. 이러한 활동을 적극적으로 하는 MZ세대는 친환경 포장지 관련, 플로깅, 생활 속 실천 등의 사례를 SNS에 적극 공유한다. 또한 일상 속에서 제로 웨이스트 매장에서 제품을 구입하거나, 친환경 생활 팁을 공유하는 등의 행동을 하고, 친환경적 경영을 기업에 직접적으로 요구하거나, 불매운동 등으로 기업의 안위를 위협하기도 한다.

		2020년		2021년		2022년		2023년
1	환경	5,251	환경	21,076	환경	17,857	환경	12,692
2	기업	4,241	친환경	14,482	기업	13,920	세대	9,999
3	사회	3,587	사회	11,785	가치	13,628	케이팝	9,024
4	경제	3,490	기업	11,349	사회	12,486	k-pop	8,889
5	가치	2,959	에너지	11,333	경제	9,652	pop	8,889
6	변화	2,585	미래	11,009	친환경	9,049	generation	8,879
7	친환경	2,345	가치	8,607	글로벌	8,596	기업	8,560
8	글로벌	2,218	경제	7,874	기술	8,285	가치	7,085
9	사업	2,097	수소	7,385	제품	8,092	사회	7,003
10	경영	1,994	변화	7,330	변화	7,984	기술	6,372
11	평가	1,925	구조	7,293	탄소	7,521	제품	5,865
12	계획	1,870	현대	7,185	목표	7,499	변화	5,572
13	목표	1,680	현대자동차	7,007	경영	7,484	글로벌	5,344
14	제품	1,625	산업	7,006	구조	7,521	목표	5,121
15	산업	1,593	글로벌	6,647	계획	7,499	성장	5,091
16	기후	1,574	안전성	6,642	성장	7,033	산업	4,907
17	기술	1,547	친환경에너지	6,637	사업	6,966	친환경	4,714
18	구조	1,547	세계 환경의 날	6,629	산업	6,756	에너지	4,570
19	시장	1,545	환경의 날	6,629	브랜드	6,450	영향	4,569
20	미래	1,516	세계환경	6,629	기후	6,377	탄소	4,481

[그림 8-2] '지속가능성' 관련 연관 소셜 키워드 변화

출처: 썸트렌드(some.co.kr).

YG엔터테인먼트는 콘서트 때 사용한 폐현수막을 수거해 업사이클링 상품을 굿즈로 제작하기도 하였다. 2022년 7월에는 그룹 위너(WINNER)의 네 번째 미니앨범 '홀리데이(HOLIDAY)' 발매기념' 콘서트에서 사용된 현수막을 업사이클링한 카드지갑 굿즈도 좋은 반응을 얻었다. 그룹 트레저(TREASURE)의 '트레이스(TRACE)' 콘서트에서 사용된 현수막 역시 수거해 향후 업사이클링 제품을

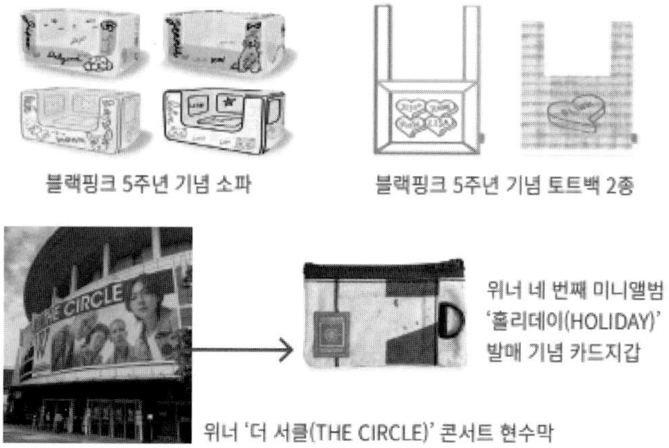

[그림 8-3] YG엔터테인먼트에서 만든 리사이클링 굿즈

출처: YG엔터테인먼트 지속가능경영보고서(2023). p. 47.

'앙코르 프로젝트'와 협업해 모두 가방, 지갑, 키링 등으로 재탄생되었다.

2. 지속가능경영을 위한 기업의 9가지 실행과제

1) 지구를 지키는 아이디어와 참여(E)

케이팝 제로 웨이스트(Campaign Zero Waste)는 JYP 엔터테인먼트가 케이팝 팬들과 함께 진행하는 환경 캠페인이다. 이 캠페인은 케이팝 팬들을 중심으로 환경 보호와 지속가능한 라이프스타일을 촉진하기 위해 제로 웨이스트를 실천하는 방법과 환경 보호에 대한 중요성을 알리고 있다. 이 캠페인에는 케이팝 스타들의 제로 웨이스트 메시지, 팬들의 제로 웨이스트 인증샷 공유, 제로 웨이스트 팬미팅 등을 진행 중이다(JYP 지속가능경영보고서, 2023). JYP 엔터테인먼트는 이러한 사회공헌 캠페인을 통해 지속가능한 경영에 대한 의지를 보여 주고 있으며, 글로벌 환경 네트워크 '1% for the Planet' 멤버로 활동하며, 매출의

1%를 동아시아 바다공동체 오션에 기부하는 등 적극적인 행보를 보이고 있다.

2023년부터 정부의 일회용품 규제가 확대되면서 전국의 커피숍과 음식점 등에서 1회용 종이컵과 플라스틱 빨대를 사용할 수 없으며, 편의점과 마트 등에서 비닐봉지 제공을 금지하면서 소비자들의 참여를 독려하는 다양한 캠페인이 진행되고 있다. 이니스프리는 '공병프리퀀시'를 통해 다 사용한 화장품 용기를 수거하고 있으며 '#플로깅을 모으깅 오르깅' 활동을 운영하고, 모음재단을 설립하여 제주에서 자연 생태보전, 인재육성 등 다양한 공익사업을 운영하고 있다.

이처럼 기업들이 환경 보호 활동을 지원하고 관련된 활동을 소셜미디어에 공유하면서 제로 웨이스트 운동이 환경 보호를 위해 폐기물을 줄이는 활동을 말한다. 이 운동은 일회용품 대신 재사용 가능한 제품을 사용하거나 재활용 가능한 제품을 분리수거하여 폐기물을 줄이는 방식으로 이루어지고 있으며, 제조사들도 포장재를 친환경제품으로 바꾸고 쓰레기를 줄이는 활동들을 펼치고 있다.

[그림 8-3] 플러스틱T 캠페인

출처: 블랙야크 유튜브(https://youtu.be/Zl4LmS11NUc?si=qr78kgn8tYe8G5fx).

"플러스틱(PLUSTIC)은 플러스(plus)와 플라스틱(plastic)을 합친 말로, 플라스틱을 재활용해 지구에 플러스 된다는 말, 자연과 친한 T내는, 블랙야크"

블랙야크 첫 번째 그린야크 캠페인 콘텐츠는 등산로에 버려진 페트병을 수거하는 아이유의 모습을 보여 준다. 2020년 5월에는 투명 페트병 자원 순환 시스템을 구축하여 페트병 배출에 새로운 '플러스틱' 친환경 제품 생산을 확대하고 있으며, 산행을 하면서 쓰레기를 줍는 활동 등 다양한 환경 캠페인을 진행하고 있다.

블랙야크는 국내 페트병을 재활용하는 '플라스틱'을 비롯한 친환경 제품, 산행을 하며 쓰레기를 줍는 '클린마운틴', 사막화와 대기오염의 심각성을 알리는 '블랙야크황사쉴드' 등이 대표적으로 그린야크라는 캠페인을 진행 중이다. 이러한 기업 PR 활동과 함께 제주도 휴양단지인 야크마을 등을 운영하며, 다양한 환경 보호 활동을 지속적으로 실천 중이다.

(1) 경영의 필수요소가된 친환경(Eco)과 탄소중립

미래 에너지의 발 빠른 전환과 다양한 친환경 솔루션 발견을 위해서 첨단소재, 디지털, 그린 분야에 친환경 투자를 적극적으로 펼쳐 오고 있다. 2022년 기준 전체 투자금액 중 30%를 친환경 비즈니스에 투자하고, 친환경 포트폴리오 비중을 꾸준히 늘려, 2030년 전 세계 탄소 감축 목표량의 1%인 약 2억 톤의 탄소 감축에 기여하겠다는 비전을 제시했다.

－SK, 지속가능경영보고서, 2023－

기업들은 사회적 책임을 다하기 위한 노력으로 ESG 활동에 적극적으로 참여하고 있다. 그중에서도 친환경(Eco)이 중요한 요소로 대두되고 있으며, 2020년부터 자산 2조 원 이상을 보유한 코스피 기업들은 지배구조 보고서 제출이 의무화되어 비금융 기업 161개가 '기업 지배구조 보고서'를 공시하고 있으며, 환경과 사회 책임 관련 공시 실적으로 활용되고 있다. ESG 평가사, 투자사(연기금, PE 등), 주식 거래소 등에서 관리와 개선을 요구받고 있으며, 간접 배출-Scope 1.2, 외부 배출-Scope 관련해서 ESG 보고서 공시(회계 정보 공시 체계에 준할 확률 높음) 단계적으로 2025년부터 공시 의무화(자산 총액 2조 이상 상장사)되고, 2030년부터는 모든 코스피 상장자가 의무화되어 있어서 다양한 활동을 진행하고, 관련 내용을 지속가능 경영 보고서를 통해 공개하고 있다.

> 카카오의 지속가능보고서는 지속가능성 보고 기준인 GRI(Global Reporting Initiative) Standards 2021과 미국 지속가능성 회계기준인 SASB의 Internet Media&Services 산업 표준에 따라 작성하였으며, 재무 성과는 별도 언급이 없을 경우 국채택국제회계기준(K-IFRS) 연결 기준으로 작성되었습니다. 또한, 로이드 인증원으로부터 제3자 검증을 받았습니다.
>
> -카카오 지속가능경영 보고서, 2022-

글로벌 기업들은 EU 지속가능성보고표준(ESRS), 미국 SEC 기후공시의무화, IFRS 국제효준화 등 국제기구를 중심으로 공시 표준화 ISSB-IFRS는 Scope 1, 2, 3에서 기후 전환 위험에 노출된 자산 규모 등의 의무 공시를 2024년부터 시행할 예정이며, Scope 3의 경우는 2026년부터 시행된다. 이러한 국제 현황 변화로 인해 해외에 수출하는 기업들은 공급망 실사 등 다양한 글로벌 규제에 맞는 준비를 하고 있다. 국내에서는 산업통상자원부 K-ESG 가이드라인을 2022년에 마련하여 공급망 실사 확대에 따른 수출기업 등을 지원하고, 중소 및 중견 기업들도 개선 방향을 제시하는 컨설팅을 지원하고 있으며, 정부도 ESG 인식 확산을 위해 노력 중이다.

국내 많은 기업이 'Re100'에 가입했다. 'Re'는 재생에너지(Renewable Energy)의 약자로, 2050년까지 100% 풍력, 태양광 등 재생에너지를 사용하여 조달하겠다는 것을 공표한 기업에 대한 '인증'을 의미한다. 애플, 구글, GM 등 263개 기업이 가입했다. 또한 탄소중립이란 일정한 대량의 온실가스 배출량을 발생시키는 활동과 같은 양의 온실 가스를 제거하거나 방지하는 것을 의미한다. 이를 위해 탄소 배출을 줄이는 것뿐 아니라 친환경적인 대체 에너지를 사용하고 탄소 배출량을 줄이는 방법 등을 실천하고 있다.

또한 대기업 공급망 ESG 실사가 의무화됨에 따라 이를 위한 전담조직을 수립하여 ESG 추진을 체계적으로 파악하고 실행하고 있다. 공급망 실사는 2011년 UN 기업과 인권 이행 원칙에 따라 "기업은 인권을 존중할 책임을 진다."는 원칙을 이행하기 위해 인권 실사(Due Diligence) 등 다양한 공급망 실사가 이루어지고 있으며, 인권영향평가 등 다양한 지침과 가이드라인이 확산되고 있다. 애플의 경우, 2014년 BBC가 인도네시아의 주석광산에서 발생한 공급망 문제 중 아동근로자의 노동, 환경오염 등의 문제를 제기하자 주석워킹그룹(Tin Working Group)이 창설되어 공급망을 3자가 감시하는 체제를 마련하였다. 폭스바겐은 인권단체 제소 이후, 기업이 책임을 지고 원자재 추출과 인권 문제를 해결하기 위해 노력 중이다.

삼성전자는 글로벌 구매 행동 규범과 구매통합 시스템(G-SRM)을 활용하여 공급망을 관리하며 정보를 공유한다. 또한 협력회사 평가와 등록 등을 준법 경영을 통합 관리하고 자가평가 체크리스트 등을 공유하며 전담조직을 운영한다. 협력회사를 선정할 때에는 구매표준, 환경안전, 에코파트너, 재무현황 등 5개 중점 평가를 통해 RBA 표준을 활용한 체크리스트를 활용하여 강제근로 금지, 비인도적 대우 금지, 차별 금지, 사내 전문 인력을 파견해 현장을 점검하고 신용평가 등급을 실시한다. 또한 우수 협력회사에게 인센티브를 부여하고 공급 물량을 우선 배정하며 혁신 모범 사례를 발굴하고 사업장 견학 프로그램을 지원하며 차년도 구매 정책에 반영한다. 그리고 아동 근로자 채용, 강제 노동 등 중대한 사항 발생 시 시정 조치를 요구하고 종합 평가 등급 패널티를 부여하는 등 조치를 취한다.

제조 기업에서 적극적으로 도입한 환경 경영 시스템 ISO 14001 인증을 SM 엔터테인먼트도 2022년에 내재화 및 지속적인 실행을 위해 임직원 대상으로 환경 교육을 진행한다. 또한 전사적으로 환경 경영 기업 문화를 정착하기 위해 다양한 캠페인을 운영 중이다. 신년 다이어리와 달력, 전사 임직원의 명함은 FSC 인증지로 제작하는 등 환경 경영을 실행하고 있으며, 온실 가스 배출 저감을 위해 페이퍼리스 오피스(paperless office)를 지향하고, 업무용 차량을 친환경 차량으로 교체하고, RE100 달성을 위한 계획을 수립하고 있다.

(2) 리사이클링, 새활용으로 틈새시장 구축

리사이클링(recycling)은 제조 과정에서 발생하는 다양한 원료와 쓰레기들을 재활용하여, 푸드, 패션 등의 업계에서 새로운 제품으로 만들어 내는 활동을 말한다. 이러한 기업들은 새로운 제품을 만들거나, 기존 제품을 업그레이드하여 새로운 틈새시장을 구축하고 있다.

오비맥주는 맥주 생산과정에서 발생하는 보리 맥주박(부산물)을 업사이클링해 크래커를 만들어 연계마케팅을 하고, 쿠킹 클래스를 여는 등 다양한 방식으로 커뮤니케이션 하고 있다. 또한, 맥주박을 활용한 쿠킹 클래스[1)]를 열고, 핸드크림 등의 원료를 만들어 와디즈와 같은 사이트로 펀딩하는 등의 활동을 통해 기존 주류 유통 채널뿐 아니라 다양한 오프라인 현장과 온라인 사이트에서 브랜드를 노출하고 새로운 비즈니스 기회를 확대하고 있다. 특히 푸드 업사이클링 전문 스타트업 '리하베스트'와 협력을 통해 맥주박을 활용한 다양한 푸드 업사이클링을 시도하고 있으며, 이를 통해 새로운 시장을 개척해 나가고 있다.

최근 전 세계적으로 환경문제와 지속가능성에 대한 관심이 높아지면서 기업들이 생산 과정에서 발생하는 다양한 원료와 쓰레기를 활용하여 새로운 제

1) 이솜이(2022. 6. 2.). "오비맥주 한맥, 리하베스트와 맥주박 업사이클링 프로젝트 전개", 이코노믹리뷰.

품을 만들고, 새로운 시장을 개척하는 활동이 늘어나고 있다. 이러한 활동은 자원의 유지와 재생을 위한 노력으로도 평가되며, 오비맥주와 같은 기업들은 지속가능한 비즈니스를 추구하고 있는 것으로 평가된다.

효성은 친환경 산업에 많은 투자를 하고 있으며, 이를 통해 지속가능한 미래를 위한 노력을 지속적으로 이어 나가고 있다. 그중에서도 플리츠마마와의 협력은 매우 중요한 역할을 하고 있는데, 이는 플리츠마마가 친환경 제품 생산에 대한 노력을 하고 있기 때문이다. 효성은 플리츠마마에 지분을 투자하고, 마케팅을 지원하는 등 다양한 방식으로 협력 중이다. 최근에는 리사이클링 제품을 제작하며, 독일에서 열린 'ISPO 뮌헨 '2022'에서는 남해 바다의 폐어망을 수거해 가방과 의류를 만들었고, 삼청동에 플래그십 스토어를 운영하기도 했다. 효성은 리젠 랩(lab) 프로젝트를 추진 중이다. 이 프로젝트는 효성티앤씨가 개발한 친환경 소재를 사용하여 플리츠마마 등 패션스타트업과 함께 다양한 친환경 패션상품을 만들려는 시도이다. 이를 통해 친환경 제품 생산에 대한 관심을 높이고, 인류의 지속가능한 미래를 위한 노력을 지속적으로 이어 나갈 것이다. 또한 효성은 다양한 친환경 산업에 대한 연구와 개발을 하고 있다.

또한, 코오롱스포츠는 멸종 동식물을 보호하는 노아프로젝트를 진행하고 있으며, 업사이클링 브랜드 래;코드를 통해 산업 소재를 재활용하여 새로운 디자인으로 재탄생시키는 업사이클링 제품을 선보이고 있다. 이를 통해 코오롱스포츠는 환경 문제를 해결하는 동시에 패션 산업에 새로운 가치를 제공한다. 또한 박스 아뜰리에에서는 수선 · 리폼 전문가인 '리메이커'가 상주하여 고객과 1:1 상담을 통해 맞춤형 업사이클링 서비스를 제공한다. 이 서비스는 일반적인 수선뿐 아니라 오래 된 옷이나 싫증이 난 옷을 완전히 새로운 디자인으로 탈바꿈해 주는 것으로, 소비자들은 기존에 버리던 옷을 활용하여 새로운 것을 만들어 환경보호에 기여할 수 있다.

코오롱스포츠의 환경보호 및 지속가능한 발전에 대한 노력은 그동안 많은 소비자를 끌어들이는 데에 큰 역할을 하고 있다. 이러한 기업의 노력은 우리

사회의 지속가능한 발전을 위해 매우 중요하다. 더불어, 이러한 노력을 통해 패션 산업에서 새로운 가치를 창출하고 있어서 환경 보호와 패션 산업의 발전을 동시에 이루는 기업으로 주목받고 있다.

(3) 대세 트렌드가 된 환경행동주의

비거니즘(Veganism) 역시 확대되고 있다. 풀무원은 두부를 활용해 다양한 비건제품을 출시하고, 해외시장에 진출 중이다. 편의점 CU는 '채식주의' 브랜드를 만들어 간편식을 출시했으며. 오뚜기는 비건 전문 브랜드 '헬로베지(Hello Veggie)'를 론칭하고, 식물성 원료인 콩단백으로 만든 '언튜나(UNTUNA) 식물성 바질 참치'를 출시했다. '지속가능한 소비'에 대한 소비자들의 관심과 함께 기업들이 다양한 비건 제품을 선보이는 추세[2]다. 투자회사들은 이러한 환경 주의에 대한 잠재 가치를 인식하고 적극적으로 투자하고 있다. 미래에셋은 5천억 원가량을 미국의 대체 육류 시장에 투자하기도 하였다. 기업들은 친환경 제품을 선호하는 MZ 세대의 동향에 대비하여 적극적으로 준비 중이다.

카카오 카본 인덱스(Kakao Carbon IndexBeta)는 이용자들의 환경행동주의 행동을 계량화하여 이용자 환경 기여 임팩트를 나타내는 지표이다. 카카오는 사회적 책임을 다하며 지속가능한 미래를 모색하고 있다. 이에 따라 카카오는 카본 인덱스를 발표하고, 고객이 환경 보호에 기여하는 정도를 계량화하고 있다.

신한카드 그린인덱스(Green Index) 또한 카드 사용자들이 발생시키는 탄소발자국을 계산하는 환경지수이다. 이 지수는 카드 사용자들이 환경에 미치는 영향을 계산하고 개선 방안을 제시하여 친환경 소비문화를 확산시키는 목적으로 만들어졌다. 카카오 카본 인덱스와 유사한 개념으로, 카카오 카본 인덱스는 사용자들의 온실가스 감축 기여 및 사회적 간접 가치 기여를 지수로 계량

2) 윤경은(2023. 2. 3.). '지속가능한 소비'…기업들 다양한 비건 제품 선보여.

화하여 이용자 환경 기여 임팩트를 나타낸다. 카카오 카본 인덱스와 마찬가지로, 신한카드 그린인덱스도 환경에 대한 인식을 높이고 친환경 소비문화를 확산시키는 데 목적을 두고 있다. 카드 사용자들은 그린인덱스를 통해 자신이 발생시키는 탄소발자국을 알아볼 수 있고, 이를 통해 더욱 환경에 대한 인식을 높여 친환경 소비문화를 확산시킬 수 있는 캠페인이다. 이와 함께, 그린인덱스는 카드 사용자들이 개선할 수 있는 환경에 대한 정보를 제공함으로써 사용자가 친환경 소비문화를 실천하는 데 도움을 줄 수 있다.

카카오와 신한카드는 각자의 방식으로 지속 가능한 미래를 향한 노력을 이어가고 있다. 2022년 한 해 동안 카카오 카본인덱스는 약 63,000,000KUC1)로 집계하였다. 이는 사용자들이 카카오 서비스를 이용하면서 발생한 온실가스를 감축하고, 사회적 간접 가치를 기여한 것을 의미한다. 또한 멜론에서 자신이 좋아하는 뮤지션을 선택하여 결제하면 금액의 2%가 숲을 만드는 데 자동 기부되는 '숲;트리밍' 프로젝트도 진행하고 있다.

카카오는 환경 보호와 지속가능한 발전을 위해 노력하고 있다. 이를 통해 고객들이 카카오 서비스를 이용하면서 기여하는 환경 보호와 지속가능한 발전에 대한 인식을 높이고 있다. 2022년 11월 29일, 카카오는 카카오 파이낸셜플러스에서 미국의 청정에너지 회사인 NextEra Energy와 함께 친환경 인프라 투자를 위한 파트너십을 체결하였다. 이 파트너십을 통해 카카오 파이낸셜플러스는 NextEra Energy의 친환경 에너지 발전 프로젝트에 대한 투자를 추진하고, 카카오의 전략적 기반 구축과 환경 보호를 동시에 이룰 수 있다. 또한 카카오는 자사 브랜드인 '카카오 프렌즈'를 활용한 친환경 캠페인도 진행하고 있다. 2022년 11월 1일부터 2022년 12월 31일까지 카카오 프렌즈 상품 중 일부의 매출액의 일부가 친환경 단체에 기부한다. 이러한 캠페인을 통해 카카오는 더욱 많은 사람이 친환경에 대한 관심과 참여를 높이도록 노력하고 있다.

앞에서 살펴본 사례와 같이, 많은 기업이 자원을 줄이고, 친환경 제품으로 바꾸는 등 적극적인 시도를 하고 있다. 사무실에서 종이 사용을 줄이거나, 엘

리베이터보다는 계단을 활용하도록 장려하는 것 같은 사무실에서의 작은 실천을 장려하는 운동뿐 아니라 '탄소저감운동'을 위해서 전력 사용량을 줄이고 태양광과 같은 친환경 에너지를 활용하려고 노력 중이다. 유통기업들이 포장재를 친환경으로 바꾸고, 분리수거해서 재활용할 수 있도록 하는 등 생활 속에서 작은 행동을 바꿀 수 있는 캠페인을 확대 적용하고 있다.

3. 사회와 공존하는 포용적 성장

1) 미래세대와 신뢰 관계 구축하기

다음 세대를 위한 홍보 마케팅 활동으로는 다양한 방식이 있을 수 있다. 예를 들어, 클래식 음악 후학 양성을 위해 공연 및 음악 교육 프로그램을 제공하는 것이 있다. 최근 ESG 관련 활동으로는, 기업 환경, 사회, 지배구조 측면에서 지속가능 경영을 지향하고 있다. 아동과 청소년을 보호하기 위해 촬영 시간을 금지하고, 엔터테인먼트 회사들은 캐스팅에서 양성 등의 과정에서 인권을 보호하는 활동들을 하고 있으며, 이러한 활동 등을 ESG 보고서 등을 통해 적극

아동 · 청소년 촬영시간 규정

구분	최대 촬영시간	심야 촬영 금지
15세 미만 아동 · 청소년	35시간/주	오후 10시~ 오전 6시 촬영 금지*
15세 이상 청소년	40시간/주	

* 촬영 다음일이 휴일인 경우, 친권자 동의 등에 따른 별도 예외조항 있음

[그림 8-5] 제일기획 지속가능경영보고서

출처: 제일기획 지속가능경영보고서(2022).

적으로 커뮤니케이션하고 있다.

네이버는 아동과 청소년을 보호하고, 소외계층을 배려하고 지원하는 사회공헌 활동과 콘텐츠가 진화하고 있다. 디지털 기술이 더욱 발전함에 따라 아동 및 청소년 문제에 대한 관심과 대응이 증가하는 모습이다. 카카오는 이러한 활동을 '아이들을 위한 디지털(Digital for Kids)'이라는 이름으로 추진하고 있다. 특히 아동 및 청소년 대상 성범죄에 대해서는 '무관용 원칙'을 적용하고 있다. 관련 운영 정책을 위반할 경우, 즉시 계정과 서비스 이용에 대해 강력한 제재를 적용하며, 체포 등의 과정에서는 수사기관과 협조한다. 카카오는 인공지능 기술이 적용된 '세이프봇'을 활용해 서비스에 유통되는 유해/불법 정보와 성인/음란물 등을 차단하고 있다.

> 지속가능성은 이용자의 신뢰에서 출발한다고 생각한다. 신뢰를 지키고자 네이버는 항상 이용자의 권리침해를 방지하고 보호하기 위해 노력한다. 유해성 콘텐츠로부터 아동과 청소년을 보호하는 것은 물론, 재해 · 재난상황에서도 보다 안전한 환경에서 네이버를 통해 정보를 제공받을 수 있도록 악플 등의 유해성 콘텐츠를 탐지하고 있으며, 저작권 및 개인정보 침해와 같은 심각한 사회적 문제에 대응하기 위해 기술적 조치를 비롯한 노력을 기울이고 있다.
>
> –네이버 지속가능경영 보고서, 2023–

[그림 8-5] JTBC-제일기획 '헬프 스티커' 캠페인

출처: 제일기획 홈페이지(cheil.com).

제일기획과 JTBC는 로고를 가리기 위해 어쩔 수 없이 쓰였던 검정색 테이프를 여성, 아동, 동물 학대와 학교 폭력을 막는 데 도움을 주는 미디어로 활용했다. 112, 1366 등 네 가지 신고 전화번호가 들어간 컬러풀한 스티커를 제작하고, 이 스티커를 JTBC의 다양한 예능 프로그램에 자연스럽게 노출시켰다. 로고를 가리면서 학대를 받는 이들을 돕는 스티커 TV 프로그램을 시청하다 보면, 의류, 소품, 배경 등에 노출된 브랜드 로고를 가리는 검정색 스티커를 쉽게 발견할 수 있다. 과도한 광고를 막기 위해 브랜드 노출을 법으로 금지하고 있기 때문인데, 이것이 오히려 더 사람들의 호기심을 자극하는데, 이 테이프를 새로운 미디어로 활용하기도 했다.

사회적 약자를 위한 다양한 활동도 기획되고 있다. 방탄소년단 〈Permission to Dance〉에는 국제수어(즐겁다, 춤추다, 평화)를 결합한 안무가 포함되어 있다. 또한, SM엔터테인먼트는 연습생을 선발하고 육성하는 데에 SM만의 특별한 방식으로 시스템을 구축하여 운영한다. 체계적이고 종합적인 트레이닝 과정을 통해 아티스트로서의 실력을 키우는 동시에 인문 사회적 교양을 넓히는 다양한 프로그램을 진행하며 미래 세대를 위한 투자를 이어가고 있다.

[그림 8-6] 방탄소년단의 〈Permission to Dance〉의 국제 수어가 결합된 안무 모습
출처: 하이브 지속가능경영보고서(2023). p. 42.

2) 구성원과 합력하여 성장하기

기업은 수익을 창출하는 곳이지만, 단기간 일하는 노동자의 인권에 대해서 소비자의 관심이 높아지는 것처럼, 기업 구성원들의 삶과 일의 균형에 관심을 가지고, 노동자와 가족을 돌볼 수 있도록 육아휴직을 지원하는 등 노동자의 생활을 돌보고 있다. 직장 내 어려움을 토로하는 직원들에게 상담서비스를 제공하고, 직장생활의 어려움뿐 아니라 개인생활 관련 상담과 관련 활동을 제공하고, 지속가능경영보고서에 관련 내용을 공개한다. 대기업들은 육아휴직 대상자를 늘리고, 휴직 후 복직한 직원들을 대상으로 멘토링을 실시하고, 재택 등을 지원하는 리보딩(Re-boarding) 프로그램을 새롭게 도입하고 있다. 경력 단절 여성이 사회활동을 다시 할 수 있도록 프로그램을 마련하는 등 정부는 육아휴직 기간을 늘리고, 여성뿐 아니라 남성의 육아휴직을 장려하는 정책을 내놓는 등 적극적으로 움직이고 있다.

> 모든 이해관계자의 지속가능한 행복 창출, 매출이나 영업이익 같은 수치로만 기업을 보여 주는 것이 아니라, 사회적 가치에 연계된 실적과 주가, 추구하는 꿈들을 하나로 인식하는 것이 유일한 생존법이다.
>
> -SK 지속가능경영 보고서, 2023-

SK는 직원들의 행복을 돌보고, 경영철학에도 적극 반영하고 있다. 정관인 선경경영관리체계(Sunkyuong management System: SKMS)에 '행복'을 중요한 경영의 목표로 규정하고 조직 구성원과 투자자, 협력회사와 동반성장에 있어서도 업의 역량을 기반으로 다양한 활동을 꾸준히 해 오고 있다. Board Skills Matrix(BSM) 관리를 통해 이해관계자 행복과 비즈니스 성과를 위해 최적의 이사회를 구성하고 있다. 2023년 지속가능경영보고서 발간 과정에서는 이해관계자 설문조사뿐 아니라 심층인터뷰를 추가해 이해관계자의 ESG 관심 이슈를 파악하고, 해결점을 찾기 위해 노력하였다. SK는 Value Balancing Alliance(VBA) 세미나를 개최하여 온 · 오프라인 세미나 전문가들이 참여한 가운데 ESG 성과 측정에 대해 논의한다.

> 전 국민의 일상을 연결하고 있다는 무거운 책임감을 되새기며, 신뢰할 수 있는 모습을 보여드릴 것을 약속드립니다.
>
> –카카오, 지속가능경영 보고서, 2023–

카카오는 중대 이슈 평가 과정을 ERM프로세스와 통합하여 진행한다. 지속가능경영 이슈 풀을 ERM(Enterprise Risk Management) 위원회에서 정의한 주요 비재무 리스크와 연계해 이슈를 도출하고, 다양한 리스크를 비재무적 리스크로 모니터링하고 관리한다. 카카오는 5년간 총 3,000억 원의 상생 기금을 소상공인, 지역 파트너, 콘텐츠 창작자, 모빌리티 플랫폼 종사자, 이동 및 디지털 약자 등을 위해 활용하는 상생안을 발표하였다. 상생 사업 이행 현황 및 기금 집행 현황은 ESG위원회에 정기보고 되며, ESG보고서를 통해 투명하게 공개 디지털을 활용해 파트너의 지속가능한 성장을 지원하는 상생 방안을 발표하였다. 5년간 총 3,000억 원의 상생 기금을 소상공인, 지역 파트너, 콘텐츠 창작자, 모빌리티 플랫폼 종사자, 이동 및 디지털 약자 등을 위해 활용하고자 한다. 상생 사업 이행 현황 및 기금 집행 현황은 ESG위원회에 정기보고 되며, ESG보고서를 통해 투명하게 공개한다.

KT는 스타트업 지원 '비즈 콜라보레이션', 소상공인 지원 '잘나가게' 서울시와 함께 개별 점포에 대한 컨설팅을 진행하여 빅데이터 분석에 기반해 매출성장 컨설팅사업을 진행하고 있다. 기업들은 기업 구성원과 협력회사 구성원들까지 협력하여 새로운 가치를 만들어 갈 수 있는 사회적 행동들을 확대해 나가고 있다.

3) 사회적 경제 강화로 지역경제 활성화

사회적 경제란 주로 사회적 목적을 추구하며, 사회적 가치를 창출하는 경제 활동을 말한다. 사회적 경제는 비영리단체, 지역사회, 소수자 및 취약계층, 환경 등의 이해관계자들에게 긍정적인 영향을 미치는 것을 목적으로 한다. 많은 기업이 사회적 책임을 인식하고, 사회적 경제와 협력하여 다양한 사례를 추구하고 있다. 지역사회 발전에 기여하는 다양한 사업을 통해 소비자들의 니즈를 충족시키고 있으며, 이를 통해 지속가능한 경영을 추구하고 있다.

기업과 지역사회가 협력한 사례들이 등장하고 있는데, 대표적인 것이 신한카드 '을지로3가프로젝트'이다. 이는 을지로3가 지역 상인들과 함께 협력하여 지역사회와 상생을 추구한 대표적인 사례 중 하나이다. 이 건물은 지하에 문화예술공간을 갖추고 있으며, 지상에는 지역 상인들이 운영하는 가게들이 위치해 있다. 지하 문화예술공간에서는 지역 예술가들의 작품전시와 공연이 이루어지고 있다. 이렇게 함께 상생하며 지역사회에 기여하는 모습이 많은 사람에게 좋은 반응을 얻고 있다. '을지로사이'를 구축하고, 그 내부에 청소년을 위한 아름인도서관, 지역주민을 위한 공간 등을 조성하여 방문한 이용객들이 공간을 잘 이용하고, 을지로의 상인들이 온 · 오프라인 다양한 채널을 통해 홍보할 수 있는 계기를 마련해 주었다. 또한 지역의 아티스트들과 협의해 갤러리를 열

[그림 8-9] 신한카드의 '을지로사이'

출처: 신한카드 홈페이지(shinhancard.com).

어 주고, 커뮤니티와 함께 성장할 수 있는 행사들을 마련해 주고 있다.

신세계 이마트는 대구 동구시장을 만촌점의 전단지 등에서 홍보를 해 주고, 시장을 활성화하기 위한 활동을 벌이고 있다. 전통시장 마케팅에 참여하여 지역 상인들과의 협력을 강화하고 있다. 전통시장에서 구매한 농산물 등을 이마트에서 판매하고 있으며, 이러한 방식으로 지역사회와 지역 경제를 지원하고 있다. 또한 역 커뮤니티 발전을 위해 다양한 사업을 진행하고 있는데, 예를 들어 지역 주민과 함께하는 지역 청소, 재활용 캠페인 등의 사업을 통해 지역사회의 발전에 기여하고 있다. 그리고 교육 및 문화 활동을 지원하여 지역 주민의 삶의 질을 높이고 있는데 예를 들어 독서나 미술 등의 문화 활동을 지원한다.

기업들은 기부나 자선 활동뿐만 아니라, 지속가능한 환경 경영, 취약계층 지원, 지역사회 발전, 노동자 권익 보호 등 기업의 이해관계자들이 긍정적인 영향을 받을 수 있도록 다양한 분야에서 활동을 전개하고, 관련 내용들을 적극적으로 커뮤니케이션하는 추세이다.

4. 변화 대응 체계 구축

1) ESG 위원회와 프로세스 내재화

ESG 실천은 전 세계적으로 중요성이 부각되고 있다. 이는 소비자, 투자자 및 이해 관계자들이 지속가능성, 사회적 책임, 윤리적 비즈니스 실천에 대한 요구가 증가하기 때문이다. 이를 반영하여 많은 기업이 ESG 위원회를 설립하고 ESG 실천을 감독하는 등이다. ESG 위원회는 기업 내에서 ESG 분야의 활동을 총괄적으로 관리하는 위원회이다. 이 위원회는 ESG 분야의 전략 수립과 실행, 모니터링 등을 담당하며, 기업의 지속가능성 평가에 매우 중요하다.

ESG 내재화는 기업이 지속가능한 경영의 일부로 ESG 실천을 추진하며, 이를 전사적으로 실천하도록 하는 것을 의미한다. 이를 위해 기업은 ESG 위원회를 설립하고, ESG 실천에 대한 책임과 권한을 위원회에 위임해야 한다. 이를 통해 기업은 ESG 실천을 전사적으로 추진할 수 있다. ESG 내재화는 기업의 지속가능한 경영에 필수적이며, 이는 기업의 경쟁력을 강화하고, 새로운 시장을 개척하며, 고객과 이해관계자들의 만족도를 높이는 데에도 큰 역할을 한다.

ESG 내재화는 기업이 지속가능한 경영을 추진하면서 지속가능한 사회와 환경을 위한 가치 창출을 목표로 해야 한다는 것을 의미한다. 이를 위해서는 기업이 ESG 분야에서 도전하고 변화하며 성장하는 것이 필요하다. ESG 내재화를 위해서는 먼저 기업이 ESG 위원회를 설립하고, ESG 실천에 대한 책임과 권한을 위원회에 위임해야 한다. 이를 통해 기업은 ESG 실천을 전사적으로 추진할 수 있다. ESG 위원회는 다양한 부서에서 선발된 전문가들로 구성되어 있으며, ESG 실천과 관련된 전략을 개발하고, 이를 전사적으로 실천하도록 지원한다. 또한 ESG 위원회는 기업의 ESG 실천의 성과와 진척 상황을 모니터링하고, 이를 투명하게 공개함으로써 이해 관계자들의 신뢰를 유지한다.

ESG 내재화는 기업의 지속가능한 경영을 위한 필수적인 요소 중 하나이다. 이는 지속가능한 경영을 추진하면서 사회와 환경을 보호하고, 이해 관계자들의 신뢰를 유지하는 데에 큰 역할을 한다. 또한 ESG 실천을 전사적으로 추진함으로써 기업은 경쟁력을 강화하고, 새로운 시장을 개척하며, 고객과 이해 관계자들의 만족도를 높일 수 있다. 따라서 기업은 ESG 프로세스 내재화를 통해 지속가능한 경영을 추진하면서 사회와 환경을 보호하고, 이해 관계자들의 신뢰를 유지하는 데 주력해야 한다.

> 삼성전자가 글로벌 기업시민으로서 사회적 책임을 다하면서
> 지속 성장해 나갈 수 있도록, 책임경영에 최선을 다하고 있다.
>
> –삼성전자 지속가능경영보고서, 2021–

우리나라에는 ESG 분야에서 우수한 성과를 내고 있는 기업들이 많다. 그중 대표적인 기업이 삼성전자와 SK하이닉스다. 삼성전자는 지속가능한 경영을 추구하기 위해 다양한 사회공헌 활동을 진행하고 있으며, 환경보호에도 적극적으로 참여하고 있다. 또한 인권과 노동권에 대한 존중과 윤리적인 경영을 추구한다. 최근에는 탄소중립을 선언하고, 2050년까지 탄소중립을 달성하기 위한 목표를 발표하기도 하였다. 이를 통해 삼성전자는 환경보호 및 기후변화 대응 분야에서도 우수한 성과를 내고 있다.

SK하이닉스 또한 ESG 분야에서 우수한 성과를 내고 있다. SK하이닉스는 다양한 환경보호 활동을 통해 친환경적인 기업 이미지를 구축하고 있다. 또한 인권과 노동권에 대한 존중과 윤리적인 경영을 추구하고 있다. SK하이닉스는 지속가능한 경영을 실천하기 위해 ESG 리더십팀을 구성하고, 이를 바탕으로 ESG 분야에서의 성과를 지속적으로 개선하고 있다.

이 외에도 LG화학, 현대자동차, 기아자동차, KT&G 등이 ESG 분야에서 우수한 성과를 내고 있다. LG화학은 친환경적인 제품 개발과 탄소중립을 위한 다양한 활동을 진행하고 있다. 현대자동차와 기아자동차는 친환경 자동차 개발을 위한 연구 개발에 노력하고 있으며, 환경보호 및 인권, 노동권에 대한 존중과 윤리적인 경영을 추구한다. KT&G는 불법 담배 거래 방지 및 건강 캠페인 등 다양한 사회공헌활동을 통해 지속가능한 경영을 추구하고 있다.

이러한 ESG 분야에서의 성과는 기업의 지속가능성 평가에 매우 중요하다. 기업은 ESG 분야에서 우수한 성과를 내고, 이를 바탕으로 지속가능한 성장을 이룰 수 있기 때문이다. 또한 기업과 이해관계자들은 ESG 분야에서의 성과를 통해 기업의 사회적 역할과 책임을 확인하고, 이를 바탕으로 기업의 지속가능성 평가를 수행할 수 있다. 따라서 ESG 분야에서 우수한 성과를 내는 것은 기업에게 있어 매우 중요한 요소 중 하나이다.

삼성그룹은 2021년 지속가능경영위원회로 확대 개편하고, 임원의 경영 평가에도 포함해 기업 경영에 있어서 중요한 결정을 내리는 데 ESG적 요소를 고

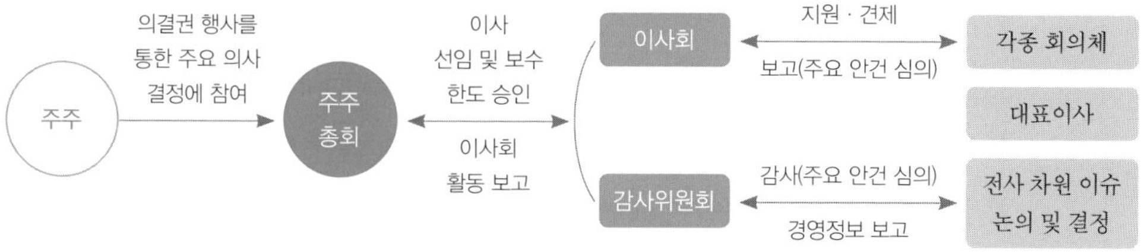

[그림 8-10] BGF 리테일의 지배구조 의사결정 프로세스

출처: BGF 리테일 지속가능경영보고서(2023). p. 13.

려하도록 하고 있다. 그 외의 많은 기업이 지속가능경영보고서를 통해 지배구조 의사결정프로세스를 공개하고, 이사회와 주주총회를 통해 커뮤니케이션 되고 결정되는 과정을 투명하게 공개하고 있다. 의사결정 프로세스를 투명하게 공개하면서 공개적으로 커뮤니케이션해 변화에 시시각각 대응해 나가는 체제를 만들어가고 있다.

2) 행동주의와 이해관계자자본주의

기업이 사회적 책임을 다하는 것이 중요시되고 있다. 소비자의 이에 대한 관심과 요구가 높아지면서 기업의 지배구조와 ESG 리스크에 대한 이슈들이 더욱 더 강조되고 있다. 많은 기업은 이해관계자 자본주의를 추구하고 있다. 이를 실천하기 위해 기업의 지배구조와 ESG 리스크에 대한 이슈들을 주목하고 있으며, 이를 개선하기 위해 노력하고 있다. 기업의 지배구조 개선을 위해 이사회의 독립성을 강화하고, 이사회에서 독립이사와 비독립이사를 구분하여 이사회 전체의 투명성을 높이고 있다. 지속가능보고서에 이사들의 이력과 관련 내용들을오픈해 소통하고, ESG 리스크들을 선제적으로 대처한다. 지속가능한 경영을 위해 친환경적인 사업 활동을 추진하고 있으며, 인권과 사회적 책임을 고려한 경영을 지향하는 추세이다.

SM 엔터테인먼트는 행동주의 펀드가 행한 적극적인 행동으로 기업이 움직이게 된 사례를 제시하였다. 행동주의 펀드란 투자 시, 기업의 지속가능한 경영과 사회적 책임을 고려한 투자의 원칙에 따라 운영되는 펀드를 말한다. 이러한 펀드는 ESG 업적 등을 평가하고, 이를 기반으로 투자 결정을 내리는 것이 특징이다. 이러한 행동주의 펀드는 기업에게 지속적인 경영 안정성과 사회적 가치 창출을 요구하는 것이 목적이며, 이를 통해 기업과 투자자 모두에게 긍정적 영향을 미치고자 한다.

> 2023년 3월 주주총회와 이사회 구성을 거치며 거버넌스 측면에서 많은 진전을 이뤘다고 생각한다. 아티스트와 팬, 구성원 등 핵심 이해관계자들의 이익을 최우선 순위에 놓고 창조적인 아티스트들을 발굴 · 성장, 지원 · 보호하는 동시에 각자의 자리에서 고군분투 하는 직원들을 위한 투자가 필요하다고 봅니다. 이를 통해 SM 엔터테인먼트의 성장과 수익성이 달성되어 장기적으로 주주에게 이익을 가져다주리라 봅니다.
>
> -SM 엔터테인먼트 지속가능경영 보고서, 2023-

적극적인 주주행동이 엔터테인먼트 업계 전반으로 확산되고 있다. 그동안 대형 엔터테인먼트 기업들은 그동안 투명성 문제를 지적받아 왔지만 꿈쩍도 하지 않았다. 하지만 SM엔터테인먼트의 주주인 KB자산운용은 스튜어드십코드 도입 이후인 지난 2019년 지배구조 개선을 위한 주주제안서를 발송하였으나 당시 SM은 SM은 침묵해 왔지만, 경영권에까지 영향을 미치자 지배구조 변화 등 적극적인 움직임을 보이고 있다. 이사회는 대표이사와 이사회 의장을 분리하고 사외이사 비율을 50%로 높여 경영의 투명성과 주주가치를 높이고 있다. SM엔터테인먼트의 이러한 노력과 업계 전반에서의 ESG 리스크 부담 증가는 이해관계자자본주의에 대한 관심을 높였다. M엔터테인먼트는 이제는 단순한 기업이 아닌 이해관계자 자본주의와 ESG 리스크 부담을 받는 기업이라고 할 수 있다. SM엔터테인먼트의 지속적인 노력과 실행체계는 이해관계자들과의 신뢰와 함께 지속적인 성장과 이익 창출을 이루어 내고자 노력 중이다.

3) 동반성장을 위한 커뮤니케이션

> 국내 대기업은 글로벌 선진사 대비 4~5년 정도의 격차가 있다. 글로벌 경쟁력 확보를 위해서 ESG에 더 힘을 보아야 한다.
>
> –국내 대기업의 상생경영 담당자 A 씨–

ESG 평가는 기업의 지속가능성을 평가하는 중요한 지표 중 하나이다. 이 평가는 환경적 · 사회적 · 지배구조적 측면 등 다양한 측면에서 이루어지며, 평가 결과를 통해 기업은 인프라 조직 강화와 리스크 관리, 거버넌스 고도화와 관련된 구체적인 내용을 파악하고 개선할 수 있다. 하지만, 이러한 평가 결과를 단순히 내부적으로만 활용하는 것은 충분하지 않다. 기업은 이러한 평가 결과를 이해관계자들과 공유하고 비전을 소통하는 수단으로 활용될 수 있다.

중대성평가는 기업의 공시 정보를 분석하고, 이를 기반으로 기업의 경영성과와 재무상태 등을 평가한다. 중대성평가는 기업의 공시 정보가 불완전하거나 왜곡되어 있는 경우, 이에 대한 비판도 함께 제시한다. 또한 투자자와 이해관계자들이 기업의 경영 성과와 재무상태를 정확하게 파악할 수 있도록 돕는 역할을 한다. 중대성평가는 기업의 ESG 보고서를 평가할 때도 중요한 역할을

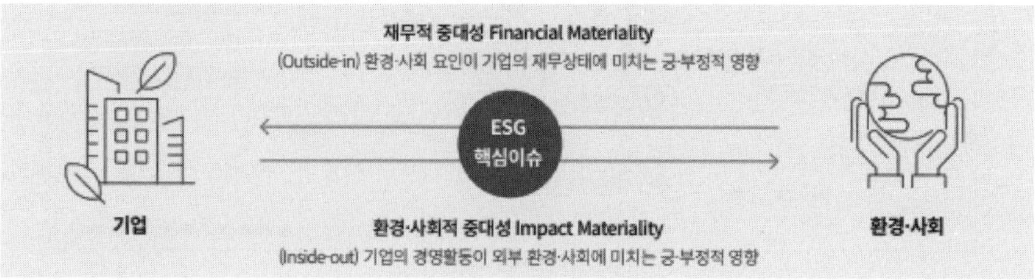

[그림 8–11] 기업의 이중중대성 보고

출처: SK 지속가능경영보고서(2023). p. 23.

한다. ESG 보고서는 기업의 사회적 책임성과 지속가능한 경영 능력을 평가할 때 중요한 정보로 활용되는데, 이때 중대성평가는 보고서에 포함된 정보가 중요한 정보인지를 평가한다. 이를 통해 경영 상황을 파악하고 새로운 성장동력을 창출할 수 있다.

ESG 보고서에서 이중중대성보고가 발생할 수 있다. 이는 기업이 ESG 보고서를 작성할 때, 투자자나 이해관계자들이 파악하기 어려운 정보를 고의로 누락 하거나 왜곡해 공시하는 것을 말한다. 이중중대성보고서는 기업의 신뢰성을 해치고 투자자의 이익을 손상시킬 수 있기에 ESG 보고서를 작성할 때에는 적극적인 감시와 검증이 필요하다. 이를 위해 외부 감사인이나 검증기관 등의 도움을 받고 있다. 이를 통해 ESG 보고서의 신뢰성을 높이고, 기업의 이해관계자들과의 신뢰와 관계를 유지할 수 있다. 보고서를 작성 · 공표하면서 중대성을 평가하며, 앞으로 글로벌 기업으로 나아가는 데 있어 필요한 요소들을 매

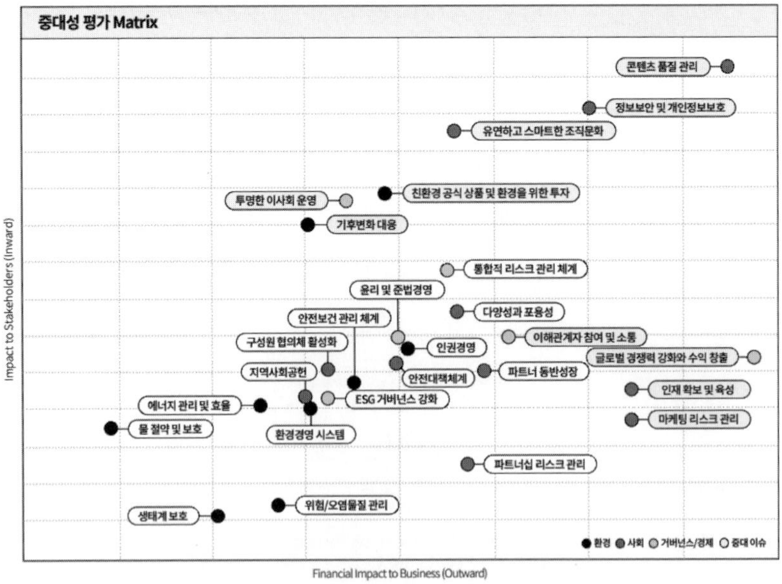

[그림 8-12] 하이브 이중중대성 평가 결과

출처: 하이브 지속가능경영보고서(2023). p. 34.

트릭스 형태로 평가해 기업과 이해관계자들 간의 신뢰를 유지하고, 기업의 지속가능한 경영을 위해 중요한 역할을 한다. 기업은 이러한 평가 결과와 커뮤니케이션을 통해 자신의 지속가능성을 높일 뿐만 아니라, 사회적 가치를 창출하고 지속가능한 성장을 이룰 수 있다. 이를 위해서는 기업은 이해관계자들의 요구와 관심사를 파악하고, 그에 맞는 커뮤니케이션 전략을 수립한다. 1단계로 미디어나 동종업 보고 등 이슈 풀을 도출하고, 2단계에서는 핵심 이슈별로 ESG 영향력을 식별해서 주요 이슈를 선정해서 핵심이슈를 관리 하고 보고하는 단계를 거친다. 설문조사와 인터뷰 등 다양한 채널을 통해서 이해관계자들의 의견을 청취하고, 의사결정 과정에 고려될 수 있도록 청취하는 커뮤니케이션 단계로 활용할 수 있다.

기업은 이러한 평가와 커뮤니케이션을 단순한 의무적인 업무로 보지 않고, 이를 기회로 삼아 새로운 시장 기회를 발견하고 새로운 경영 전략을 수립할 수 있다. 또한 기업은 ESG 평가와 커뮤니케이션 단계를 거치면서 기업의 비전을 더욱 공고하게 만들어 가면서 이를 통해 자신의 지속가능성을 높이며, 동시에 사회적 가치를 창출하고 지속가능한 성장을 이룰 수 있도록 노력해야 한다. 기업이 ESG 평가와 커뮤니케이션을 추진하기 위해서는 다음 요소들을 고려해야 한다.

- 투명성: 기업은 ESG 평가 결과와 커뮤니케이션을 투명하게 공개하고 이해관계자들의 의견을 수렴해야 한다. 이를 통해 기업의 신뢰도를 높인다.
- 다양성: 기업은 이해관계자들의 다양한 관심사와 요구에 부응할 수 있는 커뮤니케이션 전략을 수립해야 한다. 이를 통해 기업은 이해관계자들과의 긍정적인 관계를 유지할 수 있다.
- 지속성: ESG 평가와 커뮤니케이션은 일시적인 것이 아니라 지속적으로 추진되어야 한다. 이를 통해 기업은 지속가능성을 높이는 동시에 사회적 가치를 창출하고 성장을 이룰 수 있다.
- 협업: ESG 평가와 커뮤니케이션은 기업 내부에서만 이루어지는 것이 아

니라 외부와의 협업이 필요하다. 이를 통해 기업은 다양한 이해관계자와 함께 동반성장할 수 있다.

기업이 이러한 요소들을 고려하며 ESG 평가와 커뮤니케이션을 적극적으로 추진한다면, 기업은 자신의 지속가능성을 높일 뿐만 아니라 사회적 가치를 창출하고 지속가능한 성장을 이룰 수 있는 기반을 마련할 수 있을 것이다.

'지속가능함(sustainability)'이 기업 경영의 중요한 화두가 되었다. 기업이 이익 추구 활동뿐 아니라 사회와 미래를 위한 경영전략과 방향을 개편하고, 구성원들의 생활 만족도와 사회공헌활동도 기업의 관심이 높아지고 있다. 사회공헌활동들이 진화하고 있으며, 일반인 누구나 공개된 '지속가능경영보고서'를 살펴볼 수 있다. 한국언론재단 빅카인즈에서는 관련 기사를 찾으면 '5,828'이 된

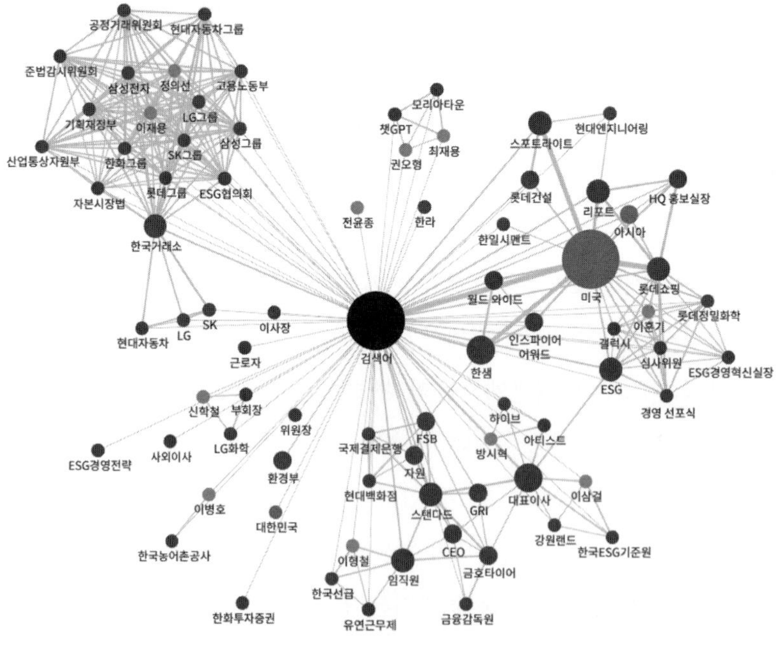

[그림 8-13] 한국언론재단 빅카인즈로 '지속가능경영보고서 관련 관계망분석(SNA) 결과
출처: 빅카인즈(kinds.or.kr).

다. 2006년부터 등장한 키워드는 꾸준히 증가하여, 2020년에는 400건, 2021년에는 800건, 2022년에는 1,200건 가량 등장하였다. 연관어를 분석하면, '준법감시위원회' '한국거래소' 'ESG 경영전략', 사보, 지속가능보고서 등의 커뮤니케이션 자료를 평가하는 대회 '인스파이어 어워드'와 기업들의 키워드 관계를 살펴볼 수 있었다.

ESG에 대한 관심이 최근들어 더욱 확대되고 있다. 이는 소비자, 투자자, 정부 등 다양한 이해관계자들의 관심이 고조되면서 일시적인 이벤트가 아니라 앞으로 더욱 확대될 것으로 보인다. 이러한 추세에 따라 ESG에 관련된 활동들도 조금씩 확대되고 있다. ESG는 'Environmental, Social, Governance'의 약어로, 기업의 환경, 사회, 지배구조에 대한 책임성을 의미하며 이는 기업의 중요한 지표 중 하나로 인식되고 있다.

최근 들어 ESG에 대한 인식이 높아지면서 기업들은 ESG 리스크와 기회를 파악하고 관리하기 위해 다양한 노력을 기울이고 있다. 이러한 노력은 기업의 경쟁력 확보와 함께 사회적 가치 창출에도 크게 기여하고 있다. ESG의 중요성에 대한 인식이 높아지면서 다양한 기업이 ESG 보고서를 발간하고 있다. 이러한 보고서는 기업의 ESG 관련 정보를 투명하게 공개함으로써 이해관계자들의 이슈에 대응하고, 기업의 실적을 평가하는 중요한 지표 중 하나로 인식된다. 또한 ESG 관련 활동은 단순히 기업의 이슈에 대응하는 것뿐만 아니라 기업의 비즈니스 모델 자체를 변화시키고 있다. 기업들은 ESG 요구를 수용하고, 이를 기업의 경영전략에 반영함으로써 새로운 비즈니스 모델을 창출하고 있다. 이는 새로운 시장 기회를 창출하고, 기업의 지속가능성을 높이는 데 큰 역할을 하고 있다.

기업의 지속가능성 평가를 위한 이중 중대성 평가는 환경, 사회, 지배구조 등의 다양한 측면에서 이루어지며, 이를 위한 ESG 평가는 기업의 지속가능성을 평가하는 중요한 지표 중 하나이다. 이러한 평가를 통해 기업은 인프라 조직 강화와 리스크 관리, 거버넌스 고도화와 관련된 구체적인 내용을 파악하고 개선할 수 있다. 이를 통해 기업은 더욱 지속가능하고 발전가능한 경영 전략을 수립하고 추진할 수 있다.

또한 기업은 이러한 평가 결과를 이해관계자들과 소통함으로써 지속가능성에 대한 책임을 다하고, 공정하고 투명한 경영을 실현할 수 있다. 이를 위해서는 동반성장을 위한 커뮤니케이션이 핵심적인 역할을 한다. 기업은 이러한 평가와 커뮤니케이션의 중요성을 인식하고, 적극적으로 이를 추진해야 한다. 이를 통해 기업은 자신의 지속가능성을 높이는 동시에 성장을 이룰 수 있다.

ESG가 단순 선언에 그치거나 지속경영보고서조차 '그린워싱(greenwashing)'의 수단으로 활용되는 경우들이 많았다. 하지만 소비자와의 적극적은 소통을 위해 여러 단계를 다음과 같은 부분들이 많이 개선될 것으로 예상된다. 첫째, 정보 부족, 담당자 제한, 재원 미비, 비용 부담으로 인해 인지되는 부분들이 개선된다. 둘째, 비즈니스 및 기업가의 상승가치로 전환되며, 비고객 비시장 탐색 위기비용을 낮추고, 새로운 기회를 창출한다. 셋째, 공감하는 MZ 등 젊은 인재를 확보하고, 이를 통해 기업의 가치를 높인다.

신뢰성 높은 기업 경영을 위해 ESG 경영이 각광받는 요즘, 기업들은 환경, 사회, 지배구조에 대한 책임성을 갖는 ESG 경영을 추구하고 있다. 이 중에서도, 환경(E)과 사회(S)가 가장 중요한 가치로 인식된다. 환경은 지속가능한 성장을 위한 기업의 역할과 책임을 대표하며, 사회는 기업의 이해관계자들과의 상호작용을 통해 기업의 가치를 실현하는 중요한 요소이다.

공급 가치 사슬에서는 인권과 환경이 중요한 요소로 인식되며, ESG 경영에서도 이러한 가치들이 중요하게 다뤄진다. 최근에는 다양성과 인권 등에 대한 투자자와 소비자들의 요구가 증대되면서, 사회(S)가 종합적으로 중요한 가치로 인식되고 있다. 또한 지배구조(G)는 기업의 건전한 경영을 위한 중요한 요소이므로, 이를 포괄적으로 고려하는 ESG 경영이 필요하다. ESG 경영은 단순히 기업의 이슈에 대응하는 것뿐만 아니라 새로운 비즈니스 모델을 창출하고 기업의 경쟁력을 강화하는 데도 큰 역할을 한다. 또한 ESG 보고서를 발간함으로써 이해관계자들의 이슈에 대응하고, 기업의 실적을 평가하는 중요한 지표 중 하나가 되고 있다.

기업들은 초기에는 투자를 해야 하는 지속가능경영에 대한 인식을 높이고, ESG 경영을 실천하는 데 많은 노력을 기울여 나가야 할 것이다.

저자 소개

김동후(Kim Donghoo)
The University of Texas at Austin 광고학 박사
현 중앙대학교 광고홍보학과 부교수

김미경(Kim Mikyung)
Michigan State University 광고학 박사
현 홍익대학교 광고홍보학부 부교수

김현진(Kim H.jin)
숙명여자대학교 언론학 박사
현 숙명여자대학교 미디어학부 강사

성용준(Sung Yongjun)
University of Georgia 매스커뮤니케이션 박사
현 고려대학교 심리학부 정교수

윤영혜(Yoon Yeonghye)
경희대학교 관광학(컨벤션전시경영) 박사
현 동덕여자대학교 글로벌MICE전공 교수

이성미(Lee Sungmi)

Michigan State University 광고학 박사

현 한신대학교 미디어영상광고홍보학부 부교수

정연욱(Jung Yeonwook)

연세대학교 신문방송학과 졸업

연세대학교 경영학과 박사과정 수료

정영주(Jung Youngju)

고려대학교 심리학 석사

현 고려대학교 심리학과 박사과정

조수영(Cho Sooyoung)

University of Missouri-Columbia, Ph.D. (Public Relations 전공)

현 경희대학교 미디어학과 교수

KADPR 지식총서 ⑩

소비자와 기업의 행복한 연결,
ESG 커뮤니케이션

Fostering Sustainable Relationships:
ESG Communication Strategies for Consumers and Companies

2023년 11월 25일 1판 1쇄 인쇄
2023년 11월 30일 1판 1쇄 발행

지은이 • 김동후 · 김미경 · 김현진 · 성용준 · 윤영혜
이성미 · 정연욱 · 정영주 · 조수영

펴낸이 • 김진환

펴낸곳 • (주) 학지사비즈
04031 서울특별시 마포구 양화로 15길 20 마인드월드빌딩

대표전화 • 02-330-5114 팩스 • 02-324-2345

등록번호 • 제313-2006-000265호

홈페이지 • http://www.hakjisa.co.kr
인스타그램 • https://www.instagram.com/hakjisabook

ISBN 979-11-984792-3-5 93320

정가 18,000원